ゲーム理論で不幸な未来が変わる!

21世紀の
ノストラダムスが
ついに明かした
破綻脱出プログラム

ブルース・ブエノ・デ・メスキータ
Bruce Bueno de Mesquita

田村源二 訳
Genji Tamura

徳間書店

THE PREDICTIONEER'S GAME
by
Bruce Bueno de Mesquita

ゲーム理論で不幸な未来が変わる!

目次

第3章 ゲーム理論入門2 未来を変える戦略的ツール 73

第4章 ゲーム理論で、北朝鮮の核開発問題を解決する 101

ブックデザイン　熊澤正人＋中村　聡（パワーハウス）

はじめに

ゲーム理論の力で未来は改善できる

一八六五年から一九〇九年まで在位したレオポルド二世は、今日では〝ベルギー興国の王〟として記憶されている。彼もまた、同時代の国王の例に洩《も》れず、過去の絶対王政を懐かしむ立憲君主ではあったが、国民のために積極的に働き、ベルギーに自由と繁栄と安全をもたらすうえでおおいに力があった。

レオポルド二世在位中のベルギーでなされた善政は数えきれないほどある。たとえば、男子普通選挙制が導入されて政治的自由が拡大され、現代民主国家となるための確固たる礎《いしずえ》が築かれた。経済の面でも、レオポルドが奨励した自由貿易政策のおかげで、ベルギーはいちじるしい発展をとげた。一九世紀ヨーロッパ産業の原動力だった石炭の生産量でも、小国にもかかわらず、フランスに比肩しうるほどになった。社会政策もまた、急速に進歩した。初等教育は義務化され、一八八一年の学校法で女子にも中等教育が保証された。さらにレオポルドの政策は、婦女子の保護という点でも当時のヨーロッパ諸国の大半を凌駕した。一八八九年に制定された法律で、一二歳未満の子供を働かせることは禁止され、一二歳に達しても一日の労働時間は一二時間以内に制限された。これは当時の西欧の一般的な政策に大きく水をあける劇的な進歩だった。

一八七三年にベルギー経済が大きな危機に直面したときも、レオポルド二世はストライキ権の付与など労働者に有利な改革によって、貧者の状況を改善するのに一役買った。労働者へのストライキ権付与は、その半世紀後のアメリカでなお激しい抵抗に遭った、当時としては途轍《とてつ》もなく進歩的なことだった。レオポルドはまた、大規模な道路・鉄道建設など、実に野心的な公共事業を促進し、失業を減少させ、都市化を推進し、ビジネスチャンスを増大させた。彼はフランクリン・デラノ・ルーズベルトやバラク・オバマよりもずっと前に、インフラ建設によって雇用創出と経済繁栄を実現できることに気づいていたのである。

レオポルド二世は本国ベルギーでは偉大な改革者であり、長期にわたる平和と繁栄をもたらした善王だった。

だが、その一方、コンゴをかかえてもいた。

レオポルドはアフリカの土を踏んだこともなかったが、コンゴ自由国をもほぼ四半世紀（一八八五年―一九〇八年）統治した。そして、まず高価な象牙の収奪によって、ついでさらにもうかる原住民搾取によるゴム貿易によって、個人的な富を築きあげた。本国ベルギーとはちがい、約三〇〇〇万人の原住民のなかに、国王の行動を制限するシェフ・ド・キャビネ（首相に相当）も有権者もいなかった。コンゴ自由国はレオポルドの私領地だったので、本国では不可能な絶対的な権力による支配が自由にできた。フォルス・ピュブリックと呼ばれた警察隊が、コンゴ統治の要《かなめ》となった。フォルス・ピュブリックの仕事は、世界の需要を満たすためにゴムを大量輸出して、レオポルド（と自分たち）のために富を横取りすることだった。この人殺し集団は、少数のヨーロッパ人に率いられていた。ヨーロッパ人たちはコンゴ人を誘拐し、奴隷兵士にした。そして彼らが、ゴム採取のノルマ達成の責任を負わされた。奴隷労働がフォルス・ピュブリックのお気に入りの生産形態だった。だから彼らは、原住民の男も女も子供も奴隷にした。

このレオポルドの警察隊員たちは、固定給は低かったものの、ゴム生産のノルマを果たすか超えると、かなりの歩合給を手にすることができた。文字どおり〝ジャングルの掟〟以外のいかなる法にも縛られず、歩合制によって金銭的に意欲を掻き立てられた〝哀しい兵士〟たちは、一兵卒から最高幹部にいたるまで、ノルマ達成に役立つと思われれば、どんな手段でも利用した。

だが、彼らを職務遂行に駆り立てたのは、成功したさいの報奨金だけではなかった。ノルマを達成できなかった者には厳しい罰が待っていたのである。ノルマを果たせなかった者は、打ちすえられ、死ぬことさえあった。これを避けるために兵士たちは、ゴム生産を脅《おびや》かした（あるいは、脅かしたと見なしうる）配下の者たちを拷問し、手足を切断した。殺してしまうこともよくあった。

反政府活動を行ったとされる人々を殺せば報奨金をもらえたが、使った弾丸一発一発について説明を求められたので、兵士たちはすぐに、点数をかせいで歩合給を増やすためには、罪のない人々の手足を無差別に切断するほうがよい、と考えるようになった。レオポルドの利益のために自分たちがやった努力の証しとするため、彼らは女子供の右手を切り落とすということまでやった。おそらく一〇〇〇万もの人々が、フォルス・ピュブリックの手にかかって命を失ったのではないか。それは、レオポルドの富、そしてむろん彼ら自身の利益のためになされた殺人だった。

本国ベルギーでのレオポルド二世の進歩的な政策とは対照的に、コンゴ自由国では人々の暮らしを改善するための投資はいっさい行われなかった。道路は、ゴムを市場へ輸送するのに役立つものしか建設されなかった。女性や子供を保護する法律や、労働者のストライキ権を保証する法律が、導入されるはずもなかった。レオポルドはベルギー国民の安全には心を砕いたが、コンゴ自由国の人々の安全のほうはむしろ積極的に害した。

コンゴに運びこまれる輸入品はフォルス・ピュブリック用の武器だけという状態なのに、逆にコンゴからヨーロッパには莫大な富が流れつづけた。事実、貿易のこの驚くべき不均衡のせいで、レオポルドが奴隷制やもっとずっと恐ろしいことを利用して富を築いているということが、ベルギーでも人々の知るところとなってしまう。一九〇八年、コンゴにおける残虐行為の証拠が否定しようがないほど確かなものとなり、レオポルドはしぶしぶ、実に未練がましく、コンゴ自由国の支配権をベルギー政府に委譲した。もちろん大臣たちはうまく統治することはできなかったが、レオポルドにくらべたら、ずっと善良だった。

いったいどのようにしてレオポルド二世は、これほど劇的にちがうやりかたで同時に二つの国を統治できたのか？

見たところそうとしか思えないレオポルドの二重人格——ベルギーでは進歩主義者、コンゴでは怪物——を、性格上の欠陥や精神の病《やまい》のせいにするのは簡単である。コンゴでの恐ろしい統治を、典型的な人種差別主義者の行動と説明して片づけるのも簡単だ。こうした説明は、すっきりしていて気持ちがいい。だが、それでは全体像が見えてこない。モブツ・セセ・セコについて考えてみればわかる。彼はいわば〝現代コンゴのレオポルド〟だ。三〇年以上（一九六五年—九七年）にもわたり大統領としてザイール（かつてのコンゴ自由国にほぼ重なり、現在はコンゴ民主共和国と改名）を支配した豹皮の帽子をかぶった怪物。モブツは在任中、国を破産させ、何十億ドルもの公金を着服し、何十万人もの国民を殺害した。だが、もちろん、このモブツの血塗られた支配を人種差別のせいにすることはできない。では、モブツは気がふれていた？　いや、そんなことはなかろう。気がふれているといわれている者たちが権力をにぎって恐怖政治をしいても、その座に何十年もとどまっていられることがとても多いというのは、いったいどういうわけか？

指導者の行動を左右するものは？

レオポルド二世もモブツも、特異なケースではまったくないのだ。今日でも、国連の報告書によると、シエラレオネでは〝ダイヤモンド戦争〟で捕虜となった者たちは手足を切り落とされる。同様の手足切断・拷問・殺人政策が、ジンバブエでもとられ、ルワンダの大虐殺のさいにも実行された。それに、ホロコースト（ナチによるユダヤ人大虐殺）や、七〇年代のカンボジアのポル・ポト政権も忘れてはいけない。ポル・ポトはなんと、眼鏡をかけている（眼鏡は教育を受けた証拠だから、かけている者は十中八九、体制にとって脅威となる）といったような罪で、何百万ものカンボジア人を殺害するよう命じた。こうした怪物的な支配者たちは、過去のものではない。歴史を見わたしても、権力を長期にわたってにぎりつづけた指導者たちは、殺人や悲惨さを支配の柱としてきた。それは、一〇〇〇年前、一〇〇〇年前と同様、今日でもなお真実のままだ。

平和と繁栄をもたらす指導者が、国民に愛され、人々のために日夜働きつづけることに満足感をおぼえて、何十年にもわたって国を治め、幸せな時代を築く、と考えるのは自由だし、実際にそうなればいいとだれもが思っている。だが実際には、長期間、国を治めたいと思っている者が、平和と繁栄をもたらそうと奮闘するのは賢明とは言えない。国民を富ませること自体が指導者にとって不利益となる、というわけではないが、腐敗や悲惨を促進したほうが長期支配にはベターだということである。それは、コンゴを支配したレオポルドとモブツもよく理解していたし、今日では北朝鮮、ジンバブエ、トルクメニスタン、チャド、シリア……といった国々の政府もしっかりと理解している（悲しいことに、こうした独裁国家はまだまだある）。

人々に命と自由と幸せをもたらすのがほんとうにうまい指導者が、民主的な選挙で圧勝するということも、あることはある。だが、そういう指導者は当然ながら大きな政争に巻き込まれ、決まって短期間在任しただけで権力の座から引きずり下ろされてしまう。レオポルド二世はたしかに四四年間ベルギー国王の座にあったが、彼の場合は立憲君主であり、ベルギーの統治システムである民主的制度のなかで動かなければならないという制約を受けていた。それを逸脱すれば権力の座にとどまることはできなかったのである。

だが、現代の民主的な政府の政治家に目をやると、国民に尽くしても〝政治的長寿〟は保障されないということがわかる。ゴルダ・メイアが首相を務めた時期、イスラエルは年平均九％の経済成長をとげたが、彼女の在任期間はわずか四年ほどだった。佐藤栄作は九・八％の成長率を日本経済にもたらしたが、首相の座に八年もとどまれなかった。だが、最も有名なのはウィンストン・チャーチルの場合だろう。チャーチルは（いささか大げさな言いかたをすれば）第二次世界大戦でイギリスを救ったにもかかわらず、ドイツが降伏して二カ月で、クレメント・アトリーに首相の座を奪われてしまったのだ。一九四五年のことで、在任期間は五年だった。

ところが、それとは対照的に、国民に悲惨な生活を強いる指導者たちはふつう、二〇年、三〇年、四〇年、あるいはそれ以上、権力の座にとどまったのち、最高権力者のまま眠るように息を引き取るか、贅沢な保養地の海岸でゆったりと隠居生活を楽しむ。なぜそういうことになるのか？　論議を呼ぶ意見かもしれないが、わたしはこう考える。国の富を私物化する指導者は根っからの悪人ではない――ともかく、必ずしも悪人とは言えない。そして、再選を期待して国民のためになる偉大な仕事をする者は、聖人とはとても言えない。できるだけ長く権力の座にとどまることを目標としているなら、どちらも正しいことをしていることになる。レオポルド二世は、卑《いや》しむべき男ではあったが、政治的制約がまったくないコンゴでも、憲法という制約があるベルギーでも、自分にとってベストとなることをやったということなのだ。

うまくやれるかどうかは、権力者がどれほどの人々を満足させなければならないかにかかっている。すべての権力者が、取り巻きに富の略奪や強奪を許さないのはなぜか？　レオポルドのフォルス・ピュブリックがしたような富の収奪が必ずしも行われないのはなぜか？

大規模な民主政体の指導者には、そういうやりかたは不可能なのである――富の強奪や腐敗を自分の権力維持のために利用するとなると、あまりにも多くの人々に特権・利益を与えなければならず、そんなことは所詮むりなのだ。要するに、大規模な民主政というシステムのなかでは、その戦略は効かないから、だれもやろうとしない、というわけである。

ところが、長期にわたって権力の座にいすわる指導者（つまり独裁者）は、きわめて少数の将軍、高級官僚、身内の者に頼りきるだけでよい。頼りにすべきはごく少数の者だけなので、権力者は自分を支えてくれる者たちに賄賂をたっぷり贈ることができる。そして、そうやって利益の大きな分け前にあずかる取り巻きは、特権を失う危険を決しておかそうとはしない。だから、ボスを権力の座にいすわらせるために必要となることは何でもやる。同胞を虐げ、自由な報道機関を黙らせ、抗議者を罰する。指導者が〝おいしいもの〟を分け与えてくれるうちは、その権力者を護《まも》るために拷問も、手足切断も、殺人もいとわない。

問題は、少数の取り巻きに頼る権力者が、たとえ善行をなしたいと思っても、絶対に欠かせない支持者たちにまわす金を使ってそれを実行することはできない、ということだ。取り巻きのポケットに金が入らなくなったら、指導者は確実に権力の座から引きずり下ろされてしまうのである。権力者が国民のために金を使いすぎると、取り巻きは新しい者――お金を大衆に〝ばらまく〟ことなく確実に自分たちにまわせる者――を見つけて、権力の座に据えようとする。

選挙で選ばれた指導者も、独裁者と同様、「最近わたしのために何をしてくれたのか？」と自問する支持者を満足させなければならない――ただ、選挙で権力の座につく者の場合、支持者となりうる者の数は、何百人ではなく数百万人という単位になる（しかも、満足できない者は、けなす側にまわる）。要するに、民主国の指導者は大衆全体を相手にして行動しなければならない。だから、選挙運動はつねに〝政策アイディアの軍拡競争〟のようなことになる。医療、税制、国家安全保障、教育……について最良のアイディアをもっている（ように見える）のは、どの候補者か？　それが選挙の勝敗を決めるので、アイディア競争は熾烈をきわめる。民主国で、適任と思われていた指導者がその地位を奪われるのはふつう、政敵のほうがさらにもうすこし適任と国民が考えるからである。これは実に好ましい状況だ。政治の変化が求められている場合はとくに。

というわけで、レオポルド二世が同時に「興国の王」であり「怪物」でもあるということの説明が、これでつくことになる。ベルギーでのレオポルドのように、支配者が多数の支持を必要としている場合は、善政をしくのがベストな選択となる。そして、コンゴでのレオポルドのように、権力の座にとどまるのに少数に頼るだけでよい場合、その少数の者を富ませ喜ばせるのが最善の策となる。たとえそれで他の人々がみな、悲惨な状況におちいるとしても、である。だが、もう一歩踏み込んで考えてみよう。

未来は科学的な方法で予測できる

レオポルドも、モブツ・セセ・セコも、ゴルダ・メイアも、強大な権力をにぎった指導者ではあったが、（これこそ言うまでもないことではあるけれど重要な事実なのであえて言えば）みな人間でもあり、わたしたちと何ら変わるところがない。政府でも会社でも、わたしたちはみな、職を維持したいと思い、富や影響力を増大させることをめざし、私利私欲を大事にする。そして往々にして、国や会社の利益といった崇高な目標よりも、そうしたことを優先させてしまう。

これをしっかり頭に入れて、もしも時計の針をもどすことができたら、根拠ある予測が可能になるのではないか？　たとえばレオポルド二世は、ベルギーの元首として、コンゴの支配者として、まるで別人であるかのようにまったくちがう行動をとるであろう、と予測できないか？　モブツ・セセ・セコは実際にやったような支配のしかたをするであろう、と予見できないか？　イギリス国民の関心が戦後の復興と国内問題に向かったとき、チャーチルは権力の座から下りることになるだろう、と予言できないか？　また、話題をガラッと変えてビジネスについて言えば、会社のパートナーシップ制度が不正行為の見逃しをうながすような構造になっていることに気づけないか？　そして、こうしたことを事前に知ることには何らかの価値があるのではないか？

これらの問いへの答えはすべてイエスだと、わたしは信じている。したがって「行動を予想し、未来を予測し、インセンティブ（行動する意欲を起こさせるもの）を変える方法を求めることによって、意思決定をも含む驚くほど広範囲なことがらの未来を操作する」というのが、わたしの仕事の目的であり、それがいかにして可能になるのかを説明するのが本書である。

むろん、予測や未来操作は簡単にできるわけではない。適当に話を集めて考えこめばよいというわけではない。ハードサイエンス（自然科学）、理論、それに頭がおかしくなるほど複雑な数学も必要になる。しかし、予測や未来操作は可能なのだ。そして、権力者が城または重役用会議室で逆上し、自制心を失ったときに、どういうことが起こったかを考えれば、予測や未来操作に頼るほうがよいとわかる。もうどうにでもなれと投げだし、あとで——つまり手遅れになってしまってから——こうすればよかった、ああすればよかったと後悔し、憤慨するより、そのほうがずっとよい、というわけだ。

しかし、こうした大問題についてのわたしの考えは、ほんとうに重視されるべきものなのか？　わたしはそれだけの力がある人間か？　いったいぜんたいなぜわたしは、本物のプリディクショニア（未来予測操作者）と考えられるべき者なのか？

わたしはたまたま、この三〇年間、未来を予測しつづけてきた。事前に活字で発表することも多く、予測のほとんどが的中した。だが、誤解しないでいただきたい——わたしは予知能力者でも占い師でもない。水晶玉占い師や占星術師には我慢がならないし、大方の評論家・消息通にも憤りしかおぼえない。わたしの場合、人々の選択とその結果を予測して未来を変えるのに用いる方法は、わけのわからない呪文や儀式ではなく科学なのである。

具体的に言うと、アメリカ政府、大企業、ときには普通の人々のためにわたしが用いるのは、ゲーム理論というものだ（それがどういうものであるかは、あとで説明する）。実のところ、わたしがこれまでに導きだした予測は、数百、いや数千にも達する――そのうちのかなりが活字になっているので、疑り深い者はだれでも、その気になればそれらが的中したか否か調べることができる。わたしの予測能力に神秘的なところはまったくない。だれだって、科学的推論法を学べば、わたしと同じことができるようになる。本書でも正しい推論法の一端を紹介するつもりだ。だがまずは、わたしはいかにして予測ビジネスに入ったか、そこのところを少しばかり説明しておこう。

わたしは現在、ニューヨーク大学政治学部教授であり、同校のアレクサンダー・ハミルトン政治経済学センターの長でもある。同センターも、わたしの講座もすべて、論理と証拠による問題解決方法を学生に教えることを目的にしている。つまり、カン、個人的見解、単純な直線的推論、党派心、イデオロギーなどに基づくワンパターンの反射的結論を出すのをやめさせる、ということだ。わたしとニューヨーク大学の同僚たちがやりたいのは、問題に取り組む方法を学生たちに教えること、問題解決のための訓練をきちんとほどこしてから彼らを世の中に出すことである。自分が事態を良くしているのか、それとも悪くしているのかもわからず、ただものごとを掻き乱すだけの人間を、世界に送りだしたくないのである。

ニューヨーク大学教授のほかに、わたしにはあと二つ別の肩書きがある。ひとつはスタンフォード大学・フーバー研究所の上級研究員というもの。そこでのわたしの仕事は、政策問題を解決するための研究だ。具体的には、ニューヨーク大学で教えていることをうまく利用して、コラム、記事、本を書くということ。非常に専門的な文章や本もあれば、本書のように一般読者を対象にした啓蒙的なものもある。そしてもうひとつの肩書きは、メスキータ・アンド・ラウンデル有限責任会社――通称メスキータ&ラウンデル――という小さなコンサルティング会社のパートナー（共同経営者）。そこでの仕事もやはり、わたしが設計したゲーム理論モデルを使って、国家安全保障関係機関および民間部門の人々に助言すること。

ただし、これら三つの仕事の兼業をみずから目指したわけではない。兼業の機会がはじめて舞い込んだのは、一九七九年のことだった。国務省のある役人が電話をかけてきて、インド政府の危機について意見を求めたのである。次期首相がだれになるか、彼は知りたがった。当時わたしは、ロチェスター大学――「ゲーム理論の政治問題への応用」発祥の地――政治学部教授で、ミシガン大学で書いた博士論文のテーマは「インド野党における勝敗を分ける戦略」だった。だから、その国務省の役人は、わたしに政治評論家になることを求め、専門知識を生かして次期インド政府がどういうものになるか予測してほしかったのだ。

わたしは当時たまたまグッゲンハイム特別研究員でもあり、戦争に関する本を書いていた。そして、そのために数学モデルを設計したばかりで、それの解を得るために重要となる計算をこなすちょっとしたコンピューター・プログラムもつくりあげていた。そのコンピューター・プログラムは、戦争へと至ることもある緊迫した状況下での政策決定をシミュレートする方法を提供するものだ。つまり、人々がなしうる選択に焦点を合わせ、ある行動（たとえば交渉）を選択した場合と、もうひとつの行動（たとえば戦争）を選択した場合に、望んでいることを得られる確率を計算するものだった。政策決定者たちが勝利、敗北、その中間の妥協をどれだけ評価しているか、ということも加味された。(正確にはその推定値)。むろん、政策決定者たちは、自分の選択に対して相手がどういう反応をするのかも計算しなければならないから、それも当然、考慮される。

どんな数学モデルもそうであるように、そのモデルもデータが必要だった。国務省からインドについての電話が入ったとき、わたしはちょうど自分の〝戦争・平和モデル〟に入力するデータをどこで手に入れようかと思案していた。完璧なタイミングだった。その電話がきっかけになってわたしは、戦争か平和かの決定も、通常の政治的対立のそれとたいして変わらないのではないかと考えるようになった。

もちろん、戦争がからめば危険度は高まるが(戦争になれば人が死ぬ)、高位を求めているか高位を失おうとしている政治家にとってみれば、その個人的な政治的駆け引きもずいぶんと危険な賭けということになる。どうやらわたしたちはみな、どのような複雑な状況下でも自分の幸せを増大させようと、同じような計算をしているようなのだ。リスクは大きいが成功すれば大きな利益を得られる場合もそうだし、また政治、ビジネス、日常生活といった領域でも、わたしたちは私利を求めて同様の計算をしていると考えてよいだろう。

国務省に答えをせがまれ、わたしは国の力になりたかった。自分の新モデルがどれほどうまく機能するかも見たかった。そこで、そのモデルがほんとうにインドの政争を解くのに役立つツールになるかどうか、試してみることにした。そして実際にそのモデルとインドの政治をリンクさせてみると、まさに途轍もないアハ!体験となった。それは人生を変える体験だった。

わたしは自分の脳をひっかきまわし、モデルが必要とする情報を黄色いメモ帳に書きつけはじめた。

まずは、インドの次期政権の選択に影響をおよぼそうとするであろうとわたしが考える人物全員のリスト。そしてそうした人物（政党指導者、国会議員、重要な州政府の幹部）ひとりひとりについて、影響力、首相候補と目される多様な人々のだれを推すか、それを実現するためにどこまでやるか、ということに関するわたしの評価を書き入れた。メモ用紙一枚が数字でいっぱいになり、コンピューター・プログラムに予測させるのに必要な情報はそれだけで充分だった。わたしはそうしたデータを自分のプログラムに入力し、夜通しコンピューターに数字を処理させた。翌朝コンピューターが処理を終えると（当時のコンピューターの演算速度は遅かった）、わたしは百何十ページにもなる計算値を精査して、モデルがどんな予測をしているか知ろうとした。

　インドの政局がどうなるかについては、わたしも自分なりに分析し、洞察しているつもりだった。わが専門知識によると、次期首相はジャグジバン・ラムという名の男にちがいなかった。彼は人気のある傑出した政治家で、おもなライバル候補よりも首相に適任だった。わたしとしては、彼はアンタッチャブルだと確信していた——出身カーストがアンタッチャブル（不可触民）というだけでなく、政界でもアンタッチャブル（無敵）だと、わたしは思いこんでいた。ラムはさんざん苦労していまの地位までのぼったのであり、ついに彼の時代が到来したという感じだった。他の多くのインド・ウォッチャーたちも同様に考えていた。

　だから、自分でプログラミングし、自分のデータだけを入力したコンピューター・プログラムが、まったくちがう結果を予測したときのわたしの驚きを想像してほしい。次期首相はチャラン・シンであり、彼はY・B・チャバンという人物を内閣に迎え、二人とも——短期間とはいえ——前々首相のインディラ・ガンディーの支持を得る、というのがコンピューターの〝予言〟だった。モデルはまた、次期政権はうまくインドを治めることができず、すぐに崩壊する、とも予測した。

どちらを基にして結論を出すべきか、わたしは選択を迫られた。自分の見解を信じるか、それともわがプログラムの論理と証拠をあくまでも重視するか？　わたしは自分がつくったモデルの論理は正しいと信じていたし、メモ用紙に書きつけたデータも正確だと思っていた。コンピューターのアウトプットを凝視し、自分自身のプログラムがなぜ自分の考えとはまったくちがう結論を出したのか、なんとか解明したのち、わたしは〝評論家の意見〟ではなく科学を選んだ。そして実は、国務省に報告する前に、モデルが出した予測をロチェスター大学の同僚たちに話した。

わたしから結果を聞いた国務省の役人は、びっくり仰天した。そんなことは、ほのめかす人さえいない、奇妙としか思えない結論だ、と彼は言った。そして、どうしてそんな結論になったのか、と尋ねた。設計中の意思決定モデルに基づくコンピューター・プログラムを利用したのだと、わたしが答えると、彼はただ笑い声をあげ、依頼主がだれであろうと、そういうことは二度と繰り返してはいけないと命令口調で勧告した。

数週間後、チャラン・シンが首相に、Y・B・チャバンが副首相になり、二人はインディラ・ガンディーの支持も得た。そして数カ月後、インディラ・ガンディーは二人を支持するのをやめ、チャラン・シン政権はつぶれ、新たに選挙が行われることになった。コンピューターの予測したとおりの展開だった。

これにはわたしも大興奮した。わたし自身の判断は誤りだったが、コンピューター・プログラムの情報源はわたしだけだった。つまりプログラムもわたしが知っていることしか知らなかったわけである。それなのにプログラムは正しい答えを出し、わたしは出せなかった。ということは明らかに、少なくとも二つの可能性があるということだ。ひとつは、わたしは単にラッキーだった、という可能性。そしてもうひとつは、わたしはすごい方法を見つけたのだ、という可能性。

幸運というのはステキなものだ。だがわたしは、幸運だけで結果を説明できるという考えには与《くみ》しない。たしかに、めったにない事件というものも起こることがある――だが、そんなことは文字どおりめったにない。わたしは自分のモデルをさまざまなケースで試すことをはじめた。そうやってほんとうにモデルが機能するのかどうか知ろうとしたのだ。たとえば、予想されるソ連指導層の変化、メキシコおよびブラジルにおける経済改革問題、イタリアの予算決定などに応用してみた――要するに、政治と経済に関する広範な問題に使ってみたのだ。

モデルはこうした問題には実によく機能した――あまりにもよく機能したので、学会で分析の一部を披露したわたしの話を聴いた政府職員が、関心を示したほどだった。そして結局はそのおかげで、国防総省・国防高等研究計画局（DARPA）――アル・ゴアが「情報スーパーハイウェイ構想」を〝発明する〟ずっと以前からインターネットの発展を促進する研究のスポンサーでもある――から助成金を得ることになった。わたしはDARPAから一七の問題を与えられ、わがモデル（そのときにはさらにもうすこし精巧なものになっていた）はそのすべての問題に正しい答えを出した。モデルが必要とするデータを提供した政府の分析官たちは、間違った答えばかり出していて、まるで相手にならなかった（このことについては、あとでもっと詳しく述べることにする）。

これは使えると自信を深めたわたしは、大きな政治的イベントを予測する独自のアイディアをもつ同僚二人と、小さなコンサルティング会社を立ち上げた。そしてそれからかなりの歳月が流れた現在、元顧客のハリー・ラウンデルをパートナーに、別の小さなコンサルティング会社を経営している。

J・P・モルガンの元マネージング・ディレクターのハリーとわたしは、いまは一九七九年のバージョンよりもずっと精巧になったモデルを使って、ビジネスや政府の興味深い問題を解いている。本書でもこのあとたくさんの例をお見せする。

予測が明確なものである場合は、正しいか間違っているかの判断はたやすい。だが、曖昧な言葉で表現されている場合は、正誤の判断はほとんど不可能になる。わたしの経験では、政府も民間企業も、確固たる〝予言〟を欲しがる。どっちつかずの曖昧な予測なら、部内のスタッフからたくさん得ているのだ。政府や企業が求めているのは「一方でこういうこともありうるが、他方ああいうこともありうる」なんてものではなく、それよりずっと明瞭なものであり、それを与えるのがわたしの仕事である。ときには的をはずして、バツの悪い思いをすることもある。だが、それが肝心なところだ。予測が的中する確率についてはっきりした証拠がなければ、だれも予測になんて注意を払いはしない。予測の公表をためらうというのは、予測者が自分の仕事に自信をもてないでいることを示す最初のサインにほかならない。

機密解除されたCIAの評価によると、わたしがこれまでにしてきた予測の的中率は九〇％である。といってもこれは、わたしに偉大な知恵や洞察力があるからではない。知恵も洞察力も、わたしに充分に備わっているとはとても言えない。わたしにあるのは、アハ！体験で学んだ教訓――そう「政治は〝予言〟できる」という教訓だ。あと必要なのはツール――わたしがつくったモデルのようなツール――だけである。

つまり、基本的な情報を与えられれば、すべてのプレーヤーが自分にとってベストと考えることをすると仮定してその情報を評価・検討し、プレーヤーが何をなぜするかということについて信頼できる査定をする——そういうツールがありさえすればいい。正確な予測は特殊な能力をもつ個人によって生みだされるものではない。やたらに歩きまわり、未来を呼びだして予言を無からつかみだす、なんてことはする必要ない。羊の内臓も、茶葉も、超能力も、必要ない。正確な予測をする鍵は、論理を正しくすること、それを他のいかなる予測方法が用いる論理よりも正しくすること。

正確な予測は科学によるもので、何らかの個人的技量に頼るものではない——むろんマジックなどで得られるはずもない。それは論理と証拠がもつ力によるものであり、人間の思考・意思決定の世界を解明する方法が進歩しつづけていることを証明するものである。予測のための強力なツールはたくさんある。わたしが選んだ方法である応用ゲーム理論は、ある問題には有効だが、すべての問題を解けるわけではない。統計学的予測は、過去のパターンから大きくそれることのない問題に取り組むときには、頼りになる素晴らしい方法だ。大学でも、世論調査機関でも、ウェブ上のブログでも、選挙を予測する者はみな、過去が結果に与えたファクター（変数）の影響力を評価し、その正しく評価された影響力を現在の状況にあてはめる。インターネット上の〈選挙予測市場〉（一種の予測賭博ゲーム）も大いに役立つ。それは〈ジェリービーンズ数当てコンテスト〉とちょうど同じように役立つ。ビンのなかにジェリービーンズが何個入っているか、たくさんの人に尋ねると、正解に近い数を答えられる者はほぼ皆無なのに、全員が答えた数の平均をとると、実際の数にたいへん近くなることが多い、というのが〈ジェリービーンズ数当てコンテスト〉だが、それと同じことが〈選挙予測市場〉でも起こるというわけだ。こうした方法は、それに適した問題に応用されれば、とてつもなく正確な予測をもたらす。

もちろん統計学的方法が有効なのは、選挙の研究や予測だけではない。国際的危機の原因や、国際通商・投資に影響を与えるものを見つけるといった、より難しい問題に取り組むのにも、統計学的方法は役立つ。行動経済学も、高度な統計的考査と実験から洞察を引き出すという科学的方法に基づく優れたツールである。『ヤバい経済学』（東洋経済新報社）の著者のひとりであるスティーヴン・レヴィットは、何百万もの読者を行動経済学の世界に案内し、重要かつ魅惑的な現象をするどく洞察してみせた。

わたしが求められるようなビジネスや国家安全保障関係の予測をするのに最適なのは、戦略的行動に焦点を合わせたゲーム理論モデルだ。それは、戦争と平和、国造りなど多数の問題、さらに歴史上および現代の事例研究にも、統計学的方法をいやというほど用いたすえ、たどり着いた結論である。あらゆる方法があらゆる問題に適しているわけではない。わたしがやっているような未来予測には、ゲーム理論こそが最適なのであり、わたしはこれから本書でそれを読者に納得させるつもりだ。そしてそのためには、自分の実績を披露するだけでなく、恥をかく危険をかえりみずに未来の重大事に関する〝予言〟をもおこなおうと思う。

ゲーム理論で最善の意思決定を

ゲーム理論を用いて予測するには、他人の問題をも自分の問題であるかのように戦略的に考えられなければならない。つまり、同じ問題について他人が考えることに共感できるようになる必要がある。処理速度の速いコンピューターや正しいソフトウェアの助けも必要だが、多数の人間がからみ、現実および想像上の交渉が結果に影響をおよぼす、どのような問題であろうと、基本的な方法を適用することによって、正確な予測が可能になる。

いや、それどころかわたしたちは、将来起こりそうなことを前もって知る術を学べるだけでなく、より幸せな結果を生むように未来を操作する術をも学ぶことができるのだ。そして実はこちらのほうが、単なる予測や過去・現在の予言者たちのビジョンよりもずっと役立つのである。だが悲しいことに、わが国の政府も、ビジネス界も、市民団体の指導者たちも、その可能性をめったに利用しようとしない。代わりに彼らがやっているのは、希望的観測をおこない、最先端の科学に頼ろうとせずに〝知恵〟なるものを切望するということだ。科学的な分析ツールではなく、たえずカンに頼っているわけである。

現代社会では戦争の準備に、何千億ドル、いや何兆ドルもが費やされる。それなのに、武力を用いるべきか否か、用いるとしたらいつか、といったことを決めるさいの意思決定方法の改善には、ほとんど一セントも費やされない。むろん、その改善のなかには、そもそも戦争をしないために交渉を成功させるにはどうすればよいか、ということも含まれる。それゆえわたしたちはいま、なぜそこにいるのか、目標に向けてどのように前進すればよいのかも、ほとんどわからぬまま、遠い国で泥沼にはまりこんでいる。いや、この先、行く手をふさぐものについては、もっとわかっていない。それは二一世紀の政府を運営するやりかたでは絶対にない。科学に助けを求めれば、もっとずっとうまく立ち回ることができるのだから。

ビジネスリーダーたちも政治家と変わりない。彼らは、個々の取引がもたらしうる利益や損失を知るための分析には莫大な金を費やすくせに、取引相手の会社が自社の利益と損失をどのように考えているかという分析には事実上一セントの金も費やさない。その結果どうなるかというと、たとえば、買収しようしている事業が自分たちにとってどれほどの価値があるかということについては、よくわかっているのに、それに対していくら払う必要があるのかということについては何もわかっていない、ということになる。わたしの経験からすると、彼らはずいぶん払いすぎている場合が多い。そして反対側から見れば売り手は、買い手が払ってもよいと考えているよりもずっと少ない額で売ってしまっている。気の毒なのは株主である。

賢明な選択をするつもりなら、まず最初に他人がその選択をどのように見て、どういう反応をするかを、とことん考えなければいけない。それもしないで、どうして思慮深い判断ができようか？　ところが、重大な意思決定のほとんどはまさに〝それもしないで〟なされる。つまり、他人の視点をまったく考慮せずになされる。ビジネスでも政治でも、相手の動機となっているものについて深く考えずに事を進めてしまうと、かならず事態は紛糾してめちゃくちゃになり、良くてもどうにかこうにか切り抜けていくことになる。希望的観測をして、目先のことしか考えない決定をしてしまうからだ。

意思決定は、政治とビジネスが科学を締め出している最後の未開拓分野である。わたしたちはいま、生死にかかわるほど重大な決定を太古からの当て推量にまかせるハイテク時代に生きていると言ってよい。茶葉をのぞきこんだり天体の動きを読んだりして占う時代は、とうの昔に終わっているべきなのである。楽しい予言など、占い屋にまかせておけばいい。もうこの分野でも科学へのドアをひらかないといけない。現代の重要な決定は、科学をもとにした新たな方法を用いて下すべきなのである。

どのようにしてそれが可能になるのか、早く知りたい？　ならば、この本をお読みいただきたい。どれほど正確な予測ができるか、お見せしよう。国家安全保障やビジネスや日常生活の問題から具体例を引いて、戦争・平和、合併・買収、訴訟、立法、規制といった問題——さらには、市場の見えざる手によって操られるものでない他のほとんどあらゆる問題——をかなりの精度で予測できるということを、しっかりお見せしたいと思う。

科学、数学、そしてとりわけゲーム理論の力を利用して、行動を予測し未来を改善する方法をいくつか紹介するつもりだ。わたしはこれから読者を最先端の思考の世界にいざなおうと思うのだが、その世界の可能性は多くの者にとっては、まだ〝神秘〟に近いものなのかもしれない。しかし、実のところ、正確な予測には謎も神秘もない。それを読者に理解してもらうために、わたしはまず第一章で、こんど車を買うさいに戦略的な思考をほんのすこしするだけで、数百ドル、いやたぶん数千ドル、節約できるということを説明しようと思う。

第1章

底値で車を買う方法

ゲーム理論というと、なにやら物々しいが、その基本的考えかたはいたって単純だ。「人間は自分に最高の利益をもたらすと思うことをする」というのが、その基本的考え。ということは、自分の選択に対して他の人々がどう反応するかということに人は注意を払うということ。この「他の人々」はこれから支持者または敵対者になると思われる者である。彼らの利害がどのように交差し衝突するかを見るのが、どういう意思決定をするとどういう結果となるかを考えるさいの基本となる。人々の行動をうまく予測するにはまず、彼らが状況をどのようにとらえ、そこから何を得たいと思っているかを、あるていど知らなければならない。人々の望みと考えを慎重に推測し検討すれば、どのような人の行動もかなり正確に予測できるようになる。そして、起こることを予測できるなら、状況に関する人々の考えを変えることができた場合に起こることも予測できることになる。要するに、予測にも、未来操作にも、同じ論理を利用できるというわけだ。

ゲーム理論については、このあとの二章（第2章、第3章）で詳しく解説する。この章では新車を買う最良の方法を例にして、説明してみよう。

新車の購入は、ほとんどの人にとって高価な買い物である。というのも、買いかたが下手だからだ。戦略的思考をすこしばかり用いるだけで、買いかたがずっとうまくなる可能性がある。これから述べることを実行すれば、車を買うのが楽しくなるだけでなく、払う金額もずっと少なくなる。

新車の買いかたはおおむね二つに分けられる。ほとんどの人の買いかたはこうだ——販売店へ行き、車に試乗し、たぶんある車に惚れてしまって、最後にえらく不快な値段の交渉をする。こういう買いかたが大嫌いなのでインターネットで車を買うという人も、少数だがいる。こちらのほうの買いかたはふつう、地元のいくつかのディーラーに入札のようなことをしてもらい、そのうちのひとつに出向いて車を買うという形をとる。これだと少しはましだが、わたしがみなさんに強くお勧めするのは、もっといい買いかただ。

最もポピュラーな第一の買いかたのどこがいけないのか？　ほぼすべてだ。まず最初に、販売店におもむく買い手であるあなたは、自分の時間を、それにたぶん家族の時間をも、注ぎこまなければならない。車の販売員は、自分たちとの交渉を楽しめる者などほとんどいないことを知っている。ともかく、あなたは販売店におもむいて販売員が繰りだす売りこみ口上を浴び、向こうのテリトリーのなかで向こうのペースに引きずりこまれ、価格交渉をせざるをえない。これであなたは確実に不利になる。ディーラーと話し合っているあいだ中、あなたは自分がカモであることを明かしつづけ、払いすぎる方向へどんどん突き進むことになる。

そこにいること自体が、ゲーム理論で〈コストリー・シグナル〉と呼ばれているものになる。時間とエネルギー（コスト）を費やして、そこまでわざわざやってきて話しているということは、まさに車を買いたいという〈コストリー・シグナル〉、つまりコストをかけたというシグナルを送っていることになる。だから、あなたはよそへ行かずに、いま訪れている販売店で車を買う可能性が大きい。そして、その店からできるだけ早く脱出したいと思っている。子供を連れてきている場合はとくにそうだ。それゆえ、その第一段階、ただそこにいるということだけでも、高値で売ろうとする販売員の立場を有利にする。あなたは買う気になっているとディーラーは信じて疑わない。事実あなたは、買わないかもしれないと彼らに思わせることをほとんど何ひとつしていない。よって、この段階で、ディーラー側に得点1、あなたはゼロ。

〈コストリー・シグナル〉というのはふつう、それを送る側のあなたにとって有利に働く。言っていること、していることについて、真剣であるということを示すものであるからだ。あとの章で見るように、〈コストリー・シグナル〉の送り手は〝信頼できる〟という評価を得られるのである。ところが、あなたが買い物客の場合は、残念ながら〈コストリー・シグナル〉は逆に働いてしまう。買いたくてしかたないというシグナルを送れば、当然、安い値段で買うことが難しくなる。

販売店に足を踏み入れた時点で、状況はすでに充分に悪くなっているわけだが、販売員と話しはじめるや、それはさらにどんどん悪くなっていく。あるいはあなたはインターネットで予習して、欲しい車の仕入れ値くらいは知っているかもしれない。だがそれでも、ディーラーが知っていて、あなたが知らないことは山のようにある。たとえばあなたが、グレーの車、あるいはブルーまたはイエローの車が、欲しいと言ったとしよう。そのさい、そのボディカラーがいちばん需要の多い大人気の色か、それともめったに選ばれない色か、あなたは知らない。車体の色を選ぶことで、つまり赤か黄色か選ぶことで、価格に数百ドルのちがいが生じうるということを、あなたは知らないかもしれない。ボディカラーの選択をオプションと同様にあつかって、価格に上乗せするディーラーがいるのだ。販売員のパットに、あなたの欲しい車は不足していると言われても、地域の需給についてよく知らないあなたは、うまく反駁《はんばく》できない。パットの言いたいことは要するにこうだ。インターネットで仕入れ値を調べたって？　そんなものは忘れてください――あなたの欲しい車には当てはまりませんから。ディーラーに追加点1、あなたの得点はゼロのまま。

新車を買った経験のある人はみな、パットがほぼ確実にこう問うのを知っている。「あと、今日この車にお乗りになるのにお知りになりたいことは？」これであなたは完全に追い詰められる。そして、おそろしく安い値段を口にしたら、いままで媚びへつらっていたパットが、がっかりした表情を浮かべるか、しらけるか、あるいは少しばかり無礼な態度をとりさえするかもしれない。こうなると、話し合いをコントロールすることはもう、あなたには不可能になる。あなたは、わざと安い値段をつけたことを悔やみ、信頼をとりもどそうと、今度は実際に払ってもよいと思っている金額に近い数字を提示する。それもこれもみな、ただ会話をつづけたいがために。

こうしてパットは、あなたからディーラーが望む値段を引き出すことに成功する。パットはあなたの提案をほめたたえてから、これなら承認をもらいに販売部長のところへ持っていけると、晴れやかに言う。商談成立とあいなる前に、販売部長のところでさらにもうすこし金額が引き上げられるはずだ。あなたは、紙コップのえらく水っぽいコーヒーを飲みつつ、パットの机の前に座って待つあいだ、販売部長が何と言うかを心配するよりも、こんなふうに自問してしまう。「パットが車の価格を知らないなんてありうるだろうか？」信じがたいことだ。だってパットが一日中やっていることではないか！――パットは朝から晩まで車を売っているんだぞ！

そのときにはもうすでにあなたは、手のうちの重要情報をほぼすべてパットに与えてしまっている。一方、この自動車販売市場の真の状況についてはほとんど何もわかっていない。パットは自分の味方で、販売部長には「とてもいい客で、家族がまたステキなんです」と言ってくれていると、あなたは信じているかもしれない。たぶんパットと販売部長は、昨夜のフットボール試合のことを話し、なんてまずいんだ、このコーヒーは、とかなんとか言っているのだと、わたしは想像する。そしてついにパットがディーラー側の出した価格をもってあらわれる。

細かなところの金額をさらにもうすこし交渉したのち、握手がかわされ、取引が成立する。あなたはうまくいったと感じている。友だちに自慢できる〝良い〟値段だった、と思っている。パットも「そのとおりです」と、あなたを安心させる。そうかもしれない。売買というのは売り手と買い手の両方が価格に満足してはじめて成立するものだからだ。だがあなたは、それが最良の価格だったかどうかについては、まるでわからない。あなたが払えるだけ払ったかどうかを、販売員が知らないのとちょうど同じように。だが、交渉内容を主導したのはパットだ。彼はほとんど何も明かさず、価格を少しずつ上げていった。そこで、ディーラーにさらに1点追加し、あなたにも、まあ、おまけをして、ようやく1点。勝者はむろんディーラーで、あなたが頑張ってもスコアは3対1か4対1。

さて、インターネットを使えば、これよりはずっとうまくいくこともある。インターネットをのぞくと、役立つ情報がたくさん見つかり、そのなかにはディーラーが買い手に知られたくないものもある。たとえば、インターネットは車の仕入れ値を見つけるのにたいへん役立つ。それに、インターネット自動車購入サービスを利用すればふつう、あなたがすでにオンライン価格比較ショッピングをした経験があることくらいは知っているディーラー二、三人から、かならずコンタクトがある。それでも車を買うには、販売店へ行かなければならない。そして販売店に足を踏み入れるや、車を買うさいに最初に起こることがすべて、ふたたび起こることになる。

ただ今回は、あなたがインターネットでの見積価格に興味を示していることは、パットもすでに知っている。たぶんパットは、あなたが問い合わせたとおりの車の在庫はありません、と言うだろう。そして、もちろん特別注文する手はありますが、納入まではかなりの時間がかかります、とつづける。きっとパットは、別の車はいかがですか、サービスしますよ、と言うのではないか。これでインターネットから得た情報の重要性がしぼんでしまう。追加オプション――サンルーフとか、超一流サウンドシステムとか、特別装備とか――のついた同等の車はいかがでしょうか？　と言われても、そんなものはどうしても欲しいものではない。ともかく、その車なら販売店の駐車場にあって、ほんのすこしお金を上積みするだけで買えるのだ。あるいは、インターネットでの見積価格で問い合わせた車を買う契約を結ぶことも可能かもしれない。それならたぶん、ディーラーが受け入れる最低価格に近づけるだろう。だが、最低価格に達することは九分九厘できない。結局のところ見積価格というのは、そこからあなたが値を上げていくのではなく、なんとかして値切ろうとする、ということを予測したうえでの価格である。だから値下げできる余裕はかならずある。

自分のためのオークションを開く

ならば、ほかに車の買いかたはあるか？　ある。わたしが勧める方法をお教えしよう。それは、情報があなたのほうへ流れ、逆の方向にはほとんど流れない、という方法だ。したがって、交渉内容は売り手ではなく買い手のあなたの有利に動いていく。売り手は自己の利益を追求する過程で、最低価格（経済学者が〈留保価格〉と呼ぶもの）を明かさざるをえなくなり、あなたのほうは最高価格を教えなくてすむ。

交渉内容を主導する側がつねに有利である。車の購入では、売り手が今回はどんなに魅力的な値をつけても受け入れられないということを知って下限の価格を提示するように、買い手のあなたが会話を上手に組み立てていくというのが、交渉内容を主導するということだ。それを達成するには、本気で車を買おうとしているということも含めて、あなたがしているゲームを売り手に理解させなければならない。たとえば、こんなふうにするのだ。

まずは自分で調べ、買いたい車を具体的に決める。それをするために販売店へ行くという手もあるが、わたしは行かない。あまりにも簡単に相手のペースに引きずり込まれてしまうからだ。インターネットを使って、自分の欲求にいちばん合った車を見つけてもよい。何が自分にとって大切かを決める。パフォーマンスより安全性が大事か？　乗り心地よりスタイルが大事か？　ボディカラーは割増料金を払ってもよいほど重要か？　自分が欲しいオプションを知り、オプションがどういうセットになっているかも調べる（スポーツ・パッケージ、セーフティ・パッケージ、サウンドシステムなど）。

自分の欲しい車がわかり、オプション、ボディカラー、モデル、その他すべてを決めたら、そこではじめて、インターネットでディーラーを調べる。そして、自宅を中心にして、たとえば半径二〇マイルから五〇マイルの円のなかにある、自分が欲しい車種を売っているディーラーをすべて見つける。都市部の住民なら、ほとんどの場合、かなりの数の販売店を見つけることができるはずだ。

選んだ範囲内の販売店にかたっぱしから電話する。遠いディーラーまで車を運ぶ費用については心配する必要はない。それを負担するのはメーカーであってディーラーではない。販売員につないでもらい、自分がいましていることを正確に伝える。わたしはふつう、こんなふうに口上を切る。

「こんにちは、わたしはブルース・ブエノ・デ・メスキータ。今日の午後五時に、これこれの車（正確なモデルと具体的な特徴を述べる）を買おうと思っています。いま自宅から半径五〇マイルの範囲内にあるすべての販売店に電話しているところで、あなたに話していることをどのディーラーにも伝えています。今日の午後五時に、最低価格を提示したディーラーのところへ行って、車を買います。税、ディーラー準備費など、すべて込みの金額を出してほしい（ディーラー準備というのは、洗車・コーティング、紙製フロアマットの取り除きていどで、ふつう何百ドルもとるものなので、わたしはそれをせずにその費用を加えないよう求める）。全込みでないと困るのは、事前に書いた小切手を持ってそちらへ行くからです。追加用の小切手は持っていきません」

最初の電話のとき、そちらの提示額を次のディーラーに伝えるということを忘れずに言うこと。そしてそのあとの電話では、これまでの最低価格を伝えつづけているということを販売員たちにはっきりわからせる。こうすれば、どのディーラーも、打ち破らなければならない価格を知ることができ、いま電話で話している相手も、あなたに車を売る気なら限界の底値を提示しないといけないということに気づく。パットにはもう策を弄することはできない。なんとか価格を上げようとすれば、あなたに車を売ることはまずできない。この買い手有利の状況は、あなたがディーラーにおもむいてパットに完全支配されたのでは絶対に生まれない。あなたは、参加者全員が最低価格を提示するチャンスを一度だけ与えられている、特別なオークションを開催したのである。

ディーラーはこうした電話を受けるのを嫌う。ディーラーに電話して、最初に返ってくる典型的な言葉は「申し訳ありませんが、電話で車は買えません」だ。と、わたしはこう答える。「ほう、わたしはこれまでにこのやりかたで車をたくさん買いましたけどね。わかりました、あなたからは電話で車は買えないということですね。いいですよ、ほかのディーラーから買えますから。わたしに車を売りたくないとおっしゃるなら、それはそれで結構、問題ありません」。これで会話を打ち切るディーラーも少数だがいる。だが、多くのディーラーはそうしない。

販売員が次によく口にするのは、あなたがショールームにおもむき、ディーラーめぐりをして比較検討していると言ったときに、彼らが言いたがることである。つまり「いまここで価格を提示したら、次のディーラーはそれより五〇ドル安い価格を提示し、あなたはそこから車を買うことになるじゃないですか」と言うのだ。パットは通常の買いかたにもどしたくてしかたなく、喜んで五〇ドルよけいに払うべきだとわたしに思わせることによって支配権をにぎろうとする。まるで旧友であるかのように、それくらいしてくれたっていいじゃないかと言わんばかりに。

そこでわたしはこう応じる。「そのとおり。わたしはほかのディーラーから買います。ですから、パット、あなただって五〇ドル安い額を提示できるんですよ。いまがそうするチャンスなんです」。するとと今度はこう返してくる。「ですからね、うちの店まで来てくださいよ。街でいちばんのベスト・プライスでお売りしますから」。それへの応えはこうだ。「なるほど、では、いまここで価格を提示したほうがいいですよ。だって、ベスト・プライスだという自信があるんでしょう? 電話で価格を言えないということは、よそに負けてしまうと思っているということにほかなりませんからね」。

ここまで会話がつづいたら――そしてかなりのディーラーが価格提示に応じているなら――パットも価格を提示する。

午後五時ちょっと前、わたしは小切手を持って、契約を完了させるべく、最低価格を提示した販売店へ到着する。条件の変更がすこしでもあったら、即わたしはその店から出て、二番目に低い額を提示したディーラーへ向かう。そしてそこでまた問題が起これば、その次へ……。わたしの場合、二番目の価格で車を買わなければならなくなったのは、たったの一度である。

提示額はディーラーによって途方もなくちがうことをわたしは知った。文字どおり何千ドルものひらきがある。わたしはこの方法でトヨタやホンダを複数台、フォルックスワーゲンを一台、買った。ニューヨーク大学でわたしが教える学生のなかにも、この方法を用いて車を買った者が何人もいる。それで高額の授業料をいくらかなりとも取り戻せたというわけだ。わたしも学生たちも、この方法でインターネット上の見積価格をつねに打ち破ってきた。わたしはこの方法で娘の代わりに車を買ったことさえある。そのとき、わたしはディーラーから三〇〇〇マイル離れたところにいた（午後五時にディーラーに行くのは娘だ）。このときの価格はとてもよく、同じディーラーがわたしにインターネットで提示した同じ車の見積価格より一二〇〇ドルも少ない金額で契約することができた。同じ車——まったく同じ車——だとどうしてわかったか？　値引きがあまりにも大きかったので、販売員にVIN（車両識別番号）を尋ねたのだ。

ゲーム理論は取引を有利に進める戦略を導く

なぜこの方法がうまくいくのか？　ゲーム理論は、他人との取引を有利に進める戦略を練るためのものでもある。他人も同じことをするということに気づくのも、その戦略に欠かせない要素だ。販売員のパットは、あなたからなるべく高い金額を引き出すために何を言えばよいかを考える。あなたは、パットの言い分に対処できる独自の方法をしっかり考えなければならない。いちばん大切なのは、あなたがきわめて高い価格、きわめて低い価格、その中間の節度ある価格を示した場合、あるいはわたしが勧めるように価格をいっさい示さなかった場合、パットはどう応じるかを予測することである。ほかの多くのディーラーも同じ機会を与えられているということをパットにわからせ、提示価格を秘密にするつもりはまったくないことも知らせて、彼にも価格を提示させるというのが、最良の戦略ということになる。そうすればパットは、ベスト・プライスはいくらかと訊かれたとき、これがあなたに車を売る一回かぎりのチャンスなのだと知る。

販売員はあなたに好意をもってほしいと、がっかりさせないでほしいと、思っている。だから「最後の五〇ドルの値下げにいつまでもこだわったり、ディーラーの誠実さを疑ったりして、失望させないでくださいよ」というシグナルをそれとなく送りつづける。そうすればあなたの決意はぐらつく、と彼らは信じているのだ。どうか忘れないでほしい――彼らは「ディーラー準備費」とかいうものを発明した人々であるということを! 彼らはできるだけ高い値で車を売りつけたいだけなのだ。あなたの友人になるつもりなんてまったくない。

電話での接触がこうした問題をすべて解決してくれる。電話では販売員が得意とする身振り言葉は通用せず、売り手ではなく買い手のあなたが会話を主導することができる。あなたが手順を決め、ゲームのルールを定めるのだ。販売員はあなたが多数のディーラーに問い合わせていることを知っているし、メーカー側から発破をかけられている最前線の人々でもあるので、当然ながら、たいへん低い価格を提示してしまう。答えかたはどうであれ、彼らはあなたに情報を明かしてしまう。早々にこのゲームから下りてしまうディーラーもなかにはいるという事実だって、悪いことではない——それで時間の節約になるのだから。チャンスを逸したわけではない。彼らは自分たちの市場を知っている。その道のプロなのだから当たり前だ。あなたがやることは、彼らに正直になるインセンティブ（動機）を与えるということだ。彼らもそれでもうかるし、むろんあなたも確実にもうかる。

このようにして午後五時に車を買えば、これ以上望みえない売り手の底値に近いベスト・プライスで取引を成立させることができる。あなたは交渉を思いどおりに動かせたのであり、自分が成立させた取引に大満足できるはずだ。

車を買うのも国際的危機の交渉もたいしてちがわないと知ったら、あなたは驚くかもしれない。だが、実際にそうなのだ。車を買うさいの手法を、北朝鮮の核の脅威をめぐる交渉にも応用できるということを、これからあなたに証明してみせるつもりだ。だがその前にまず、ゲーム理論をすこしばかり分析して説明し、未来の予測と操作を可能にする原理を紹介しておこう。

第2章

ゲーム理論入門1　人間の行動についての科学的アプローチ

科学（サイエンス）というと、まず頭に浮かぶのは化学や物理学だ。政治学（ポリティカル・サイエンス）が最初に浮かぶということはまずない。だが、科学というのは方法であり、個々の学問のことではない。それは、論証と実験的証拠を頼りにして、物質の——そして人間の——世界がどのように動くかを解明する方法である。この科学的方法は、物理学に適用できるのとまったく同じように、政治学にも確実に適用できる。それでもなお、当然ながら、物理学と政治学はまったくちがう学問だ。そのちがいのひとつが、これからこの本で展開されるあらゆることを理解するうえできわめて重要になる。物理学の世界は、ごくおおまかに捉えると、まあ、粒子の相互作用と言ってもよい。そして、粒子の相互作用のここでの主眼点は、光子《こうし》も電子も中性子も、さらにそれらの構成要素であるクォークも、互いに衝突することを決して予測しない、ということだ。したがって、粒子の衝突の裏に戦略なるものはいっさい存在しない。

人間の研究は、無生物である粒子の研究よりもずっと複雑である。クォークとクエーカー教徒、エレクトロン（電子）とエレクター（選挙人）、プロトン（陽子）とプロテスター（抗議者）では、相互作用がどれほどちがうか考えてほしい！　遺伝子は伝えられたいと思っているかのように活動し、細菌は宿主をさがし、ゴキブリはわたしの靴につぶされないように逃げ、ふつうの人々は自分にとって良いと思えることを求め、悪いと思えることを避けようとする。だから、友と協力し、敵と戦う。物理学の粒子と同様、人も相互作用するが、粒子とはちがって戦略的に作用し合う。そしてその戦略的相互作用こそがゲーム理論の対象ということだ。

〝予言者〟として成功するには、他の人々がみずからの問題をどう考えているかを考えることがきわめて重要になる。あなたが自分の問題と相手の問題をどう考えているかについて、その相手がどう考えているか?――それを考えることも、同じくらい重要だ。ついでに言えば、頭がこんがらかりそうになるこの連鎖は、戦略的考察によって見つかる情報を検討するさい、際限なく繰り返される場合もありうる。本章と次章――および予測・未来操作の科学――のテーマは、他の人々が考えていること、あなたの考えだと他の人々が思っていること、他の人々の考えだとあなたが思っていること、あなたの考えだと他の人々が思っていることについてあなたが考えていること……を理解するという問題を解決することだ。この種の情報は、物理学者たちが自分の関心事である粒子を研究するとき、当然のことながら一顧だにしないものである。だが、状況を自分の有利なものに、いつ、どのようにして変えればよいか、ということを知るには、どうしてもその種の情報を土台にしないといけない。

基本的な考えかた

この「ゲーム理論入門」の章では、他の人々の目を通して世界を見るにはどうすればよいのかを考える。まずは、論を進めるうえで必要ということもあって、人間性についてのごく自然な楽観主義をとりあえず棄ててもらいたい。ゲーム理論を活用するには、合理的で利己的な計算高い意思決定者というものを冷たく厳しく見つめる目が必要になる。たしかに、この世には、ほんとうに素晴らしい利他的な人々も少数だがいる――といっても、彼らとて、自分の行動を慎重に計算していないというわけではない。いや、それどころか、あとで見るように、ゲーム理論家の温かいとは言えない意地悪な目を通せば、マザー・テレサのような利他的な〝聖人〟でも調査の対象となりうる。

そのような目で見れば、まったくちがうと思えるマザー・テレサと自爆テロ犯の行動が、同じくらい合理的で戦略的には賢明と考えることも可能だと理解できるようになる。さらにまた、疑う余地のない一般に最も認められた知恵のいくつかでさえ（たとえば国益と呼ばれるものの存在でさえ）、政治家が国民ではなく自分の利益のために戦略的にでっちあげたフィクションにすぎないこともありうる、ということにも気づけるようになるだろう。気が滅入る？　たしかに。でも、当たっている？　そのとおり。

本章がこれから紹介するのは、ゲーム理論家が考える利得、信念、合理性の骨組み、言葉の曖昧さを突破する論理の使いかたのおおよそ、そして戦略的行動の理解だ。ゲーム理論が問題にする利得・信念・合理性の基本を知り、論理の使いかたもわかり、さらに戦略的行動を理解できるようになれば、他の人々の思考と行動を把握して予測することがうまくなる。

相手の利得と信念

ゲーム理論は大きく二つに分けられる。ひとつは協力ゲーム理論で、ジョン・フォン・ノイマンとオスカー・モルゲンシュテルンによって理論化された。一九四四年に二人が著した『ゲームの理論と経済行動』（ちくま学芸文庫）は、人々（や国家）が直面する問題と、わが家のお気に入りであるネーム・イン・ザ・ハット・ゲーム（言葉当てゲーム）といった室内ゲームとのあいだに、否定しがたい明瞭な類似点があることを明らかにしてみせた。この種のゲームおいては、参加するプレーヤーは行動とそれへの対抗手段を予測しようとするが、やると言ったことを実際にやるという状況のもとにすべてが展開する。協力ゲームと呼ばれるゆえんである――約束はかならず守られるということ。それゆえ、協力ゲーム理論には、とくにプレーヤーが二人よりも多い場合は、人間の本性についてあまりにも楽観的すぎるという大きな限界がある。

協力ゲームの世界では、人々は合意に達し、それを守る。金で折り合いがつけられることもあるが、人々は何かをすると言ったならば、かならずそのとおりにする。ということは、協力ゲーム理論は、「一方が負けた分だけ他方が勝つ」というゼロサムゲームには有効ということになる。だが、世界の興味深い問題で、それほど単純なものはあまりない。だから、この最初のゲーム理論よりも、それに取って代わった新たなゲーム理論のほうが、わたしの目的にははるかに役立つ。

一九五〇年代初め、数学者のジョン・ナッシュ（伝記映画『ビューティフル・マインド』でも有名、一九九四年にはノーベル経済学賞を受賞）が、別種のゲーム理論（非協力ゲーム理論）をつくりあげた。彼は協力し合わないという人間の傾向に注目した。ポーカーのプレーヤーや外交官は、「ブラフ（はったり）」といった穏やかな言葉を用いるが、それはふつうの人々にしてみれば「嘘」以外の何ものでもない。

非協力ゲーム理論では、約束はかならずしも守られるとはかぎらない。嘘も戦略のうちなのである。約束が守られるのは、プレーヤーが約束どおりに実行するのが自分の利益となると判断したときだ。約束の実行が利益にならない場合は、プレーヤーは約束を守らず、あざむき、そのときいちばん利益になると思えることをやる。もちろん、そのハッタリやごまかしが高くつくこともありうることを彼らは知っている。したがって、予想される利得だけでなくコスト（代価）も考慮する。いや、それどころか、コストを上げるというのは、困難をともないはするが、真剣だと相手に思わせる方法にもなりうる。事実、ポーカーで賭け金を吊り上げたり、カー・ディーラーにおもむかずに電話をしたりするのは、まさにそれを狙ってのことである。

ゲーム理論の思考法の中心には、私利を追求する非情な生きものという人間観がある。もちろん、他人に利益をもたらそうとする立派な人間もいるだろう。だが、たいして多くはいない。ほとんどの場合、利他的な善人はほんとうにバカをみる。たとえば、仲間の命を救おうと、手榴弾におおいかぶさる者。そうする者は、当然、死ぬという悲劇にみまわれる。つまり人生ゲームから下りざるをえない。わたしたちはそうした者たちを記憶にとどめ、敬い、称賛する。だが、もうわたしたちの競争相手ではない。もうこの世にいないのだから。そうした善人を相手にしなければならない場面というのはたいして多くない。

たとえ相手にせざるをえなくなっても、わたしたち応用ゲーム理論家はシニカルな見方をして、たとえば、自殺行為が本人にどういう利得をもたらしうるかを考える。殉教すれば、天国で美しい処女が待っているのかもしれない。第二次大戦の神風特攻隊員や、中世の十字軍兵士にも、同様なことが言えるのかもしれない。今日の自爆者のなかには、遺された家族への現金支払いや借金免除といった金銭的なことが大きなインセンティブになって、自らの命を犠牲にする者もいる。

この自己犠牲の実利主義的説明を不快に思う人もいるだろう。問題は、他の人々の善意を誤って信じてしまうと、あとで高い代償を支払わざるをえなくなることがあるということだ。それよりは、皮肉な見方をして、彼らは実は自分の利を求めているのだと考えたほうがずっとよい（行動を見て、そうではないとわかるまでは）。「信用する、だが検証する」というロナルド・レーガンのモットーを覚えておられるかたは、個人的な取引でもだまされにくいはずだ。ともかく、人間性への厳しい見方を不快に思われるかたは、次のような事実をじっくり考えてみることを強くお勧めする。

アメリカは現在、イラクで〈憂慮する地元市民〉（CLC）計画を実施している。ペンタゴン（国防総省）の〝略語大好き伝統〟にしたがって、この計画に参加しているイラク人はCLCと呼ばれる。CLCは隣人たちを反政府（テロリスト）グループから護《まも》る手伝いをしているイラク人だ。そして、その警備組織に属して活動する者は、一日一〇ドルの手当てがもらえる。わずかな額である。だから金銭や物欲に動かされて参加しているようには見えない。だが、ちょっと待っていただきたい。落ち着いて、こう自問してほしい。CLCはどんな人たちなのか？　わたしたちが一日一〇ドルで買っているのは具体的に何なのか？

こうした〝憂慮するイラク人〟たちは、アメリカ人が考えるふつうの自警団ではない。彼らは、親が働きにいっているときに学童に安全な場所を提供してくれる隣人ではない。あなたが休暇に行っているときに、家の鍵をあずかってくれ、植木に水を、猫に餌をやってくれ、郵便物をとっておいてくれる友人でもない。彼らはついこのあいだまで、反アメリカの暴徒だった者たちだ。なかにはアルカイダの一員だった者もいる。狂信者のなかの狂信者、悪人のなかの悪人、と言ってもいいような者たちも混ざっているわけだ。ところが、いまや一日たったの一〇ドルのために、そうした転向など絶対にしないように思えたアルカイダのテロリストたちが、まるで同盟者のようにアメリカに協力し、民兵組織かと思えるような活動をして、おもにスンニ派地区の治安の維持に貢献し、かつては生きるために粉砕しようとしていた平和を護ろうとしているのである。どうしてそんなことが可能なのか？どういうわけでテロリストたちはそうも簡単に転向し、わたしたちの友人となり、保護者となったのか？

実はCLCとして雇われた元暴徒は、イラクの基準からするとたいへん良い仕事にありついたことになるのだ。一日一〇ドルということは、一年に三〇〇〇ドルほどはアメリカに稼がせてもらっているということになり、もちろん、ほかに副業の収入もあるだろう。イラクは石油という莫大な富をかかえる国ではあるが、国民の一日あたりの平均収入は約六ドルでしかない。CLCの収入のほとんど半分だ！　テロリストは金銭にも個人的事情にも動かされない非合理的な狂信者だと考えている人は、一日たった一〇ドルわたすだけで、そうした人々をアメリカの〝友だちのようなもの〟にすることができることを忘れるべきではない。

言うまでもないが、聖人にも罪人と同じくらいの居場所がゲーム理論の世界にもある。現実の世界に存在する（少数の）〝マザー・テレサ〟くらい、ゲーム理論の世界に難なく収容できる。不愉快に思われるかたもいるだろうが、ゲーム理論はコストと利益を予想して行動を選択する方法だから、わたしたちにこう問うようながす。マザー・テレサは生涯にわたる自己犠牲と善行の見返りにどんな利得を期待できるのか？　気づかざるをえないのは、ほとんどの修道女は人知れず貧者たちに尽くし、最後まで無名のままひっそりと暮らすのに、マザー・テレサの場合はそうではなかったということだ。マザー・テレサの善行がここまで有名になってしまったということは、彼女には大規模な形で貧者を助ける合理性と才能があったということである。

　高潔な暮らしに関するカトリックの考えや、慈善活動に関するタルムード（ユダヤ教の口伝律法・道徳・習慣をまとめたもの）の見解に照らしても、マザー・テレサは悩みをかかえていたと思われる。善行を重ねるなかでマザー・テレサは、聖ベルナール（クレルヴォーのベルナルドゥス＝一〇九〇―一一五三）同様、自分は神の戒めに忠実にしたがっていないのではないか、傲慢の大罪をおかしているのではないかと、悩んでいたのではないだろうか。他の人々よりも自分は偉いという気持ちを抑えきれなかったのではないか。あるいは、まさに自己犠牲と善行ゆえに、自分は天国によりふさわしい人間で、聖人に列せられてもおかしくないとさえ思っていたかもしれない。いや、これから見るように、彼女の悩みの最大の種はそうした問題ではなかったようだ。

　モーセス・マイモニデス（モーシェ・ベン＝マイモーン＝一一三五―一二〇四）によるタルムード的見解からすると、マザー・テレサは少なくとも同じくらい大きな別の問題を抱えていたことになる。当時はラムバムという名で知られていたマイモニデスは、相手の自立をうながせるように、だれだかわからない受け手に匿名でほどこす慈善が、最良のものだと断定している。マザー・テレサの慈善行為はこの基準を満たしていない。彼女は満たそうとさえしなかった。匿名で与えるということをしなかった。彼女は受け手がだれであるかも知っていた。そして、自分の善行の受け手の自立をうながす努力をとくにしなかった。いや、それどころか、自分とおのれの行為を世に認めさせようと格段の努力をした。

たとえば、他の心優しいご婦人がたと混同されないように、みずから設立した修道会の特別な修道衣（青いトリムのついたサリーにサンダル）をつねに身につけることによって、実に入念な自己宣伝をおこない、マザー・テレサというブランドネームを世に広く認知させたのである――まるでコーク、ゼロックス、ワセリンのように。もちろん、匿名の慈善行為だってなお、傲慢と結びつきうる。しかし匿名であれば、この世ではノーベル平和賞を受賞することも、その後の列福（カトリック教会によって福者に列せられること）も絶対になかったはずだし、今後の列聖（聖人に列せられること）もありない。

マザー・テレサは天国で永遠の褒美をもらえると信じられたからこそ、この世であれほど頑張った、という説明は可能だろうか？　もし天国での永遠の幸せという褒美をもらえるならば、人間の一生という短い期間、自己犠牲にいそしむのも、よく理解できる。いや、それこそまさに、わたしたちの多くが自爆という行為を説明するさいに用いる理由づけではないか？　自爆者は殉教者として誇らしく、天国での永遠の幸せという褒美をもらえると信じて死んでいく、というわけだ。

あるいは、マザー・テレサの場合、もっと複雑に計算された合理的な動機が、彼女を善行へと駆りたてたのだろうか？　いまではわたしたちも、彼女がおのれの信仰と神の存在を疑っていたことを知っている。その疑いが生まれたのは、どうやらコルカタ（カルカッタ）の貧者や病人の世話をしはじめた直後のようだ。それまではたぶん彼女も、自分のために選んだ宗教生活にうまくはまりこんでいると感じていたのではないか。ところが神の存在を疑い、さらに教会の外の生活にも戸惑ったために、彼女は死後の世界は存在しないのではと不安になり、この世での称賛を得ようと、そのための完璧な戦略を見つけたのかもしれない。マザー・テレサが探し求めていたのは、神からいただく永遠の褒美だったのか、それともこの世だけの褒美だったのか？　それをほんとうに知っているのは彼女だけだろう。わたしたち応用ゲーム理論家は、彼女はこの世で褒美をもらうことが動機であるかのように行動していたと観察できれば、それで満足なのである。ということはつまり、彼女は冷たい実利主義者ではなく、温かい実利主義者だったということだ。それだけで彼女は、人生ゲームの合理的・戦略的プレーヤーとして、立派な分析対象となる。聖人に列せられるべき人物であると判断することもできるのではないか。

ゲーム理論は人々の言動の重要な原則にわたしたちを注目させる。その原則の第一は、マザー・テレサや自爆者をも含めたすべての人間は、合理的だと解釈しうるということだ。それはつまり、すべての人間は自分の利得が最高になると思えることをすると、わたしたちは仮定するということ。ここで言う利得は、できるだけ儲けるということでもいいし、天国へ行くということでもいい。要するに、どのような種類の利益でもよい。人間は、ばかな選択をしたと、あとで気づくこともあるが、ゲーム理論で問題にするのは、その人が選択をしたときに知っていたこと、信じていたこと、評価していたことであり、あとで手遅れになったときに気づいたことではない。ゲーム理論には〝終わったことについてとやかく言う人〟の居場所はない。ゲーム理論とは要するに、決定を下さなければならないときに何をすべきか、ということである。自分が行動した結果、起こりうることについて、はっきりわからないときだってある。そういうときだって決定を下さねばならない。

合理的行動という概念に戸惑う人もいるようだ。それはふつう、経済学者や政治学者が同じ言葉で意味するものにぴったり重ならないからである。意味をたくさんもつ言葉があるので、概念は慎重に定義するよう気をつけなければならない。ゲーム理論家は「合理的」という言葉の特別な使いかたにこだわる。

合理的な人とはとてつもなく賢い人、と思いこんでいる人もいるようだ。つまり、ミスなど絶対におかさず、起こりうるあらゆることを見通せ、想定しうるあらゆるシナリオのコストと利益を計算できる、ものすごく頭の切れる人、と。これはナンセンス。そんなに賢い、というか、勤勉な人は、地球上にはひとりもいない。いや、そもそも、そんなに勤勉になるべきでもない。実際に想定可能なあらゆるシナリオをあらかじめチェックし、起こりうるあらゆることを考えて対処法を練るなんて、合理的とはとても言えない。少なくともわたしはそれを合理的とは呼ばない。

たとえば、もっと知る利益よりも、もっと調べるコストのほうが大きくなってしまってもなお、情報を求めつづけようとするのは、合理的では決してない。合理的な人は調査をやめるべきしおどき――「もういい」という限界点――をわきまえている。（わたしはこのことを学生たちに教えようとしている。学期末レポートをできるかぎり良いものにしたいと言う学生には、それはやめてくれとお願いする。可能なかぎり良いものになるまで手を加えるレポートというのは、決して完成しないからだ）

ゲーム理論家の言う「合理的選択」とまったく関係ない、合理性という言葉の使われかたのもうひとつの例は、人の望みが合理的か否かを議論するさいに見られるものだ。こう言うと不快に思われるかたもいるだろうが、狂気じみた考えの持ち主でも完全に合理的になりうるのである。ゲーム理論では、行動の選択をするさいに、そのときの本人の利得——どんな利益であってもよい——に合った選択をした場合、合理的と言う。その選択する人物の望み、趣味、判断の良し悪しも、まともな望みかどうかさえ、問題にしない。

アドルフ・ヒトラーが望んだことも、忌まわしい目標を達成しようとしてやったことも、間違いなく悪だが、彼は合理的ではなかった（頭がいかれていた）ということにして、精神異常のお墨付きを与え、責任を免除するというのには、わたしは賛成しかねる。ヒトラーの行動は、悪魔の目的という観点から見ると、合理的だったのである。したがって、彼とその取り巻きに責任をとらせたのは、完全に正しく適切であったのだ。

今日のテロリストにも同じことが言える。彼らは頭がいかれた連中ではない。不満をかかえ、絶望し、計算高くなった人々で、自分たちの苦しみ——真実または単なる思い込み——に人々の目を強引に向けさせる手段を探しているだけなのだ。彼らを非合理として片づけてしまうと、的をはずすことになり、テロの脅威に対処するうえで間違った選択をすることになる。目的が理解できないという理由だけで、相手に精神異常や非合理のレッテルを貼ってしまうのは、わたしたちに何の利益ももたらさない。彼らの行動にこそ焦点を合わせるべきなのである。たとえ彼らの望みを変えられなくても、行動を変えるか防ぐことはおそらく可能だからだ。

では、ゲーム理論で言う合理性とは、正確にどういうものなのか？　実はきわめて単純なものである。人が合理的になるにはまず、好みを表明できなければならない。そしてその好みのなかには、好みがまったくないという状態（つまり完全な無関心）も含まれる。また、好みが堂々めぐりしてはいけない。たとえば、わたしがバニラ・アイスクリームよりもチョコレート・アイスクリームのほうが好きで（そうでない人なんているだろうか？）、ストロベリー・アイスクリームよりもバニラ・アイスクリームのほうが好きだとしたら、ストロベリーよりチョコレートのほうが好きなはずである。ところが実際はチョコレートよりストロベリーのほうが好きだとすると、好みの堂々めぐり（矛盾）が起こる。

そして最後にもうひとつ、合理的な人は自分の好みにしたがって行動し、それを妨害するものを考慮に入れる。たとえば、あるアイスクリーム店は他店よりもチョコレートが売り切れになることが多いとしよう。それでも、そのよく売り切れる店のチョコレートが他店よりもずっとおいしかったら、バニラで我慢するリスクを喜んでおかして、その店におもむくのではないか。リスクを計算し、それをおかすのも、合理的行動のうちである。そのさいやらねばならないのは、リスクの大きさ、成功によって得られるものの価値、失敗によって支払う代償について考え、それらを他の行動をとった場合のリスク、コスト、利益と比較することだけである。

このように合理的な人はリスクもおかすので、期待どおりの結果にならないこともある。すべて思いどおりになる者など、この世にいない。わたしだって、大好きなものを味わおうと懸命に努力しても、好きではないソーダー水を飲まざるをえなくなったり、バニラやストロベリーのアイスクリームで我慢せざるをえなくなったりすることがある。それがリスクをおかすということだ。最終的に不愉快な結果になってしまったというだけで、リスクをおかした人を合理的ではない、合理的に行動しなかったと結論づけることは絶対にできない。その不愉快な結果が、ストロベリー・アイスクリームで我慢せざるをえなかった、戦争に負けざるをえなかった、いやもっと悪いことであっても、同じである。

合理的選択をするには、リスクをとことん検討するだけでなく、コストと利益を見極める努力をする必要もある。コストと利益の計算は難しいこともある。わたしもときとして、コストと利益がどうなるか正確につかめなくなることがある。それもまた、わたしの合理的決定の重大な障害、制約になりうる。結果がどうなるかまったくわからぬまま、決定を下さねばならなくなることも、ときにはある。

それは、アイスクリームやソーダ水を買うさいにはそれほど頻繁に起こりはしないが、大きな商談や新たな外交政策の立案時にはよく起こる。その場合は、不確実なのはどういうところで、なぜそうなっているのか、よくよく考え、慎重に事を進めなければならない。間違っても、バラ色の眼鏡をかけて、ひたすら楽観的に、頭から危険に突っ込んでいってはならない。それは向こう見ずとしか言いようがない。慎重にさえなれば、たとえ望む結果は得られなくても、起こりうる結果をあるていどは操作できるはずだ。（たとえば、想像してみてほしい――フセイン体制を打倒すれば、一九四四年八月二六日にパリで起こったことがバグダッドでも起こると、アメリカの指導者たちが考えさえしなければ、イラクでのあれほどの大失敗はなかったのではないか、と。イラク国民は、シャルル・ド・ゴールを追うようにしてパリに入って行進したアメリカ兵を迎えたフランス人のようではなかったのだ。彼らは街にくりだして踊ることもなければ、アメリカ兵にキスすることもなかった）

では、人が非合理的になるのはどういうときか？　実際にそうなるときはあるのか？　日常の習慣のなかには、非合理的に見えて、よく考えるとそうではないとわかる行動がたくさんある。あら探し屋はときどき、レストランでのチップ、友人へのプレゼント、それから下《しも》の話で申し訳ないが、空港や美術館といった公共施設で用を足したあとに水を流すのを、非合理的行為だと指摘する。こうした行為の利益はすべて、チップをあげる人、プレゼントをする人、水を流す人にではなく、ほかの人のところへ行ってしまう、というのがその理由だ。だが、それはちがう、とわたしは思う。

長期の利益が期待できるので短期のコストをかける、という合理的行動はたくさんある。チップ、プレゼント、トイレの水を流す、ごみを捨てない――ほかにもたくさんある――といったことも、この種の行動である。たしかに、そのレストランを再訪するつもりがなくても、みなさん、チップをおいていく。しかし、チップはプレゼントと同様、他の人々（ウエイターやディナー・パーティーのホスト）の期待を満たすことで渡す側をすこしばかり幸せにし、なごませるという効用があるとわかっているので、はじめられたのだし、今日まで維持されてもきた社会規範なのである。もしウエイターがチップをもらえないとわかり、低賃金のまま仕事をつづけなければならないとしたら、どのレストランのサービスも今よりずっと悪くなるにちがいない。

中国南部では、客のサービスへの満足度は、レストランの繁盛ぶりを推測するうえで何の役にも立たない。中国ではチップは違法なのだ（だれも絶対にしないというわけではなく、期待されていないということ）。人は期待に動かされるということは頭に刻みこんでおいたほうがいい。中国南部で、サービスの質がレストランによって大してちがわないのは、サービスを良くすれば見返りを得られるという期待によって接客の質の向上がうながされていないからのようだ。チップへの期待がないのであれば、接客係をモチベートしているのは、客を満足させることと、それによって得られる報酬ではなく、別の何かということになる。

チップ、プレゼント、それにそう、トイレの水を流すということも、良い期待をつくりだすというわけだ。そのとき少しだけコストがかかったとしても、あとはもうほぼずっと互いに幸せな気分でいられるのである。それへの期待によって、その種の行為は繰り返されるのだ。もちろん、他人の〝善意の行為〟にただ乗りし、すこしばかりの金を節約したり、トイレの水を流すわずかな手間を惜しんだり、ごみを道に投げ捨てたりすることも可能だ。しかし、大半の人は、そうしたら自己嫌悪をおぼえるはずである。自分をいいやつだと思っていたい――他人を不快にさせる危険をおかしたくない、他人の反発を買いたくない――という衝動があれば、それだけで人は社会的に適切な行動をとるようになる。

それに、金をケチってチップもプレゼントもせず、トイレの水を流す手間も惜しむほどの、めったにいない厭世家《えんせい》であっても、実は合理的に行動しているのだ。彼らは下層階級の感覚など気にせず、善意や長期の利得よりも自己中心的な行動から得られる節約のほうに価値を見出しているだけなのである。まさに「蓼《たで》食う虫も好きずき」。合理的行動とは、すでに述べたように、自分の利益になると信じていることをすることであり、もともと合理的な利益というものがあって、それをしなければいけないというわけではない。

では、応用ゲーム理論の世界で非合理であるとは、いったいどういうことか？　アイスクリームのフレーバーの例にもどれば、次のことがすべて真実である場合、その人は非合理ということになる。チョコレートよりストロベリーのほうが好き――ストロベリーはチョコレートより高くない――ストロベリーはいつでもたやすく買える――それでも自分が食べるためにチョコレートを買いにいく。この場合、最近その人はストロベリーを食べ過ぎたので口直しにチョコレートを食べようと思ったのではないか、といったようなことも考えられないわけではないが、もしこういう考慮すべき事情がなければ、ストロベリーが大好きな人は他のすべての条件が同じならストロベリーを食べるはずである。

このように考えてくると結局、非合理としか考えられない人は、幼児くらいだろう。幼児――とくに二歳児――は、数秒ごとに好みが変わるかのように行動することがある。一分間ほどはストロベリーが食べたかったのに、次の一分間はそれが世界一嫌いなものになる。そのように個人的好みがころころ変わる状態は、人々の選択を予測または操作したいと思っている者にとっては危険である。考えや態度をたえず変えつづける人々が相手では、推測も説得も不可能と思ったほうがよい。言動にも願望にも論理的一貫性をまったく期待できないからだ。

「自然は真空を嫌う」（アリストテレス）とはかならずしも言えないかもしれないが、ゲーム理論は論理的矛盾を徹底的に嫌う。人のほんとうの望みがその瞬間その瞬間でたえず変わっていくこともあると認めてしまったら、人のどんな行為も、また、どんな結果も、その人の利益になる（あるいは、ならない）と主張することができてしまう。そうなるとむろん、正確な予測も未来操作も確実にできなくなる。それでは面白くもなんともない。人の行動を予測するという作業そのものができなくなり、やりがいなどまったくなくなってしまう。

相手の論理（数字で表わす）

ここまで読まれてあなたも、自分や他の人々の利得を理解し、言葉で表現するさいは充分に注意しなければならないというゲーム理論からの警告に、すでにお気づきのことと思う。人間は論理上のミスを簡単におかしてしまうし、そうしたミスは見つけるのが難しい。そしてそのせいで、個人の思考や行動の意味が隠されてしまったり分かりにくくなったりすることが多い。だから、人間の行動を予測するさい、ゲーム理論家は数学を利用するのだ。

日常生活で使われるふつうの言葉は、おそろしく曖昧になってしまうことがある。友人に言語学者がひとりいる。彼のお気に入りのセンテンスにI saw the man with a telescope. というのがある。これもまた曖昧な文章なのだ。「わたしは望遠鏡をのぞいて男を見つけた」のか、「わたしは望遠鏡を持っている男を見た」のか？　それとも、まったくちがうことを意味しているのか？　なぜ言語学者がこの文を好きか、あなたもお分かりのことと思う。解くべき興味深い問題を提供してくれるからだ。わたしはこういうセンテンスは嫌いだ。わたしが好きなのは数学で書かれたセンテンスである（わたしと同じ思いの言語学者もたくさんいるはずだ）。数学は詩的美しさも二重の意味《ダブル・ミーニング》も提供してくれないから退屈ではあるが、それだからこそ大きな長所がある。英語でイコール（同じ）と言った場合、「だいたい同じ」という意味になることが多い。だが、数学ではイコールはまさにイコールで、「ほとんど同じ」でも「ふつうは同じ」でもなく、ただただ完全に「等しい」のである。

わたしたち人間は、論拠のあやふやさを隠す、ありとあらゆる巧妙な方法を考え出してきた。It stands to reason（理にかなっている）やIt is a fact（事実である）と最初に言ってしまってから、接続詞のthatでつないで、その内容に移るセンテンスには疑念を覚えざるをえないと、わたしは学生たちによく言う。ふつう「理にかなっている」につづく意見は理にかなっていない。その語法は、仮定から論理的に結論を導きだすという、きつい作業をやらずにすませるための代用品として利用されているのである。同様に「事実である」もふつうは、事実とは言えない意見を表明する前に用いられる。こういう言いかたには注意しないといけない。この種のレトリックは、真実であるかもしれないし、そうでないかもしれないものを、真実だと受け入れさせて、思考を間違った方向へ楽々と導いてしまうことがある。

たとえば、考えていただきたい。わが国の指導者たちは国益を護り、増大させるために、どういう政策をとるべきか？　国益を増大させる方法について注意深く考えると、自明の理のように見えていたものが実はそうではないとわかることがある。少しばかり論理を働かせるだけで、目の前がひらけ、ほんとうのところが見えてくる。

外交政策は国益を増大させるものでないとならない、という考えは当たり前のことと受け取られている。この考えはあまりにも広く行きわたっているので、自明の理とされているが、果たしてほんとうにそうなのか？　国益にかなうものとはいったい何なのかと、じっくり考えることをわたしたちはほとんどしない。ほとんどの場合わたしたちは、国民の大多数を利する政策が国益にかなうものだと考えているようだ。外国軍や不法移民の侵入をふせぐための国境警備は、国益にかなうものだと考えられている。国民をさらに富ませる経済政策もまた、国益にかなうものと考えられている。だが、国の安全を護るために金を費やせば、そのぶん経済の構築にまわる資金が少なくなるということも、わたしたちは知っている。この二つは互いに食い合う関係にあるわけだ。では、国家安全保障と経済安定とのあいだの、国益にかなう正しいバランスは、どこにあるのか？

アメリカ国民を、ほぼ同等の大きさの三つのグループに分けて考えてみよう。第一のグループは、国防にもっと金をかけ、より自由な貿易政策をとりたがっている。このグループの人々を共和党支持者と呼ぶことにする。第二のグループは、国防費をカットし、経済政策を多少変更してアメリカの産業を外国との競争からもっとうまく護れるようにしたいと考えている。このグループの人々を民主党支持者と呼ぶ。第三のグループは、国防にもっと金を注ぎこむとともに、関税を大幅に高めて安い外国製品の大量流入をふせぎたいと思っている。このグループの人々をブルーカラー無党派と呼ぶ。この三グループの有権者を念頭において、どのような国防政策、経済政策が「国益にかなう」と言えるかを考えてみよう。その答えは、図表2・1を見ればわかるように、「いかなる政策も国益にかなう——または、かなわない——と言える」となる。

図表2・1では、三つの有権者グループ——共和党支持者、民主党支持者、ブルーカラー無党派——が、それぞれの貿易政策と国防費についての主張（望み）にしたがって配置されている。共和党支持者が右上すみに配置されたのは、今よりもずっと自由な貿易と国防費の大幅な増額を望んでいるからだ。民主党支持者が左端の上下の中間点よりすこし下におかれたのは、国防費の大幅なカットと貿易政策の多少の変更を望んでいるからである。ブルーカラー無党派が右下すみにおかれたのは、保護貿易と国防費の増額を望んでいるからだ。そして、ご覧のとおり、ほぼ真ん中に「現状」と書かれた点があるが、それは現在の国防費と貿易政策を示している。

二つの政策を同じ図表であつかったのは、それらが公開の場でよくリンクされて論じられるからである。議論はふつう、もともと互いに食い合う関係にある貿易と国防の最良のバランスとはいかなるものか、という問題をめぐって展開される。たとえば自由貿易を推し進めれば、コンピューターや武器などの最先端テクノロジーまで売ってしまいかねず、そうなれば敵がそれを利用して、わが国の安全保障を脅かす恐れがでてくる。また、関税を高めれば、貿易戦争や、それよりも悪いことが起こりかねず、結局は安全保障を害する可能性があり、もっと国防費を増やさないといけないという主張を勢いづかせる。

当然ながら、どのグループも自分たちがベストだと考えるポジション（共和党支持者、民主党支持

■図表 2・1　国防／貿易政策と国益

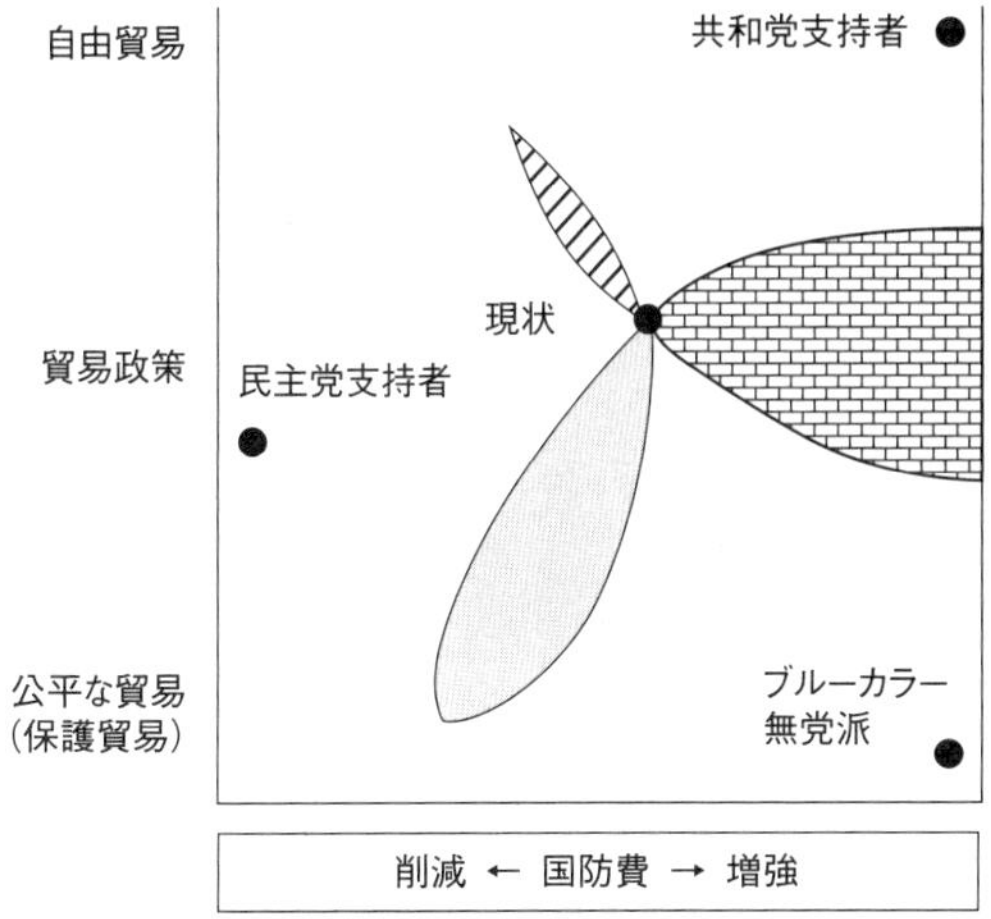

者、ブルーカラー無党派それぞれの黒点）にできるだけ近い政策を望む、とわたしは仮定する。たとえばブルーカラー無党派は、選挙で政策を選べる機会があれば、国防と貿易に関する現状を自分たちの黒点――つまり願望点――へ近づけられるような投票のしかたをするだろう。

ブルーカラー無党派が現状よりもベターだと考える政策の組み合わせの範囲を示すために、わたしは円を描いた（図表に示されているのはその一部）。中心が最も望ましい政策の組み合わせ――黒点――で、その円周上に現状点があるという円である。この円内にある地点はすべて、彼らにとって現状よりも好ましいということになる。それは共和党支持者や民主党支持者の円――中心がそれぞれの黒点で、円周上に現状点がある円――についても同様だ。

各プレーヤーが望むポリシー・ミックス

（複数目標を達成するための複数政策）をかこむ円をこのように描くと、重要なことがわかる。円が重なる部分があるのだ。このオーバーラップする部分は、三グループのうちの二つが連合して現状を改善できる、政策の組み合わせが可能となる範囲である。たとえば、左上に向かって長細く伸びる斜線部分は、共和党支持者と民主党支持者の双方をいまよりも満足させられる政策が可能になる範囲を示している（そう、ブルーカラー無党派は反対する超党派の外交政策とか）。同様に、花びらのような形をしたグレーの部分は、民主党支持者とブルーカラー無党派の利益を改善しうる（共和党支持者は犠牲にされる）範囲であり、レンガ模様の部分は共和党支持者とブルーカラー無党派を利する（民主党支持者には不満な）国防費と貿易のポリシー・ミックスが可能な範囲である。

これら三つの有権者グループの規模はすべて同じと仮定したので、オーバーラップする部分は有権者全体の三分の二の支持を見込める国防／貿易政策の領域となる。だから、国益ということになると、これが問題になってしまう。第一の連合が望む政策の組み合わせは、より自由な貿易と国防費の削減。第二の連合のそれは、より保護的な貿易と国防費の削減。そして第三の連合のそれは、より保護的な貿易と国防費の増強。したがって、国防費の増強、削減、そのいずれでも、有権者の三分の二を集めることができることになる。同様に、より自由な貿易、より保護的な貿易、そのいずれでも、有権者の三分の二の支持を得られる。いや実は、国防政策と貿易政策の組み合わせをうまく操作する方法はたくさんあって、どのような連合をも満足させることができる。

では、国益とはいったい何なのか？　国の損得が直接的ではっきり見えるような場合をのぞけば、「国益」なるものが存在することはないと結論せざるをえないだろう。国民の大多数にとっての利益を国益と呼ぶとしても、である。これにはびっくりされるかたもおられるだろう。しかしそれは、人々は自分の望みから遠い政策を嫌って近い政策を支持する、ということから論理的に導きだされることなのだ。資金投入の問題にせよ影響力行使の問題にせよ、互いに食い合う政策があるときはいつも、広く行きわたっている考えを打ち負かす別の組み合わせがいろいろと可能になる場合が多いのである。

だから、どのような政策であろうと、別の政策よりも国益にかなっているとは決して言えない。より国益にかなっていると見えるのはそう見るからであり、ほんとうに国民の幸福に寄与するのかどうか客観的に考えだすと、そうは見えなくなってしまう。「指導者は国益を追求している」また「企業の幹部はひたすら株主の利益を増大させている」と言えば、たいそう立派に聞こえるが、その実態はこんなものなのである。われらが指導者たちは、望みが重なるところを見つけて自由に連合を構築できるので、自分の利得をほんとうに自由に追求でき、それを国益とか会社の利益と呼ぶのだと、わたしは考えている。

相手の行動（相手の手の内はいいのか悪いのか？）

現在わたしたちがかかえる数多くの死活問題がプレーヤーの利得によってどのように形づくられているかをゲーム理論で理解するには、人間は利得を得ようと論理的に首尾一貫した行動をとるという条件が、やはり必要になる。といっても、人間は予想を裏切る行動をとれない、という意味ではない。間違いなく人間は予想外の行動もとれるのだ。マスターマインドというゲームをやったことがある人なら、論理を働かせることの難しさに直面した経験があるはずだ。わたしは学生たちに自分の考え

（信念）の精査について教えるのに、このマスターマインドというゲームを利用している。どういうゲームかざっと説明しておこう。

まずひとりのプレーヤー（出題者）が、六色のピンから四本（本数を多くすれば難しくなる）を選んで、好きな順番に並べる。ほかのプレーヤーたち（解答者）は、これらのピンを見ることができない。そこで、どういうふうにピンが並んでいるかを推理する。出題者はそれに答えて、「はい、正しい色が三つあります」とか「いいえ、正しいものはひとつもありません」とか「はい、ひとつだけ色も位置も正しいものがあります」とか言う。このようにして、推理を重ねることで情報が蓄積されていく。そして、正誤に関する情報を注意深くたどることによって、徐々に間違っている仮定をとりのぞいていき、正しいカラー・ピンの配列に迫っていく。それが、マスターマインド、バトルシップ、シャレードといったゲームのいちばん大事なところだ。それはまた、わたしが自分で考案して予測と未来操作に利用している予測ゲームの重要点のひとつでもある。

こうしたゲームで肝心なのは、「すでにわかっていること（知識）」と「単なる考え（信念）」を選別することだ。いかなるゲームでも、各プレーヤーはそれぞれちがう考えをもってプレーしはじめることが多い。情報が少なすぎて、状況を正しく把握できないからである。自分が観察したことに矛盾しない考えをもちつづけるのはいいが、まわりで起こっていることによって誤りだとわかったのちも、それにしがみついているというのは、賢明ではない。もちろん、予想外のことが起こった場合、嘘、あざむき、ハッタリ、ごまかしのインセンティブを見つける必要もでてくる。

マスターマインドではこれを心配する必要はない。ルールで、推測のしかたが決められ、出題者は解答者の推測に正直に答えなければならないと定められているからである。出題者が解答者に嘘をついたのでは、ゲームそのものが成り立たない。だが全員が真実を語ってもなお、深刻な論理の誤りにおちいってしまうことがよくあり、そうなれば完全に間違った思い込み、信念にとらわれかねない。これは充分に注意しなければならないことだ。

わたしたちの多くが、間違った思い込みにおちいってしまうという問題をかかえている。つい事実を選択的に見て、間違った結論に飛びついてしまうのだ。これを、たとえば警察や陪審員がやると、たいへんなことになる。警察の捜査官が疑わしいプロファイリングをするのも、陪審員が誤評価されたあやふやな証拠に基づいて他人の有罪・無罪を判断するのも、ゆゆしい問題を生じさせる。警察もわたしたち一般人も、性急に結論に飛びつくのは絶対に避けなければならない。

ひとつ例をあげて、人間がどれほど簡単に論理的とは言えない思考におちいってしまうか詳しく説明することにしよう。現在、野球界は、運動能力を高める薬物をめぐるスキャンダルに苦しんでいる。あなたはご存じだろうか？　ステロイド（筋肉増強剤）を実際に使用していてドーピング検査を受けた場合、陽性になる割合は九〇％だということを。それなのに、陽性ならステロイドを使っていた、と決めつけてよいのか？　メディアはそう考えているようだ。議会も同様である。だが、ほんとうはちがう。何らかの判定を下したいのなら、「陽性になった人がステロイドを使用していた確率は？」という問いへの答えが必要になる。ステロイドを使用していた人が陽性となる確率を知るだけでは充分ではないのだ。残念ながらわたしたちは、ほんとうに知りたい答えを簡単に知ることができない。検査結果が陽性か否かはわかる。だが、それだけではその人物が不正にステロイドを使用していたかどうかを判定するにはいかにも心もとない。理路整然と確率を利用すれば——そうやって真のリスクを計算すれば——その点がはっきりする。

野球選手一〇〇人中（たったの）一〇人がステロイドを使用するという不正をしていて（わたしはゲーム理論家ではあるがオプティミストだ）、ドーピング検査を受けたその一〇人のうち九人が陽性になるとしよう。有罪か無罪かを判定するにはさらに、薬物を使用していないまっとうな選手で陽性になってしまう者が何人いるか――つまり、偽陽性反応がでる確率――も知る必要がある。現在の検査は結局のところ、完璧とはとても言えない代物である。一〇〇人中九〇人がまっとうな選手だが、それでもそのうちの一〇％が（間違って）陽性になってしまうとしよう（実はこの数字にも根拠がある）。こうした数字をながめていると、ついこう考えてしまわないか？――偽陽性になる者はほとんどいず（無罪者のわずか一〇％）、不正者のほとんど（有罪者の九〇％）が確実に陽性になるので、陽性になれば有罪だとほぼ確信できる。これは大間違い！

上記の数字を使って論を進めると、不正者一〇人中九人が陽性になり、無実の選手九〇人中九人も陽性になる。だから、陽性の一八人のうち九人が不正者、残りの九人は完全に無実ということになる。つまり、陽性となった選手が実際にステロイドを使用していた可能性は五分五分、コインを投げて判定するのと同じだ。そんなことで、ひとりの人間の選手生命と名声を破壊していいのか？　少数の有罪者を罰するために多数の冤罪者をつくってもいい、などと考える者がいったいどこにいるというのか？

「有罪と証明されるまでは無実（疑わしきは罰せず）」の原則を貫くのがいちばんだ。

いまやった計算はまさに〈ベイズの定理〉（確率論）の一例である。それは、真実であるとの思い込み（陽性はステロイド使用の証拠）を正して、新たな知識（陽性の選手の半分はステロイドを使用していない）へと導いてくれる正しい論理的方法を提供してくれる。〈ベイズの定理〉はわたしたちに厳密に問うよう強いる。つまり、「ある野球選手が薬物を使用している確率は？」ではなく、「偽陽性になる確率がわかっている検査で陽性となった野球選手が薬物を使用していた確率は?」と問わなければいけない、というわけである。

〈ベイズの定理〉を利用すると、人々が新しい情報をどのように理解し消化するかも予想できる。新しい情報を得られればだれだって、自分たちの考え(信念)は新たに分かったことと矛盾しないかどうかチェックする。〈ベイズの定理〉によって、人間の考えや信念がどのように変化するか――ゲーム理論用語を使えば、どのようにアップデートされるか――がはっきり見えてくる。もちろん、新たに得られた情報が、それまでの考えや信念を強化する場合もあれば否定する場合もあるわけだ。ともかく、このようにして、〈ベイズの定理〉とそれを信頼するゲーム理論家は、人間の考えや信念を、頭のなかにひそむ変更不能な偏見ではなく、変更可能な柔軟なものと見なす。

考えや信念はアップデートできるということが理解できたら、次の問題へと進むことができる。ステロイド騒動のさなか、検査で陽性(有罪)になったある野球選手が、証言するよう議会に召喚されたとしよう。そして、彼はいま説明した確率を知っていると仮定する。いや、その野球選手は統計や確率を知っているだけでなく、自尊心の高い議員もそれらを知っているということも知っていて、さらに議会が検査で陽性になったことしか証拠としてあげられない場合は、議員たちはどれほど憤慨して見せようと何も知らないに等しい、ということも彼は知っているとする。要するに野球選手は、議会がハッタリをかませているということを知っているのだ。

だがもちろん、議会のほうもそれを知っている。だから選手のトレーナーも召喚した。トレーナーは選手のあとすぐ証言することになっている。これもまたハッタリで、議会は偽証罪という脅しをかけて自白を引き出そうとしているのか? 実際にステロイドを使用していようといまいと、選手はおそらくこれを無視する。これで議会はさらに〝賭け金〟を上げざるをえなくなる。で、どうなる？　議会は別の証拠を見つけられるのか？　それとも、無実かもしれない男をこうやって厳しく取り調べ、ひどい目に遭わせていることを恥ずかしく思いはじめるのか？　実際は不正を行っていても選手は断固として無実だと主張しつづけるのか（ほんとうに無実の場合もあるわけだ）？　そしてわたしたちは、その無実宣言を軽く一蹴する？　たぶんあまりにも多くの人が現実にそうしているように。議会はハッタリをかけているのか？　選手もそうなのか？　全員がハッタリをかけているのか？　なかなか手ごわい問題だが、こういうものこそ、まさにゲーム理論が得意とするものだ！

現実の生活では、他人にも自分にも嘘をつくインセンティブはたくさんある。アスリート、企業経営者、国家の指導者、ポーカーのプレーヤーにとっては確実にあるし、わたしたち一般人にしても同じことだ。したがって未来を予測するには、人々が嘘をつきやすくなるのはどういうときで、真実をいちばん言いやすいのはどういうときか、しっかり考える必要がある。未来を操作するということなら、人々に真実を語らせる正しいインセンティブを、また、相手にこちらの嘘――目的達成に役立つ嘘――を信じ込ませるインセンティブを、見つけなければならない。

相手を正直にさせる方法のひとつは、嘘を繰り返すと手痛い代償を払わざるをえなくなると思い知らせることだ。たとえばポーカーでのハッタリは、他のプレーヤーがときとしてそれを信じずに下りないがために高くつく。相手の手のほうがよければ、ハッタリをかけた嘘つきは大損する。だから、ファイブカード・ドローのようなポーカーの場合、肝心なのはインサイド・ストレートやスリーカードを引きあてる確率を計算することではない。そうした確率計算もたしかに役立ちはするが、勝負でいちばん大事なのは、自分の手は強いと相手に思わせることなのだ。

かくして、ポーカーでも外交でも、現実には存在しない梃子《てこ》の力（レバレッジ）を巧みに利用するというのが、交渉を有利に進めるキーポイントのひとつになる。結果を変えるには、慎重にリスクをおかすということに加えて、レバレッジの有効利用が、最も重要なポイントのひとつになるということだ。言うまでもないかもしれないが、実はこれ、「いつ、どのように嘘をつくかを心得ておいたほうがいい」を上品に表現しただけのことである。

チップ、株主のお金、偽証罪、はたまた兵士と、賭けるものがどのようなものであろうと、相手に間違った推測をさせられれば自分の利益となる。ただし、ギャンブルには二つの制限がつきまとう。そのひとつは、実際の手に釣り合わないほど賭け金を上げてしまうと、高くつくかもしれないということ。もうひとつは、だれもがハッタリをかませている者と正直な者を見分けようと必死になるということ。

賭け金の吊り上げは、嘘つきを排除するのに役立つ。賭け金が吊り上っていけば、手の内がほんとうは悪い人は、最後までやりとおすという決意を見せつづけることでこうむりうる損害の額がどんどん高くなっていく。ハッタリでどこまで危険をおかせるか、そして、ハッタリのときと手の内がほんとうに良いときとで賭けかたに微妙な違いがでるかどうか、といったことが、勝負に勝てるか、それとも手の内を見破られるか、という勝敗の行方を予測するうえできわめて重要なものになる。だからこそ、外交官も弁護士もポーカーのプレーヤーも、いわゆるポーカーフェイスがうまくないといけない。また、たとえば、推薦する株に自分も大金を投資している株式ブローカーのアドバイスは、より真剣に考慮すべきだろう。

最良の結果を得るには、結局、相手の行動と考えを矛盾しないひとつのまとまりとして捉える必要がある。条件さえそろえば、情報を巧みに利用して、徐々に人々の観察と思考と行動とをうまく結び合わせることができるようになる。これはちょうどマスターマインドでやることと同じだ。自分の思考を正しいところへと収束させられれば、取引も交渉も紛争の解決も容易になる。

これでゲーム理論入門コースを終わる。お疲れさま！　あなたはもうすこし高度なコースへ進む準備が整ったというわけだ。次章では、戦略的になるだけで、まわりのあらゆることを変えられるということについて、さらに深く掘り下げてみようと思う。それは戦略を利用してものごとを変えるにはどうすればいいかを考える土台となるものだ。その土台が理解できれば、自分自身や自分が大事に思う人々の幸せのために、そう、博愛家なら、人類の幸せのために、ものごとを変えていくことができるようになるはずだ。

第3章 ゲーム理論入門2 未来を変える戦略的ツール

前章「ゲーム理論入門1」は、わたしたち人間が粒子とどうちがうかを考えることを出発点とした。要するに人間は戦略家であるということである。つまり互いに作用し合う前に計算するのだ。前章で学んだことが頭に入っていれば、戦略の巧妙な練りかたをより詳細に探求できる。

ゲーム理論が教えてくれることは数多いが、なかでもとりわけ重要なもののひとつに、「未来――正確には予測・期待――は過去の原因となりうるし、おそらくそれは過去が未来の原因となるよりも多い」ということがある。そんな馬鹿な、とお思いか？　では、こう自問していただきたい。クリスマスツリー・セール（過去）がクリスマス（未来）を起こす原因なのか？　この「未来が過去の原因となる」という因果関係の逆転は、ゲーム理論家が問題に取り組んで結果を予測するさいにかならず考慮する基本的なことである。こうした取り組みかたは、従来の直線的思考とはまるでちがう。未来がどのように過去を形づくるかを理解していないと、どれほどひどいことになりうるかを示す例を、ひとつお見せしよう。

軍拡競争が戦争を引き起こす、と多くの者が信じている。そう確信している政策立案者たちは、より平和な世界にしようと、熱心に軍縮協定を結ぼうとする。たしかに、軍縮をすれば、戦争が起こった場合、殺される人の数は減るし、破壊される建物・財産も少なくなる。むろん、それはいいことだ。だが、人々が軍縮を支持するのはそのためではない。彼らの望みは、戦争を起こりにくくすることである。ところが、兵器の致死能力を減じても、その望みはかなわない。

軍拡競争が戦争を起こすという通常の説明には、ゲーム理論家がハンドウェーブ（手振り）と呼ぶものが含まれている。ハンドウェーブとは、あるところまで論を進めた分析者が、突然、論理的つながりを無視して、一気に結論に跳びつくことである。両手をあげて振って注意をそらし、ごまかすようなものなので、ハンドウェーブと言う。軍拡競争のハンドウェーブとは次のようなものだ。

ある国が軍備を増強すれば、その敵対国は安全を脅かされたと恐れる。そこで、国防のため、自らも軍備を増強する。最初に軍備を増強した国は、それを見て、もっと高性能の武器を開発して自らを護《まも》ろうとする（軍備増強はあくまでも自国防衛のためと考えているのだ）。こうして軍拡競争は最終的に、とてつもなく過剰な殺人・破壊力を生み出すことになる。アメリカとソ連の核兵器で地球を何度、破壊できるか、思い出してほしい！　そこで、兵器レベル——たとえば数万基の核弾頭搭載ミサイルなど——が国防の域を大きく超えてしまい、手に負えない状態になり（ここがハンドウェーブである——なぜ手に負えない状態になるのか）、戦争がはじまる。

ちょっと待った。落ち着いて、よく考えてみよう。この論法だと、つまるところ、戦争をした場合の代償がとてつもなく高くなっている——兵器レベルが国防の域を大きく超えてしまっている——ときに、戦争が起こりやすくなる、ということになる。これはおかしい。人間はふつう高いものはあまり買わない、というのが常識であり経済学の基本である。その逆ではないのだ。戦争だけ逆ということはないだろう。

たしかに、戦争が起こる場合、ほぼ例外なく、その前に軍備の増強がおこなわれる。だが、これはいま話している軍拡競争の問題とは関係ない。これをもって軍拡競争が戦争を引き起こすと結論するのは、野球選手の例の陽性反応をステロイドの不正使用の証拠とするのと同じだ。わたしたちがいま知りたいのは、戦争の前に兵器が購入されることはよくあるのかということではなく、兵器の大量獲得が戦争の原因となるのはよくあるのか、ということである。そして、それへの答えは「めったにない」だ。

これまでの戦争に目をやり、その前に軍拡競争があったのではないかと問うのは、原因と結果を混同していることになる。予想される破壊があまりにも大きいという、まさにその理由だけで、戦争が回避されることもあるのだ。軍備が戦争を抑止するということである。その例はたくさんあるのに、わたしたちはついそれを無視してしまう。大戦争がまれなのは、戦争があまりにも高くつくとき、わたしたちは妥協する道を探すからである。だから、たとえば、一九六二年のキューバ・ミサイル危機は平和裏に幕を閉じた。冷戦期間中の米ソ間の大きな危機がことごとく、武力戦にいたらずに終わったのも、同じ理由からだ。核による全滅の恐怖が、それを封じ込めたのである。世界大戦を引き起こしてもおかしくないような多数の出来事が、同じ理由で大事にいたらずに終息し、いまではほとんど忘れ去られている。

したがって、とくに平時に、因果関係の逆転がよく起こる。政策決定者たちが、世界をより平和にしようと、熱心に軍縮交渉に取り組むというのは、彼らが気づいているよりもずっと大きなリスクを抱えこむことなのである。因果関係の逆転について考えなければ、未来予測は貧弱なものにならざるをえず、危険な決定に、いや、破滅的な大戦争にさえ、つながりかねないのだ。

この種の論法の実例を、あとの章でいろいろとお見せする。たとえば「企業の不正行為が経営者の貪欲さに誘発されたものではおそらくないのはなぜか?」「温室効果ガス排出量を規制する条約が地球温暖化を阻止するベストな方法とは言えないのはなぜか?」といったことについて検証するつもりだ。いずれの場合も、相関関係が因果関係にならない場合を明示するもので、説得力がある。それらはまた、因果関係逆転——ゲーム理論用語では〈内生性〉——を考慮することの重要性にも気づかせてくれる。逆因果まで考えれば、わたしたちの実際の観察——軍拡競争がかならず戦争につながるという認識など——が間違った思い込みでしかないということがよくあることまで分かってしまう。

意思決定が予測・期待によって変わりうるという事実は、さまざまなことに大きな影響をおよぼす。前章「ゲーム理論入門1」では、ハッタリについて話した。約束や脅しを本気と受け取るべきか、それとも単なる〈チープ・トーク〉(ゲーム理論用語)と受け取るべきかを見極めることが、ビジネス、政治、日常生活の複雑な問題を解決するのには欠かせない。相手の態度表明(コミットメント)が信用できるか否かを決めるには、相手の約束や脅しは本気か、それとも口先だけのことなのか、見極める必要があるということだ。

ゲームをしよう

未来を予測し操作するには、特定の結果になるのをさまたげているものを見抜くことも必要になる。

ポーカーで大勝ちしても、首尾よく契約や条約を結べても、そのあとで実行されることについてはなお確信できない。相手はどれほど本気なのかと、わたしたちはたえず自問していないといけない。取引や約束は、当初どんなに真剣であっても、さまざまな理由で反故《ほご》にされる可能性がある。そこで経済学者たちが、契約履行問題を解決しようと、間違いようのない明瞭な言いかたを考え出した。彼らは「この契約は〝再交渉なし保証《リネゴシエーション・プルーフ》〟か？」という問いを発明したのである。訴訟天国アメリカならではの問いだ。

　わたしはかつて、二つの電力会社が争った訴訟に係わったことがある。ある電力会社が電気をつくりすぎて、その余剰電力を他州の別の電力会社に売ることになった。が、契約後たまたま電気の価格が高騰した。契約では、それよりもずっと安い合意価格で電力を供給しなければならない。そこで、売り手の会社は約束した価格で電力を送ることをやめ、買い手の会社にもっと高く買うよう要求した。当然、買い手は、市況の変化にしたがって価格を変動させるとは契約書に書かれていないと主張し、この要求をつっぱねた。たしかに、契約を結んだときには、売り手も買い手も価格変動のリスクを負うことで合意したのだ。

　にもかかわらず、売り手は送電を拒否したのである。売り手は告訴されたが、猛然と自己弁護をはじめた。だから、双方とも訴訟費用がかさんだ。激しい非難合戦のあいだじゅう、被告となった売り手は原告に新たな取引をすることを提案しつづけた。その取引のなかには、契約を見直して再交渉をおこない、市場価格が大きく変動した場合には価格調整をするという項目もあった。むろん原告の買い手は、契約を盾にとって反発しつづけた（たしかに理は原告にある）。だが原告は、電気がどうしても必要だったし、売り手（わたしのクライアント）が設定しようとしている価格よりも安く電気をよそから買うあてもなかった――そして、わたしのクライアントもそれを知っていた。結局、買い手の電力会社は、客に必要な電気を供給できないことによる損失が莫大な額に達してしまったので、屈服し、提案された取引に応じることにした。

つまるところ、人間の卑劣な強欲が大活躍し、まさにゲーム理論家が考えるような展開になったというわけだ。そう、たしかに契約が存在し、そこには売買条件が明快に定められていた。だが、たとえ原告に理があっても、被告に契約を履行させる費用があまりにも大きくなってしまったのである。原告が訴訟でいくら戦う意志を表明しようと、被告のほうはそれがハッタリであることを知っていた。原告はどうしても電気が必要なうえ、訴訟費用がかさんだため、新たな取引をして多少の損失を受け入れたほうが全体としては得になった。したがって、契約の条件は明らかに〝再交渉なし保証〟ではなかったのだ。最初の取引は破棄され、新たな条件が取り決められた。要するに最初の取引は、市場価格が契約価格からかけ離れてしまう期間は特別な価格で電気を売る――「買う」でもこの場合はいいだろう――という確約（コミットメント）ではなかったのである。そして、わが国の司法制度ではよく起こるように、正義がわきにのいて、原告と被告の痛み分けということに落ち着いたのだ。

コミットメント問題はさまざまな形をとる。古典的ゲーム理論に登場するコミットメント問題の実例に、〈囚人のジレンマ〉と呼ばれるゲームがある。このゲームは、毎晩テレビで放映されるほとんどの警察ドラマでも見られる。ストーリーはこうだ。二人の犯罪者（クリスとパットとしよう）が逮捕された。それぞれ別々の独房に入れられ、二人がコミュニケートする手段はいっさいない。警察も地方検事局も、二人が重罪をおかしたとは思っているが、それで有罪にできる充分な証拠をもっていない。だが、二人を軽微な犯罪で有罪にできる証拠ならある。もしクリスとパットが協力して黙秘し

■〈囚人のジレンマ〉（利得行列）

パットの選択 / クリスの選択	黙秘（クリスを裏切らない）	自白（クリスを裏切る）
黙秘（パットを裏切らない）	クリス、パットとも懲役5年	クリスは終身刑 パットは釈放
自白（パットを裏切る）	クリスは釈放 パットは終身刑	クリス、パットとも懲役15年

つづけたら、二人とも軽微な罪で有罪にはなるが、それだけですむ。もし二人とも重罪をおかしたことを自白すれば、それぞれ厳しい判決を受ける。だが、一方が自白し、他方が自白しなかった場合、自白した――裏切った――ほうは未決拘留期間だけで釈放され、自白しなかったほうは仮釈放なしの終身刑に処せられる。

われらが二人の悪党、クリスとパットが、逮捕される前に「捕まったら黙秘しよう」と約束した可能性はある。いや、きっと約束したにちがいない。ただその場合も、相手がその約束を守るとは互いに思っていない。なぜなら――ゲームがこの先ずっと繰り返されるということがなければ――約束を破り、すっかり話して検事と取引したほうが、どちらにとってもかならず自分の利益になるからだ。それをまとめるとこうなる。

逮捕後、クリスもパットも、相手が自白するか約束どおり黙秘をつづけるかわからない。クリスにわかっていることは、もしパットが約束を守って黙秘すれば、自分はパットを裏切って自白することによって未決拘留期間のみで釈放されるということだ。そして、そうはせずに自分も約束を守って黙秘すれば、懲役五年の刑。ここで思い出してほしいのは、ゲーム理論の思考法は「人間は利己的」と規定して論を進めるということだ。だからここでも、二人の悪党はひたすら自分の利益を求める。クリスはクリスの利益だけを、パットはパットの利益だけを考える。万が一、パットが約束を守る善人——お人好し——なら、クリスは釈放を嘆願するチャンスをつかめることになる。そしてクリスは自由の身になり、パットは終身刑となる。

言うまでもないが、パットも同じように考えを進め、おそらく黙秘ではなく自白を選択する。だが、その場合も、クリスにとっては、口をつぐみつづけるより自白するほうが有利になる。パットが自白し、クリスが黙秘すれば、パットは釈放され（クリスにとってはどうでもよいこと）、クリスは刑務所から一生出られなくなる（これこそ重大事）。クリスも自白すれば刑期は、パットが自白してクリスが黙秘した場合よりも短くなる。たしかにクリスは（パットも）懲役一五年に処せられるが、クリスはまだ若く、仮釈放もある一五年のほうが、仮釈放なしの終身刑よりも確実によい。というわけで、パットが自白しようが黙秘しようが、クリスにとっての最良の選択は「自白」ということになる。

これが〈囚人のジレンマ〉だ。つまり、二人の悪党とも黙秘すれば、彼らはかなり短い刑期（懲役五年）ですみ、双方が自白した場合（懲役一五年）よりもずっと利益があるのに、そうできない。問題は、二人とも、相手に自白する利益があることを知っていて、黙秘すれば自分だけ大損する可能性があり、そんな危険はおかせないということだ。それゆえ、クリスとパットが約束し合っていたとしても、警察の尋問を別々に受けたとき、二人は黙秘をつづけられなくなってしまう。

〈囚人のジレンマ〉はジョン・ナッシュがゲーム理論になした大貢献を応用したものだ。ナッシュはゲームの解を見つける方法を考え出したのである。ナッシュ以降、広く用いられるようになったゲームの解はみな、彼が考えたものの派生物と言ってよい。ではナッシュはどういうことを考えたかというと、ゲームにおいては、どのプレーヤーも他の行動をとるインセンティブがなくなる状態、つまり他のどのような行動をとっても自分の利得が高くならない状態があって、それが各プレーヤーの戦略の均衡点（ナッシュ均衡）、互いに最良となる戦略の組み合わせが生じる点であり、そのゲームの解となる、ということである。〈ナッシュ均衡〉にたどり着くまでの道筋を述べるとこうなる。

人々は自分の利益にならないかぎり協力したり連携したりしない。ゲーム理論の世界では、他人を助けるために喜んで犠牲になる者はひとりもいない。だから、考えなければいけないのは、自分が戦略を変えたら相手はどう出るか、ということだ。前方に立ちふさがる「もしも〜だったらどうする？」という問いにいちいち答えなければいけない。そうやって各プレーヤーが徹底的に先読みし合い、その果てに〈ナッシュ均衡〉があらわれるのである。

吠えなかった犬こそ大事

歴史家はすでに起こったことについて考える。ほとんどの時間を過去の考察に費やす。歴史文献からわかる、ものごとのつながりを見て、出来事を説明しようとする。ゲーム理論家は起こらなかったことについて考える。起こらなかったことがもし起こっていたらどうなっていたか？　その推測した結果を、起こったことの原因の重要な部分ととらえる。あらゆるゲームの解が満たさなければならない最も重要な点は、実際に選択したものとはちがう戦略を選ぶと利得がいまよりも減ると全プレーヤーが思っているということ。つまり、各プレーヤーが実際には選択しない行動を熟考し――これをしたら、あれをしたら、どうなるか、と自問自答し――自分にとってベストな結果になると信じたことをした、ということだ。

本書のイントロダクションを思い出していただきたい。そう、レオポルド二世がなぜベルギーでは善王で、コンゴでは怪物であったのかを検討したくだりだ。それもまた、この問題への解答になる。レオポルドの本心は「ベルギーでもしたいことをしたい」だったはずだが、その実行は不可能だった。絶対君主ではないのに、そのように振る舞うのは自分の利益にならなかったのだ。「もし～なら？」と、現実には起こっていないことを考えることで、それはわかったはずである。ベルギーで絶対的支配者のように振舞おうとすれば、国民はおそらく他の者を王位につけようとするか、王政そのものを取り除こうとする。それよりは立憲君主のままでいたほうがよい。そうレオポルドは判断できたのだ。それゆえ彼は、ベルギーでは善政をおこなって王位を維持し、遠い国では貪欲に私利を追求することを己に許したのである。コンゴではベルギーでのような制約がなかったので、まさにやりたいほうだい、何でも好きなようにすることができた。

現実に起こっていないことを考える利点は、問題やゲームを意思決定の連続として見た場合、とくに明瞭になる。〈囚人のジレンマ〉の表（利得行列）は、二人のプレーヤーがそれぞれ、相手が何をするか知らずに行動を選択せざるをえないとき、どういうことが起こるかを示すものである。各プレーヤーが選択する行動を順番につなげていく〈ゲームの木〉を描くのも、ゲーム展開を把握するのに役立つ方法だ。多くの場合、だれが最初に動くかがとても重要になる。ただし〈囚人のジレンマ〉で

■図表 3・1　銀行買収額を減じる（ゲームの木）

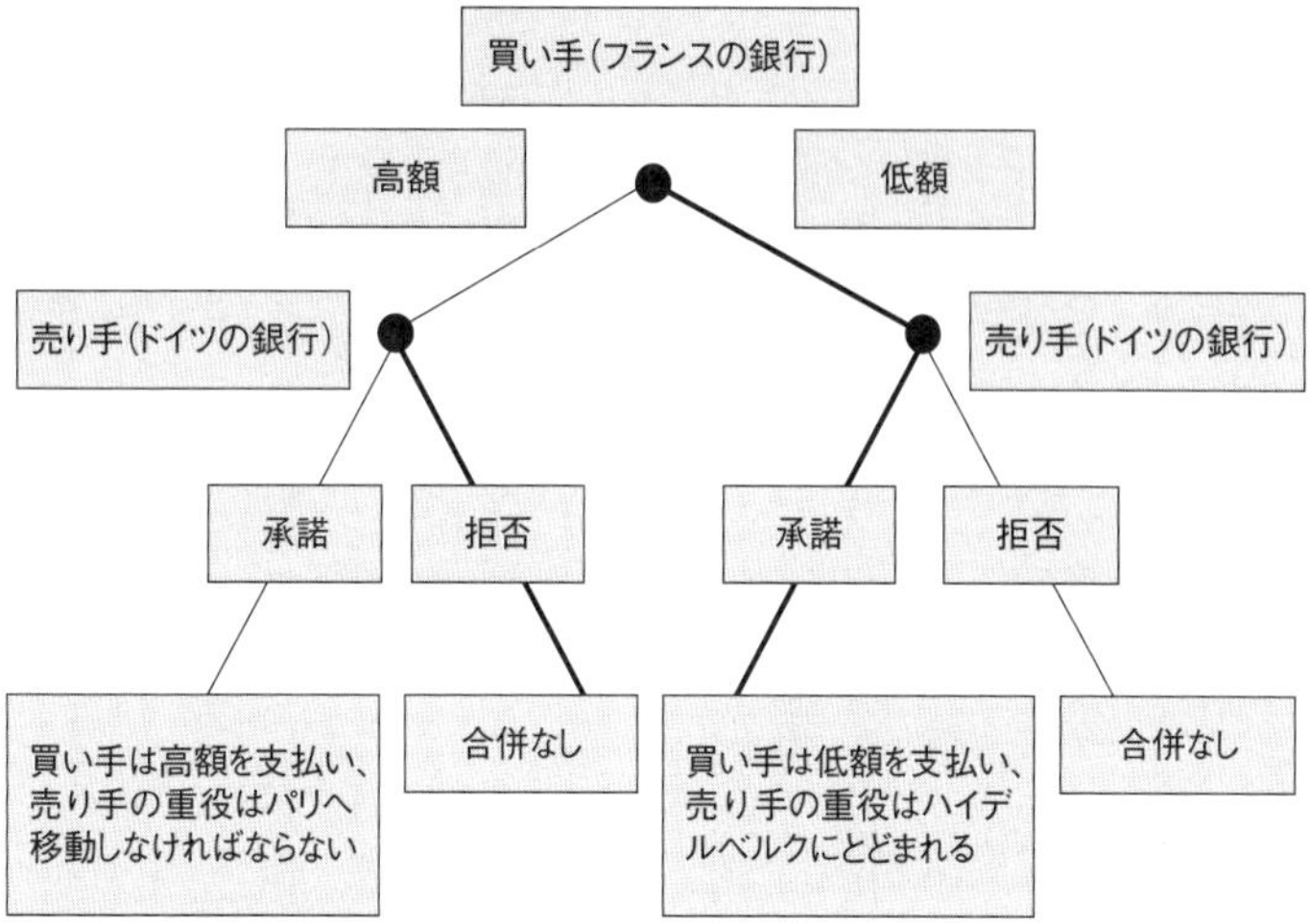

はそれはどうでもよい。どちらのプレーヤーにとっても、相手が何をしようと同じ行動——自白——が最良の選択になるからである。では、わたしも係わった企業買収（守秘義務があるので詳細は伏せる）を例にして説明しよう。このゲームでは、他のプレーヤーの行動をしっかり予測しないと、良い結果を得ることができない。

　パリに本店をおく銀行が、ドイツの銀行の買収をくわだてた。買い手のフランスの銀行はこの買収に大金を注ぎこんでもよいと考えていたが、ドイツ人重役全員のパリ本店への移動を強く要求した。わたしたちはこの買収の展開を予測し、分析した。すると、ハイデルベルクに拠点をおくドイツの銀行にとって、決定的要素は買収額ではないことが明らかになった。もちろん、だれだって得られる金は多いに越したことはない。だが、ドイツ人たちはハイデルベルクでの暮らしを愛していて、金だけのためにパリに移りたいとは思っていなかったのだ。パリの生活は彼らに向いていない。

フランスの銀行が自分たちの思い描いたとおりの提案をあくまでも押しつけたら、〈ゲームの木〉でわかるように、取引は決裂するはずだった。だが彼らは、ドイツ人たちの住む場所へのこだわりが重要であることに気づいた。そこでフランスの銀行は、ドイツ人重役はハイデルベルクに少なくとも五年はとどまれるという確約をつけて、買収額を「高額」から「控えめな額」（フランス人にとってはありがたいほどの低額）へと変更した。ドイツ人重役をハイデルベルクにおくのは、フランスの銀行にとっては理想的なことではなかったが、買収という目的を達成するのには必要なことだった。

太線は買い手（フランスの銀行）と売り手（ドイツの銀行）の戦略を示している。このゲームでは、相手のあらゆる動きに対してそれぞれ戦略が存在する。ドイツ人重役の側に立てば、パリへの移動が必要になる高額での買収という提案に対しては「ナイン（ノー）」と言う戦略となる。ただ、これは現実には決して起こらない。フランスの銀行が正しい「もし〜なら？」の問いを発するからである。彼らはこう自問するのだ。「パリへの移動をドイツ人重役に強制する高額での買収を提案したらどうなるか？」「ドイツ人重役にハイデルベルク居住を許す低額での買収を提案したらどうなるか？」太線のところを見ればわかるように、「高額・パリへ移動」には「ナイン（ノー）」、「低額・ハイデルベルク居住」には「ヤヴォール（イエス・サー）」という答えが返ってくる。そこでフランスの銀行は、取引をご破算にするよりは、次善の結果を選んだほうがよいと判断し、ドイツ人重役に五年間はハイデルベルクにとどまることを許す取引をすることにした。フランス人は賢明にもドイツ人の立場になって考え、巧みに行動したことになる。

フランス人は自分たちとドイツ人重役との相互作用（戦略的やりとり）について考え、望ましい取引を成立させる方法を見つけ出したのだ。彼らは「われわれがあくまでパリへの移動を強要したらドイツ人はどうするだろうか?」というきわめて重要な問いを発し、その答えをしっかりと探したのである。実際にパリへ移動した者はひとりもいなかった。歴史家はふつう、起こらなかったことについては考えないから、この場合もおそらく、ドイツ人重役たちのパリ移動を強要する提案がもたらしたであろう結果についても考えようとはしない。ドイツ人はなぜ低額買収に応じたのか、という疑問さえ歴史家はいだかないかもしれない。結局、ドイツ人はハイデルベルクにとどまったのだ。

では、なぜわたしたちは、現実にはそうならなかったのに、ドイツ人のパリへの移動についても関心を払わねばならないのか? それは、ドイツ人がハイデルベルクにとどまって低額買収に同意したのはまさに、フランス人がドイツ人にパリへの移動を強要した場合に起こっていたはずのことのせいである、と言えるからである。つまり、取引が決裂し、いかなる買収・合併もないという結果を、双方とも避けて、うまく折り合ったというわけだ。

以上、この章で説明した二つのゲームは、たいへん単純なものだ。どちらも、プレーヤーが二人だけで、均衡(解)にたどり着く合理的な戦略の組み合わせはひとつしかない。しかし、プレーヤーが二人だけのシンプルなゲームでも、結末がひとつとはかぎらず、合理的な戦略の組み合わせが二つ以上あることもある。最終章でそうしたゲームのひとつを解いてみる。言うまでもないが、世の中にはプレーヤーがもっといて行動選択の余地がもっとある複雑なゲームがいっぱいあり、そうしたゲームには当然、戦略も結果もたくさん存在する可能性がある。コンサルタントとしてのわたしの職務のなかには、できるだけクライアントに利益となる戦略を他のプレーヤーたちに選ばせる方法を考え出す、というものもある。そのためには、情報、考え(信念)、いや、ゲームそのものさえ、操作しようと努力することがどうしても必要になる。次に紹介するのは、まさにそういうことである。

CEOになりたい?

だれもが知っているように、今日、高い地位につくことはますます難しくなっている。あまりにも競争が激しいので、トップにまで登りつめられるのはごく少数だ。むろん、実力や功績も必要かもしれない。だが、多くの者が証明しているように、それだけでは充分ではないようだ。つまるところ、最高レベルの職の数よりも、その仕事をこなせる者の数のほうがずっと多いのである。

それはそれとして、たとえあなたが自分の限界をなんとか隠すか乗り越えられ、タイミングと幸運にも恵まれて、いかにもエリートの居所といった感じの重役用会議室に入れる身分になったとしてもなお、知る価値のある何かを忘れているかもしれない。そしてそれこそ、あなたが最高位に到達できずにいる理由かもしれない。あなたが忘れているかもしれない大事なこととは、選出プロセスだ。

そう、そういうこと。CEO(最高経営責任者)ら最高幹部の選出プロセスを理解し、操作することによって、選考を自分に有利な方向へ動かすことも可能なのである。CEO選びであろうと国政選挙であろうと、戦略的な意味で、票の数えかたといったごく平凡なことにきちんと注目する者がほとんどいないというのは、滑稽としか言いようがない。望みを実現するのに利用できる方法というものがあって、それを使えば負ける候補者を勝たせることも可能になる。

投票に関する結果を操作すると言っても、票の集計をごまかすなど、不正行為をするということではない。パンチ式投票用紙の不具合(不完全な穴をコンピューターがカウントできない)を当てにするとか、そういうことでもない。わたしはただ、よく使われるふつうの方法を考えているだけだ。そこいらにたくさん転がっている方法を利用して、選挙結果を有権者や株主や重役が望んでいるものにしてしまおう、というのだ。

新しいCEOを選ぶとき、票の数えかたについてじっくり考える重役や株主はほとんどいない。選出の条件を過半数獲得にするか、単なる多数決にするか？　一名記入にするか、最適任と次に適任の二名記入（あるいは三名、四名……記入）にするか？　候補者が多数の場合は、全員を対象にした投票を一回だけするか、それとも、二人ずつの一対一の対決を繰り返す方法をとるか？　そういうことで結果は変わるのだろうかと自問する者は、まずいない。だが実は、そうしたことを決めることで結果をほんとうに変えることができるのだ。

激戦となった二〇〇八年の民主党予備選挙を思い出していただきたい。民主党の場合、各候補は、各州の投票での得票率にほぼ応じた数の代議員を獲得できた。バラク・オバマはこの方式で代議員の過半数を獲得して民主党の大統領候補となり、本選でも勝って大統領に選ばれたわけである。もし民主党も共和党のように「勝者総取り」（一位の者がその州の代議員をすべて獲得）方式を予備選で採用していたら、ヒラリー・クリントンが代議員の過半数を獲得して候補となり、おそらく彼女もまた、ジョン・マケインに勝って大統領になっていたはずだ。どうということがないように見えるルールのちがいによって、結果にこれほど重大なちがいが生じるのである。

もちろん、どんな場合にも有効という万能策はない。どの方法にも長所と短所がある。だから、そのつど、応援する候補者を助けられる投票方式を利用したほうがいい。ふつう、国政選挙の場合、わたしたちには投票方式を変えるチャンスはない。だが、企業の意思決定ということであれば、そのチャンスは確実にある。

実際わたしは、いままでに二度、重役用会議室での投票手順に少し手を加えて、CEOの選考を操作したことがある。一度は、わたしの試みは完全に成功した。二度目は、わたしがパートナーといっしょに助けた候補者は、〝無名状態〟から抜け出してたいへん有力な候補となった。結局、彼は選ばれなかったが、だれも予想しなかったほどの素晴らしい健闘ぶりだったので、たちまち他社に引き抜かれてCEOとなり、そこで大成功をおさめた。

では、CEOの選出過程をどう変えればいいのか？　わたしの最初の経験を簡単に紹介し、説明してみよう（CEOに選ばれた当の本人さえ、なぜ自分が勝ったのかわからなかった——たぶんいまだにわかっていない——くらい首尾よく事は運んだ）。

その問題の企業（当然ながら名を明かすわけにはいかない）の引退を間近にひかえたCEOは、これといってとくに後継者にしたい者はいなかった。だが、こいつだけは絶対に後継者にしたくないという者がひとりいた。そして、その男がたまたま、次期CEOの最有力候補だった。引退するCEOは、長年ずっと強敵だったその男を心の底から嫌っていた。そこで、わたしを秘かに雇った。目的はもちろん、CEOの選考を操作することだ。わたしの任務は、憎っくき最有力候補を敗北させる方法を考え出すこと。

どんな分析でもそうだが、最初にやるべきことは、解決しなければならない問題を正確に把握することだ。この場合は、その大問題はきわめて単純だった。まずは、候補者はだれで、互いの力関係はどうなっているか、知る必要があった。仮に候補者をラリー、モー、カーリー、マット、ジェフと呼ぶことにしよう——引退するCEOが排除したいのはマットだ。

この問題を分析する最良の方法は、候補者の人気を比較する作業を必要なだけ積み重ねるということだった。つまり、ＣＥＯ選出に関与できる関係者が、ラリー対モー、ラリー対カーリー、ラリー対マット、ラリー対ジェフ、モー対カーリー……というすべての組み合わせについて、どちらを好ましいと思っているかを調べていった。

要するに、この種のＣＥＯ選考問題の場合、やるべきことは力関係・人気度の調査とわかるので、ＣＥＯ選出に関与できる関係者全員のポジション、それぞれの関係者が候補者同士の一対一のすべての組み合わせでどちらを、どれだけ好むか、ということを調べていく必要がある。（こうした評価をするさいに役立つ特別な方法があるが、その詳細についてはあとの章で紹介する）

ありがたいことに、このケースでは、引退間近のＣＥＯという良い情報源があった。そのＣＥＯは、だれがプレーヤーで、彼らがそれぞれの候補者についてどう思っているか、知っていた。ＣＥＯになったくらいだから、当然、同僚たちの真の影響力も知っていたし、だれがだれに同調するかもわかっていた。

投票方法にはいろいろあるが、その社の後継ＣＥＯ選出では、一対一の対決、候補者の順位付け、決選投票といったやりかたは一切とらず、ふつうはアメリカの大統領選挙とまったく同じように、全候補者を対象にした投票を一回だけおこなうという方式をとっていた。票をいちばん多く獲得した者が勝利するというわけだ。だがこれでは、わがクライアントのＣＥＯにとっては我慢できない結果になる。たしかにこれも道理にかなったまっとうな選出方法なのだが、これだけで選ぶとなると、あの虫唾《むしず》が走るマットが次期ＣＥＯになってしまう。では、どうするか？

最初にやるべきことは、一対一のすべての組み合わせでどちらが勝つかを調べることだった。選出に関与できるのは、同社のCEO選考委員会の委員たち。仮に委員は一五人で、それぞれが一票ずつもっているとしよう。わたしは、退陣するCEOから得た、候補者を一対一で比較した場合に関する情報を入念に調べ、それぞれの委員の頭のなかにある候補者の正確な選好順位をつかんだ。そして、一五人の委員を五つの選好順位ブロックに均等に——各ブロックに三人ずつ——分けることができた。以下がその五つのブロックだ。CEO選考委員会の委員たちの頭のなかにある、最も好ましい候補から最も好ましくない候補までのリストである。

1 マット、ジェフ、ラリー、カーリー、モー
2 マット、モー、カーリー、ラリー、ジェフ
3 モー、マット、カーリー、ラリー、ジェフ
4 ジェフ、モー、カーリー、ラリー、マット
5 ラリー、ジェフ、カーリー、モー、マット

アメリカの大統領選で用いられるような一回かぎりの投票では、唾棄すべきマットが6票(三人の委員からなるブロック二つでトップなので)を獲得し、モーは3票、ジェフも3票、ラリーも3票、カーリーはかわいそうに0票を、それぞれ獲得する。つまりマットが次期CEOに選出される。これこそまさに阻止しなければならない結果だ。

ところが、別の投票方式、つまりトップに4点、二位に3点、三位に2点、四位に1点、最下位に0点を入れるという方式をとると、マットとモーがそれぞれ合計33点、ジェフが30点を獲得し、ラリ

ーとモーが27点で最下位にならぶ。そしてマットとモーが同点で決選投票をすると、モーが第3、第4、第5ブロックの票を取ることになる。その三つのブロックではマットよりもモーのほうが上だからだ。ゆえに、この方式をとれば、モーが次期ＣＥＯに選出される。

これで、マットを打ち負かす選出方法がひとつは存在することがわかった。しかしながら、このやりかたを委員会に承認させるのは難しいにちがいない。最初に候補をランク付けし、同点の場合は決選投票をおこなうという方式は、委員に勧めるには複雑すぎる。ここまで複雑だと、委員が疑惑をいだく可能性がおおいにある。素直に適任と思われる候補ひとりに投票するだけでよいのに、なぜ退陣するＣＥＯはこんな手の込んだ選びかたをしようと言い出したのかと、委員たちが首をかしげかねない。

この複雑な手順がたとえ委員会に認められたとしても、事はうまく運びそうもない。もしマットの支持者がひとりでもカラクリに気づいたら、手順そのものが効果を発揮しない可能性がある。たとえば、最終的にどういう結果になるか見抜ける者が第2ブロックにひとりでもいれば、結果はひっくり返ってしまう。その委員――マットをなんとしてもＣＥＯにしたい者――が戦略的に（つまり嘘をついて）ジェフを二位にしてモーを最下位にしてしまう可能性が充分にあるからだ。たしかに、それは嘘をつくことになるが、その委員の関心は最終的な結果にあるのであり、途中経過にあるのではない。戦略的にわざとジェフを二位に上げ、モーを最下位に落とすことによって、モーの合計点を33から30に下げることができる。そして、マットはジェフと同点になる。状況は複雑になり、マットがＣＥＯになる公算が大きくなる。マットとジェフの決選投票がたとえおこなわれても（モーよりもジェフを上にするブロックのほうが多いので、ジェフがマットの相手に選ばれるはず）、マットが勝つ。だから、第2ブロックのひとり以上の委員が戦略的に行動して、自分たちのお気に入りの候補――退陣するCEOにとっては〝憎っくきマット〟――の選出を確実にする可能性があるというわけだ。わたしとしては、そんな危険はおかせない。というわけで、わたしはカーリーをCEOにすることに決めた。

かわいそうなカーリー――彼はたいへん不利な立場にあった。カーリーを選好順位の一位に据えた者はひとりもいなかった。二位にした者さえひとりもいない。いや、はっきり言えば、彼はだれにとってもどうでもよい存在だった。そうわたしが言い切れるのは、彼を選出させる方法を考え出したあと、CEO選考委員会のある委員と話す機会があったからである。CEO選出操作というわたしの仕事は秘密にされていて、当時のCEOとわたししか知らないことだった。わたしはその委員に、だれが選ばれると思うかと尋ねた。返ってきた答えは「マット、あるいはモーかもしれない」というものだった。

わたしは何食わぬ顔で、ジェフ、ラリー……そしてカーリーについても尋ねてみた。「ジェフとラリーは有能だが、勝てるとは思えない」と委員は答えた。そして、こうつづけた。「カーリーがなぜしゃしゃり出てきたのか、わたしだけでなく委員会のだれひとり理解できないでいる。ともかく、勝ち目はまったくない。彼をCEOにしたいと思っている者なんてひとりもいないんだ。たしかにカーリーはみんなにまあまあ好かれている。だが、CEOの器じゃないと、みんな思っているようだ」。このケースでは、カーリーの目立たなさがたいへん有利に働いた。カーリーは候補者としてだれからも注目されていなかったので、戦略的動きによって邪魔されるとはまず思えなかった。カーリーがCEOになる可能性はまったくないとだれもが思っていたからだ。

さて、面白くなるのはここからである。退陣するCEOは信望厚い人物だった。素晴らしい業績も残した。すでにある選好順位情報だけで、カーリーをCEOにする方法はわかったが（あなたはおわかりか？）、それを実行するにはもうひとつ分析しておかねばならない問題があった。引退するCEOは、カーリーを勝利に導くその投票方式を委員会に認めさせるほどの影響力をもっているのか、という問題だ。この問題を分析した結果、複雑すぎない投票方式であれば委員会にかならず認めさせることができる、という答えがでた。幸運なことに、わたしが分析によって考え出した投票方式は、理にしっかりとかなったものでもあった。とくに複雑というわけでもなく、ただ、マット選出にこだわらない大半の委員を存分に利用することに焦点を合わせたものだった（思い出していただきたい——マットを選好順位のトップに据える委員は六人で、残りの九人は三人ずつそれぞれ別々の候補を一位にしている）。

アジェンダ・コントロール（意思決定順序の操作）ですべてが決まってしまうという場合があるが、このケースもまさにそれだった。意思決定点を有利な順序にならべて、ひとつひとつ、ちがうメンバーからなる勝てる連合をつくりあげ、それをいくつか重ねて、最終的にカーリーを支持する勝利連合でしめくくり、他のあらゆる候補をすべて排除してしまう、というわけである。

CEO選考委員会の委員たちは、結局はマットとモーの一騎打ちになるとわかっていた——正確には、そう思いこんでいた。そこで引退間近のCEOは、まさにその思いこみにぴったり沿った、一対一の勝ち抜き戦のアジェンダ（対戦順序）を採用するよう委員会にうながした。もちろん、総当たり制にするには候補者の数が多すぎた。総当たり制だと投票を一〇回やらないといけない。これではあまりにも煩雑で、委員会を説得できない。だから、退陣するCEOは次のような順序で勝ち抜き戦をおこなうよう委員たちにうながした。まずはマット対モー。敗者は候補から完全に排除され、勝者はジェフとの一騎打ちにのぞむ。ここでも敗者は排除され、勝者（この時点で残るのはマットかモーかジェフのはず）は次にラリーと勝負する。そしてその勝者が最後にカーリーと対戦する。この四回の投票で勝ち残った者がCEOとなる。

これはいい選出方法のように委員会には思えた。最強同士の対戦——マット対モー——からはじめれば、総合的に見てCEOに最もふさわしい二人のうちの一人にいきなり絞れる、と委員たちは考えたのだ。ところがこれが大間違いなのである。たしかに、五つの選好順位ブロックを丹念に調べ、検討すれば、引退するCEOのアジェンダがどのような結果をもたらすか見抜けるだろう。だが、委員たちが他の者たちの選好順位を正確に把握していたとは思えない。そもそも、カラクリを知るのに必要となる巧妙な聞き取り調査のようなことをしているはずがない。自分の選好順位を発表するように言われもしなかったので、退陣するCEOが提案した選出方法を知っても、正確な選好順位を互いに知らせ合わないといけないとも思わなかった。実際のところはたぶん、互いに推す候補を探り合ったとしても、教え合ったのはせいぜい二位までだろう。おそらくそういうこともあって委員たちは、カーリーにはほとんど注意を払わなかったはずである。では、現実に選出がどういうふうに進んだか説明しよう。

まず最初に、モーがマットを打ち負かした——結果は9対6（選好順位リストを見ればわかるように、第1、第2ブロックはマットに、残りの三ブロックはモーに票を投じた）。負けたマットは、モーをCEOにしたいと思った者のほうが多かったという正当と思える理由によってCEO選から脱落（すでに見たように、得票数はモーが9、マットが6）。これにはだれも文句を言えない。わたしのクライアントの目的はマットをCEOにさせないことなので、あとはすべてお遊びと言ってもよい。ただ、わがクライアントはカーリーをCEOにするというアイディアも気に入った。カーリーをCEOにしておけば、のちに自分の株がさらに上がる、とクライアントは考えたのだ。それに彼はカーリーのことが好きで、CEOになることはカーリーにとってキャリアのすてきな締めくくりになる、とも思った。

次いで選考委員会は、合意したアジェンダにしたがってモーとジェフを対決させた。モーがマットを破ったとき同様、ジェフがわけなくモーに勝利した。第1ブロックは、マットをトップに据えていたが、マットが消えたあとのモーとジェフの対決ということなので、ジェフに票を入れることになった。第1ブロックの場合、ジェフが二位で、モーは最下位なのである。第4、第5ブロックも、モーよりジェフのほうがCEOにふさわしいと考えていた。ジェフよりもモーを選好していたのは、第2、第3ブロックのみだ。したがって、得票数はジェフが9、モーが6。マットはすでに排除されているので、ジェフとマットの一騎打ちならどうなるかと、冷静に一歩引いて考える者は委員のなかにはひとりもいなかった。選好順位リストを見ればわかるように、ジェフとマットの対決なら、マット支持の勝利連合（第1、第2、第3ブロック）ができて、マットがジェフを打ち負かす。だが、繰り返すが、合意された勝ち抜きルールにしたがって、マットはすでにモーによって排除されてしまっていて、もはや候補者ではない。

最有力候補と目されていたマットとモーが、これでレースから脱落してしまった。モーがマットを破り、ジェフがモーを破ったのだ。残っているのは、ジェフ、ラリー、カーリーの三人。ジェフとラリーにはそれぞれ〝一位支持者〟がいるので、次に対戦させられるのはこの二人だ。第2、第3、第5ブロックが、ジェフよりもラリーを選好しているので、ラリーが勝つ。ジェフは排除され、とうとうラリーとカーリーの決勝戦を残すのみとなる。ここまでくれば、カーリーがラリーを打ち負かすのは容易に見てとれる。たえず変わりつづける勝利連合は、今度はラリーよりもカーリーを選好する第2、第3、第4ブロックで形成される。こうしてカーリーが勝ち残り、新CEOに就任することになった。だれもが（引退するCEOをのぞくだれもが）びっくりしたが、それでも委員たちは、選出方法は公正なものと思っていた。たしかにそれなりに公正ではあったのだ。

アジェンダ（対戦順序）が結果を決定したことに気づいた者はひとりもいないようだった。実は、ラリーはカーリーが勝てる唯一の候補だった。もし対決の順序がちがっていたら、カーリーは敗れていただろう。カーリーがラリー以外の者に勝てないのとちょうど同じように、ラリーもジェフ以外の者には勝てない。したがって、ラリーを先にマットかモーと対戦させていれば、その時点でラリーは排除され、同時にカーリーも事実上排除されていたはずである。実を言えば、このケースでは選好順位が堂々巡りしているので（いわゆる循環多数決の状況）、アジェンダをちょっといじるだけで、どの候補でも公正に勝利させることができるのだ。

次期CEOが決まったのち、選出前に話す機会があった委員が、昼食に招待してくれた。彼にはわたしにどうしても訊きたい質問がひとつあった。「何かしたのですか？　CEO選出で？」わたしは黙って微笑み、話題を変えた。わたしが何かやったのだと彼は確信していたし、わたしのほうも、そう彼が確信していることを知っていた。だが、わたしには職業上の守秘義務があった。昼食はとてもおいしかった。

失礼ですが、アインシュタインさん、神も賽《さい》を振ります

〈囚人のジレンマ〉、銀行買収、投票戦略と見てきて、小数のプレーヤーによる比較的単純なゲームでも複数の結果がありうるということが明らかになった。これによって、意思決定に係わる戦略的次元がもうひとつ存在することがわかる。現実の世界ではとくに、同じプレーヤーによるゲームが繰り返しおこなわれることが多いので、この新たな次元が大切になる。

二つ以上の結果が生じうるゲームの場合、結果に影響をおよぼす特別なタイプの戦略（混合戦略）が存在する。〈混合戦略〉というのは、各プレーヤーが行動を確率的に選択すること、つまり、いくつかの戦略を適当に混ぜ合わせる戦略――言わば、サイコロを振るような一種の賭けだ。目的はむろん、他のプレーヤーが期待する利得に影響をおよぼすことである。アインシュタインの神は、宇宙をつくるさいに賽を振ることはなかったかもしれないが、わたしたち人間は日々のゲームのなかで間違いなく互いにサイコロを振り合っている。

フットボールの試合を観ていて、監督の采配ぶりに文句を言いたくなったときはたぶん、〈混合戦略〉を観せられたということである。たとえば、ボールが一ヤードラインにあるとしよう。得点するには、あとボールを一ヤード前進させて、ゴールラインを越えさせるだけでいい。いちばんありそうな戦略は、前方に立ちはだかる敵選手の山をフルバックが跳び越えるというものだ。だが、こうした場面で監督はよく、クォーターバックに指示して、ボールをランニングバックにパスさせるか手わたさせる。もしいつもフルバックに上を跳び越えさせていたら、守る敵はディフェンスをそこに集中さ

せ、一ヤードの前進といえども成功しない。そこで、繰り返し発生する同様の場面で、いくつかの戦略を適当に混ぜ合わせ、あるときはコレ、あるときはアレとやっておくと、敵も今度はどう出られるかわからず、ディフェンスを分散せざるをえなくなり、得点の確率が高まる。興味深いことに、この〈混合戦略〉というやつ、その用いかたを知っていると、ビジネス、政治、その他、人生のさまざまな場面で、大いに役立つ。サイコロを振って賭けに出るのも、相手の状況認識を変えるひとつの方法なのである。

いくつかの行動を混ぜる戦略を利用しないと、期待した結果を得られない場面は、人生にはたえず発生する。応用ゲーム理論家はしばしば、こうした複雑な〈混合戦略〉まで考慮した問題解決法を無視したがるが、それは危険を承知してそうしているのである。サイコロを振れば、さまざまなことの結果をほんとうに変化させることができるのだ。

こうしたギャンブルの例はわたしたちのまわりにいくらでも転がっている。名作映画のなかにも、とても巧みにサイコロを振ってクライマックスをつくりあげているものがある。たとえば『プリンセス・ブライド・ストーリー』のなかの、「毒入りのワイングラスはどっちだ?」をめぐる応酬と、その巧妙なオチ(どちらのワイングラスも毒入りだった――飲んだ悪人は死に、善人は「いつかこうして自分と敵に使うときのために毒への免疫力をつけていた」ために死ななかった)。

『マルタの鷹』にも秀逸なシーンがある。シドニー・グリーンストリート演じるカスパー・ガットマンは、宝石をちりばめた鷹の像をなんとしても手に入れたかった。そのありかを知っているのはサム・スペード(ハンフリー・ボガート)だけだったが、スペードも馬鹿ではない。ありかを教えなければジョエル・カイロ(ピーター・ローレ)に拷問させるぞ、と脅すガットマンに、スペードはこう言い返す。「わたしを殺したら、どうやって鷹を手に入れるんだ？　あんたはそいつを手に入れるまでわたしを殺せない。だから、そんな脅しは通用しない」

スペードは、有能なゲーム理論家なら必ずそうするように、ガットマンの〝拷問するぞ〟という態度表明（コミットメント）の本気さを疑っているわけだ。殺してもよいと本気で思っていなければ、ガットマンはスペードに話させることはできないと、わたしたちもサム・スペードも知っている。だが、ガットマンも馬鹿ではない。彼もサイコロの振りかたを知っていて、巧みに戦略を修正し、みずからの命を護《まも》るために話さなければならないかもしれないとスペードに思わせようとする。いくつか気の利いたやりとりがあったのち、ガットマンはこう言葉を返す。「ご存じのとおり人間というやつは、何かを夢中になってやりはじめると、つい自分の最大利益がどこにあるのかを忘れてしまい、感情の命じるままに行動してしまう」

そう、これだ――「人間というやつは、何かを夢中になってやりはじめると、つい自分の最大利益がどこにあるのかを忘れてしまい、感情の命じるままに行動してしまう」。実にうまい言いかただ。ガットマンの言いたいことを噛み砕いて説明するとこうなる。ジョエル・カイロはスペードを殺してしまわないように注意するだろう。だがカイロはつい感情的になってしまう。だから、口を割らなければ安全ということはなく、スペードが殺されてしまう可能性もある。

この短い会話のなかに、ゲーム理論の大事な原則が三つ見てとれる。それは「確約（コミットメント）を疑う」「相手の状況認識を変えるために〈混合戦略〉をとる」「有利な立場に立つために戦略的に非合理的なこと（夢中・興奮状態での不利益な行為）をするふりをする」という三つだ。命を失う恐怖や、命を失わないための計算よりも切実な問題など、この世には存在しない。サム・スペードは選択を迫られる。「鷹の像をわたさなければたぶん死ぬ。鷹をあきらめれば（たぶん）生きられる。さあ、どうする？」こういう賭けをせざるをえなくなっても、何も言わずに黙っていられる者が、果たして何人いるか？

よっぽど運が悪くなければ、ゲーム理論が室内ゲームやシナリオやパズルに役立つだけのものでないことくらい、はっきりと理解できる。ゲーム理論はこの世界をつくりなおすための強力なツールなのである。では残りの数章でいよいよ、これまでに紹介した基礎知識を応用して、合理的選択理論（ゲーム理論）で取り組める問題にどういうものがあり、どうすれば数学、科学、テクノロジーを利用して未来を予測し、特定の結果を操作できるのか、具体的に見ていくことにしよう。ゲーム理論をうまく使えば、ランダムに入り混じる幸運・不運と、たっぷりの人間の気まぐれだけで決まっているかのように見えたものを、自分が望む方向へ変化させることも可能なのである。

第4章

ゲーム理論で、北朝鮮の核開発問題を解決する

ゲーム理論の基本原則は理解できた。それはまあ大いに結構だが、では、そうした原則をどのように利用して現代の大問題を解決するのか？　よろしい。ぐずぐずするのはよそう――まずは、北朝鮮の核武装解除問題を見てみよう。

北朝鮮に生まれると、ほぼ確実に惨めな生活を送らざるをえなくなる。平均的な北朝鮮人は、一年間働いても、平均的なアメリカ人、アイルランド人、ノルウェー人が四日ほどでかせげるお金しか得ることができない。人生、お金がすべてではないが、生活の質は収入でおおよその見当がつく。

もちろん、北朝鮮に生まれたら、かならず不幸になるというわけではない。〝将軍様〟こと金正日《キムジョンイル》は、かなり贅沢な暮らしぶりのようだ。資産は四〇億ドルにものぼると言われる。これは北朝鮮の年間GDP（国内総生産）の三分の一に相当する。（ビル・ゲイツはかわいそうに、アメリカのGDPのわずか〇・四％ほどの資産しかない）

金正日は、莫大な財産をもち、女好き、大酒のみ、グルメでもあるということで、取るに足りない、

軽薄でさえある、小物の独裁者と考えられることが多い。気まぐれで、何をやらかすかわからない、非理性的な危険人物とよく言われる。彼がその種の独裁者の最後の生き残りであることは間違いないが、では、非合理的で小物かというと、わたしはそうは思わない。たしかに彼は旧態依然たる方法――（父である「偉大な指導者」金日成《キムイルソン》）の死による）世襲――で、最高権力者の地位についた。だが、それはもうかなり前のことだ。馬鹿なら、これほど長期にわたって権力の座に居座りつづけることはできない。なにしろ、隙あればクーデターを起こそうとねらっている将軍や息子や妻がたくさんいるのだ。

金正日は、抜け目なくて、たちの悪い、練達のデマゴーグ（煽動政治家）だ。常軌を逸していると思えることをするのは、それが自分の利益にかなうからである。わたしたちはつい、奇天烈《きてれつ》なニューエイジ独裁者だと言って、あざ笑いたくなってしまうが、金正日なる人物、実は手の内にあるみすぼらしいカードを巧妙に操って、みずからを世界の脅威とすることに成功しているのである。彼はいまもなお、国内外で恐怖を煽りつつ、父と力を合わせて極貧にした国を支配している。

金正日が一九九四年に権力の座についたとき、北朝鮮は外国に売るものなど事実上何ひとつなかった。国の威信は文字どおり地に落ちていた。彼が支配する北朝鮮での生活はあまりにも悲惨で、木の皮しか食べものがないという哀れな状況に追い込まれた国民も多数いた。金正日を神と崇めるよう教えられた、そうした極貧者たちのたぶん一〇%ほどは、この一〇年間に餓死したにちがいない。にもかかわらず今日、北朝鮮は世界中の人々が気にせざるをえない国になっている。なぜ？　それは、語るにたる経済などないにもかかわらず、金正日が苦心して大成功に導いたミサイル・兵器開発ビジネスがあるからだ。飢える者がいようとおかまいなく、国民からしぼりとった金を使って、彼は北朝鮮を核の脅威そのものにつくり変えたのである。こうして金正日は、平均的国民の夕食のテーブルに食料《フード》をのせられなくても、核弾頭ミサイル発射可能と思わせることで〝思考の糧《フード》〟を世界に確実に供給することができているわけだ。たしかに北朝鮮はほぼ全世界からののしられ、罵倒されているが、世界中の国々に注目されてもいる。二〇年前はそうではなかった。

現在、アメリカ、中国、ロシア、日本、韓国が、金正日の〝ならず者国家〟を国際社会のまともな一員にする方法をなんとか見つけようと努力している。金正日は何年にもわたって、〝良い子になるよう〟脅され、諭され、促されてきたが、アメリカから〝ご褒美〟をもらってもいる。ジミー・カーターの依頼でビル・クリントンが、こうすれば良い子になるだろうと期待して与えたのだ。ところが金正日、その〝ご褒美〟をもらっても、素行《そこう》を本気で改めようとはまったくしなかった。空約束をしただけの話だったのだ。最近では、六カ国協議でいくらか進展があったようだ。北朝鮮の脅威を弱める努力は、のろのろとだが前進しているようである。金正日の核の脅威をとりのぞきたければ、正確な予測をおこない、北朝鮮の核兵器放棄に照準を合わせて未来操作をすることだ。そうすれば目標に近づいていけるし、おそらくこれまでもそうやって近づいてきた。

金正日の行動予測に必要な四つのこととは？

二〇〇四年前半、わたしはコンサルタントとして国防総省に雇われた。与えられた仕事は、核兵器問題で北朝鮮にもっと行儀よく振る舞わせる代替シナリオの研究。この本では、わたしが当時思いついた解決法のあらまししか紹介できないが、それだけでも、そうした問題にどう対処すればよいのかということは理解できると思う。問題解決への最大の期待をいだかせたシナリオに焦点を当てることにする。そのシナリオがめざすのは、北朝鮮が核武装問題で譲歩すればアメリカは政治・経済面で譲歩するという取引だ。しかし、具体的な説明に入る前にわたしは、その後実際にとられた政策に自分が貢献したことについての手柄や称賛をいっさい求めないし、受けるつもりもない、という点をはっきりと表明しておきたい。そもそも政策コンサルタントは、自分の意見に耳をかたむける者がいるのかどうかさえ、まず知ることができない。他のアドバイザーの意見が重視されているのか、そのアドバイスとはどんなものなのか、ということも知りようがない。コンサルタントができることは、自分が分析した結果を報告し、その後実際に起こったこととそれが関係しているのかどうか自分で考えてみることくらいである。

信頼できる予測をおこない、戦術的アドバイス、いや、戦略的アドバイスまでするには、どのような情報が必要になるのか？　言うまでもないが、まずは、解決すべき問題——答えるべき問い——を明確にしないといけない。「金正日をもっと行儀よく振る舞わせるにはどうすればいいか？」という問いでは曖昧すぎる。目標をもっと正確に設定し、金正日とその政府がとりうる選択をすっかり知る必要がある。このケースでは、金正日体制がとりうる次のような選択をすべて考慮しないといけない。核兵器交渉を完全に拒否する。交渉はするが、有利になるならただちに、ごまかし、協定を破る（金正日お気に入りの戦法）。アメリカのさまざまなレベルの政治・経済的譲歩と引き換えに、ゆっくりと核兵器計画を縮小していく。条件付きで核兵器計画を破棄する（条件としてはいろいろなレベルのものが考えられる）。核兵器計画を無条件で破棄する（アメリカの大統領とその外交政策チームにとって最良の結果）。

次に、どのような背景条件のもとにこの問題を考えるべきかを知る。たとえば、こう問う。もしアメリカがおおっぴらに北朝鮮を核弾頭ミサイルのターゲットにしたら、金正日は上にあげた政策のどれを選びたくなるだろうか？　アメリカが北朝鮮への軍事攻撃はないと確約した場合はどうか？　さらに、その他たくさんの条件についても、同じ問いを発してみる。それぞれの条件下でのシナリオをひとつずつ考えていけば、アメリカ（あるいは他の国）のさまざまな対応の仕方によって起こりうることを比較検討することができる。このようにして「もし～なら？」の問いに答えていくのである。問題、選択、シナリオを明確にできさえすれば、あと問題の解決法を見つけるのに必要なのは、ほんのわずかな事実と少々の論理だけだ。

ではまず、事実から。わたしの経験からすると、信頼できる予測をするのに必要なのは、以下のことだけだ。

1　この問題に大きな利害関係があって結果に影響をおよぼそうとする、個人やグループをすべて特定する。最終的な政策決定者に注目するだけではいけない。

2　1で特定したプレーヤーそれぞれが、互いにかわす私的会話のなかで支持する政策——各プレーヤーが私的に語る望み——を、入手できる情報からできるだけ正確に推測する。

3　各プレーヤーにとって、これがどれほど大きな問題か——つまり、各人にとっての重要度——を推定する。この問題が浮上したとき、していることを中断して、これに取り組もうとするか？　それほどこの問題を重視しているか？　それとも、この問題の議論を先延ばしして、もっと緊急な問題を処理しようとするか？

4　各プレーヤーが他のプレーヤー全員に対してもつ影響力。この問題についての立場を変えるよう他のプレーヤーをどこまで説得できるか？

知るべきことはこれだけである。「これだけ？」とあなたは問うかもしれない。歴史は考慮しなくていいのか？　文化は？　各人の性格は？　ほとんどの者が重要だと考えている、その他もろもろは？　そういうことまですべて知ることができたら、それはそれで素晴らしい（そうした情報についてはすぐあとでもうすこし述べることにする）。しかし、その種の情報はどれもこれも、正確な予測と政策の操作に不可欠というものではない。たしかに、あれば役立つ。ふつう、情報は多ければ多いほどよい。ただし、いま挙げた四点に関する情報を集めて統合しないかぎり、状況の正確な評価などまずできない。

わたしが不可欠と断言するこれら四点に関する情報は、本を読めば簡単に見つかるという類のものではないが、面白いことに、《エコノミスト》《USニュース&ワールド・レポート》《タイム》《ニューズウィーク》《フィナンシャル・タイムズ》《ニューヨーク・タイムズ》《ウォールストリート・ジャーナル》といった紙誌の記事や、インターネット、その他の報道メディアを入念に調べることでも得られる。そうした形で有用な情報が得られることを理解し、大胆にもそれらの情報を利用するというのも、予測と未来操作をするうえで重要となる。たしかに、おびただしい数のニュース源をいちいち調べるというのは、たいへんな仕事だし、急を要する問題の場合、そんな悠長なことはしていられない。幸運なことに、もっと効率的な情報収集法もある――専門家に訊く、というやつだ。そう、訊くだけ、実に単純な方法である。

専門家というのは、何年も費やして、その国なり地域なりの文化、言語、歴史などを学んできた人たちである。彼らは、研究対象とする国や地域で起こる政治的動きを細かなところまでたえず追いかけている。政策決定に関与しようとしているのはだれか、そうした人々は影響力がどれだけあって、問題をどれほど重視しているか、ということを知っている者がいるとすれば、それは専門家だ。まあ、そういうことを知らなければ、専門家とは言えないだろう。

となると、あなたはこう首をかしげるかもしれない。専門家が予測に必要な情報を知っているというのなら、そのうえ何のためにプリディクショニア（未来予測操作者）が必要になるのか？　スキルの専門化がほんとうに重要になるのは、まさにここである。専門家のみでは、未来予測能力という点で、専門家の情報プラス〝人々の思考方法を探る有効なモデル（数学モデル）〟にはとても太刀打ちできない。

機密解除されたＣＩＡ調査報告書によると、わが未来予測モデルの的中率は、わたしにデータを提供してくれた政府の専門家のそれの二倍ほどにも達する。たしかに、わたしが知っているのは、彼らが研究対象の国々や問題についてやっていることに限られる。いや、それどころか、彼らがしゃべってくれることとくらいしか、わたしは知らない。だがそれでも、彼らが意思決定の専門家でないことだけは確かである。要するに彼らの知識は、人々がどのように意思決定するかという点に焦点を合わせたものではないのだ。

数字は言葉よりも明確

予測し、結果を操作するための情報が集まったら、今度はコンピューターによるモデル化が必要になる。データを整理すると同時に、交渉や意見交換のシミュレーションをも行うのである。そうしたシミュレーションは言わば多次元のチェスゲームであり、コンピューターがあらゆるプレーヤーの行動を計算し、予測するのである――むろん、そのとき、他の人々全員の反応も予測され、考慮される。これほど複雑なゲームをする場合は、専門家やアナリスト、いや、最高に賢い政策決定者よりも、コンピューターのほうがはるかに有利になる。コンピューターは疲れないし、退屈しない。コーヒー・ブレークもいらないし、睡眠だってあまり必要としない。それに凄まじい記憶力をもっている。人間がどんなに情報をほうりこもうと、文句ひとつ言わずむしゃむしゃ食べまくる。

コンピューターを使う利点を考えてみよう。いまが二〇〇四年で、これからわたしたちは北朝鮮の核兵器問題を調べる、ということにしよう――単純化するほうが説明しやすいので、プレーヤーをわずか五人とする（わたしが実際にした分析ではもっとずっと多い）。そしてその五人は、ジョージ・W・ブッシュ、金正日、ロシアのウラジーミル・プーチン、中国の胡錦濤《フージンタオ》、韓国の盧武鉉《ノムヒョン》（ここでは日本は無視）。以上五人の政策決定者はそれぞれ、当事者のあいだで交わされるいくつの会話（交換される意見）を知りたいと思っているのか？

ブッシュは、自分が他の四人に言うことと、四人から言われることがどう扱われるか、しっかり追跡していきたいと思うにちがいない。その四人もみな、自分の提案と、他の人々からの提案がどう扱われていくか、きちんと監視しつづけたいと思うはずだ。五人の総当たりの組み合わせは一〇で、交わされる意見はそれぞれにつき二つだから、合計二〇となる。むろん、各人が知りたいと思うのはこれだけではない。

たとえばブッシュは、金正日がプーチン、胡錦濤、盧武鉉になんと言っているか、できれば知りたいと思うだろうし、少なくとも知ろうと試みるだろう。当然、他の四人も、自分がいないところでどういうことが話されているか知りたいと思う。これで五人が知りたい意見は六〇増えて、八〇になる。さらにブッシュは、金正日が胡錦濤や盧武鉉に言っているとプーチンが推測していることまで知りたいかもしれない。こうなると、盧武鉉が胡錦濤や金正日に言っているとプーチンが推測していることも、もちろん知りたくなり、そうした推測をめぐる他の人々の組み合わせはもっと増える。

わずか五人の政策決定者のあいだの、こうした意見のやりとりの組み合わせを（推測も含めて）すべて数えあげると、一二〇となる（つまり五の階乗、5×4×3×2×1＝120）。交渉では、この一二〇種の提案と対案がいつ協議の対象となるかわからないので、それらをたえず頭に入れておくことが、ベストな行動を選択するうえで不可欠となる。これら一二〇の意見、主張、信念のやりとりが、わずか五人の利害関係者によるたった一回の交渉ラウンドでも発生しうるのである。これほどの情報量をいつでも瞬時に呼び起こせるほど頭のいい人がいるとしたら、まさに驚きである。利害関係者の数が多くなると、この大量情報をいつでも使えるように記憶しておくというのがまた、一段と難しくなる。

日本の首相を加えるだけで――この問題をめぐる協議に実際に参加しているのは五カ国ではなく六カ国――重要な情報数は一二〇から六倍の七二〇にふくれあがる。プレーヤーが一〇人になったら、有用な情報数は驚くなかれ、三六〇万を超えてしまう。ここまでくるともう、だれひとり——たとえニュートン、アインシュタイン、フォン・ノイマンでさえ——役立つ情報をすべて自在に利用することなどできなくなる。しかし、疲れ知らずのコンピューターにはそれができるのだ。

ただ、悲しいかな、コンピューターの大いなる記憶力と素晴らしい作業力を利用するには、それなりの金や手間隙がかかる。専門家や記事が事実を伝えるやりかたと、コンピューターが事実をとりこんで消化する方法とには、決定的なちがいがある。専門家は、わたしたち同様、言葉でコミュニケートする。だが、コンピューターの数学モデルは数字で話す。だから、コンピューターが情報を処理できるように、文章を数字に変換するのも、わたしの仕事になる。数字は言葉よりもずっと便利だ——それはコンピューターにとってだけというわけでない。最も重要なのは、「数字は明瞭、言葉は曖昧」ということだ。肝心なのは、情報を数値化すること。そして実際それは、たいして難しいことではない。


次のような実験をすれば、専門家が確実な予測に必要な情報をどれほどたやすく手に入れられ、その情報の数値化がどれほど簡単であるかを、ざっとつかめるかもしれない。まずは、あなたの友人や家族についてよく知っている者（あなた自身でもよい）から情報を手に入れる。家族や友人にとって重要な問題を選んで、それに関する情報を得るのだ。むろん、国際問題である必要はない。ディナーをどこで食べるかとか、どの映画を観るかとか、意見が分かれる問題なら何でもよい。はじめてなら、わたしが〝美人コンテスト〟と呼んでいるものがいちばん簡単だから、それからするとよい。

たとえば、あなたは何人かの友人と映画を観にいくとする。だが、二つの映画のうちどちらかを選ばなければならない。どちらの映画に決まるか予測するには、どうすればよいか、ということだ。

『サウンド・オブ・ミュージック』（こういう古典ではなく気に入った封切り映画でもよい）を心の底から観たいと思っている人には１００ポイントを与える。そして『時計じかけのオレンジ』（これも古典）をどうしても観たいと思っている人には０ポイント。このように両端をつくってしまえば、友人たちがどちらの映画をどれだけ観たいと思っているかを数値化できる。ほんとうにどちらでもよいと思っている人は、真ん中の50ポイントだ。どっちかというと『時計じかけのオレンジ』のほうがやや観たいかなと思っている人は、50に近い40か45、というふうにポイントをつけていく。

あなた、または、あなたが頼る〝専門家〟は、各人の〝この映画を観たいという気持ちの強さ〟を測定して数値化する必要があるわけである。こうして各人――決定に関与する友人（や家族）――の映画の選好が数字に置き換えられる。どちらの映画にするかを決めるこのプロセスは、選択の複雑さこそちがえ、北朝鮮の核兵器開発問題への取り組みのプロセスと同じである。もちろん重大さはまるでちがう。だが、それぞれがあつかう具体的な事実を剝ぎ取ってしまえば、はっきりしている情報（各プレーヤーの目標）を使って結果を予測するプロセスそのものは同じなのだ。

では、友人（や家族）ひとりひとり――各プレーヤー――が、観たい映画にどれだけこだわり、決定にどれだけ真剣に加わろうとしているか、という点をどのように評価すればよいのか？　そのときしていることをやめて議論に加わる人なら〝重視度〟（わがリスト上の第三の変数）は１００に近いポイントになる（満点の１００ポイント獲得する者は現実にはいない）。映画の選択にあまりこだわらない人なら重視度は低くなる。

たとえば「だから、そちらで勝手に決めて、文句言わずにいっしょに行くから。でも、いまはほんとうに映画選びしている時間なんてないの」と言うタイプの人なら、まあ、10前後といったところだろう。一方、「いまちょうど忙しくてね、一〇分後にまた電話しなおしてくれないかな」と言うような人なら、重視度はかなり高くなる。「一時間後に電話して」と言う人は、「一〇分後」の人より低くなり、「来週、電話してくれ」なら、さらにずっと低くなる。このように、必要なのはちょっとした努力だけであり、各人の映画選びに対する重視度を計測して数値化することはそれほど難しいことではない（ただし、念のため言っておくが、それを計測するときに比較対象とするのは、「他の人々の思い」ではなく、「本人が決定・処理する必要のある他のこと」である）。

最後に、友人（や家族）のなかで最も影響力のある者はだれかを判断する。全員の重視度を同じと仮定しての判断である。そして、いちばん説得力があると思われる者に１００ポイントをつけ、その人との比較で残りの人々にも影響力ポイントをつけていく。たとえば、ハリーに１００ポイントを与えたら、ジェーンに60、ジョンには40、といったふうに。

その場合、ジェーンとジョンが『サウンド・オブ・ミュージック』を観たくて、ハリーが『時計じかけのオレンジ』を観たいとすると、三人の映画選びへの重視度が同じなら、ハリーの影響力はジェーンとジョンのそれの合計と等しくなって相殺されてしまう。他の条件がすべて同じで、もしジェーンが60で、ジョンが70なら、二人はハリーを説得できることになる。つまり、ハリーに考えをやわらげさせ、二人が選んだ映画を観ることをもっと考えさせることができる。もちろん、だれかほかの人がハリーの選択を支持したら、強力な連合ができて、ジョンとジェーンを打ち負かしかねない。実際には力関係はもっとダイナミックで複雑になるが、基本は同じで、単純なはずである。

実はほとんどの者が、あらゆる状況でこうした評価（計測）をおこなっている。それに気づくことが大切だ。わたしたちはごく自然にこうした計算をして、いろいろな問題に対する相手の立場を比較・評価し、判断している。いま説明した映画選びは、その自然なプロセスを形式化したものにすぎない。そしてその種の形式化は、問題が複雑になればなるほど必要になる。

　さて、もしかしたらあなたはいま、こんなふうに思っておられないか？「まあ、たしかに問題を数量化して考えるのは可能かもしれない。が、それは所詮、当て推量にすぎない。二人の専門家に同じ質問をしても、きっとちがう答えが返ってくる」当て推量——というのは当たっていない。もしそうなら、わたしが使っているような数学モデルが一貫して正確な予測を提供できるはずもないが、実際にはできている。当て推量が毎回当たっているだけだとしたら、あまりにも幸運すぎる。

　たしかにCIAは、複数の専門家がまったくちがう答えを出し、それがまったくちがう予測へとつながってしまう危険性を確認してきた。ところが、わたしが用いているようなモデリング手法による予測となると、CIAも差異をほとんど見つけられない。驚くべきことに、アクセスできる情報が劇的にちがっても、導き出される予測にあまりちがいはないのだ。たとえば学界の専門家はふつう、情報機関の専門家ならアクセスできる機密情報を知ることはできない。ところが、両者が提供してくれるデータ（どこから得たものであるにせよ）はとてもよく似ているので、どちらのデータを使っても予測結果はほとんど変わらないのである。もっと驚くべきことがある。コンピューター・プログラムへの入力を、いかなる専門知識も持たない大学生にまかせても、結果があまり変わらないことが多いのだ。

　ロチェスター大学の学部で教鞭をとっていたときわたしは、フィリピンのフェルディナンド・マルコス大統領を辞任させて、自由選挙を実施できる環境を整えるのに最良の方法を探る仕事もした。当時レーガン政権のCIA長官だったウィリアム・ケイシーに依頼されたのだ。わたしはその仕事をするために、ＣＩＡ本部の寒々とした鉛張りの〝金庫室〟に閉じこめられた。そうやって機密情報にもアクセスできたわけだが、書きあげた自分の報告書を読むことさえ許されなかった。報告書を読めたのは、大統領、副大統領、国務長官、国防長官、国家安全保障問題担当大統領補佐官ほか、二、三人のみだった。

一方、わたしが教えていた学生たちも同じ問題に取り組み、こうした問題の解決に役立てようとわたしが開発したコンピューター・プログラムを使うこともできた。学生たちは雑誌（《エコノミスト》など）や新聞（《ニューヨーク・タイムズ》など）から必要な情報を得て、データをコンピューターに入力したのである。そして彼らの九〇％が、わたしが鉛張りの〝金庫室〟で達したのと同じ結論に達し、その結論（戦略）はのちにかなり役立つことが証明された。ということはつまり、正確な予測をするのに必要な情報は、機密情報という珍品でなくてもよい、ということだろう。正確な予測をするのに、何年もかけて他国の言葉や歴史や文化を学ぶ必要もない、ということにもなる——むろん、そうした知識があれば大いに役立ちはするが。また、調べる労を惜しまないなら、機密情報の多くは公開されている情報から簡単に組成できる、ということでもある。

各プレーヤーの「主張」「重視度」「影響力」を入力する

どこでどのようにして情報を見つければいいのかはこれでわかった。お次は、各プレーヤーが望んでいることをどのようにして知るか、その方法を見つけ出さないといけない。それこそ、予測し、ひいては未来操作するのに欠かせない肝心なことだ。プレーヤーはみな、自分の望みを叶えることをめ

図表 4・1　北朝鮮問題（北朝鮮の選択とアメリカの対応）

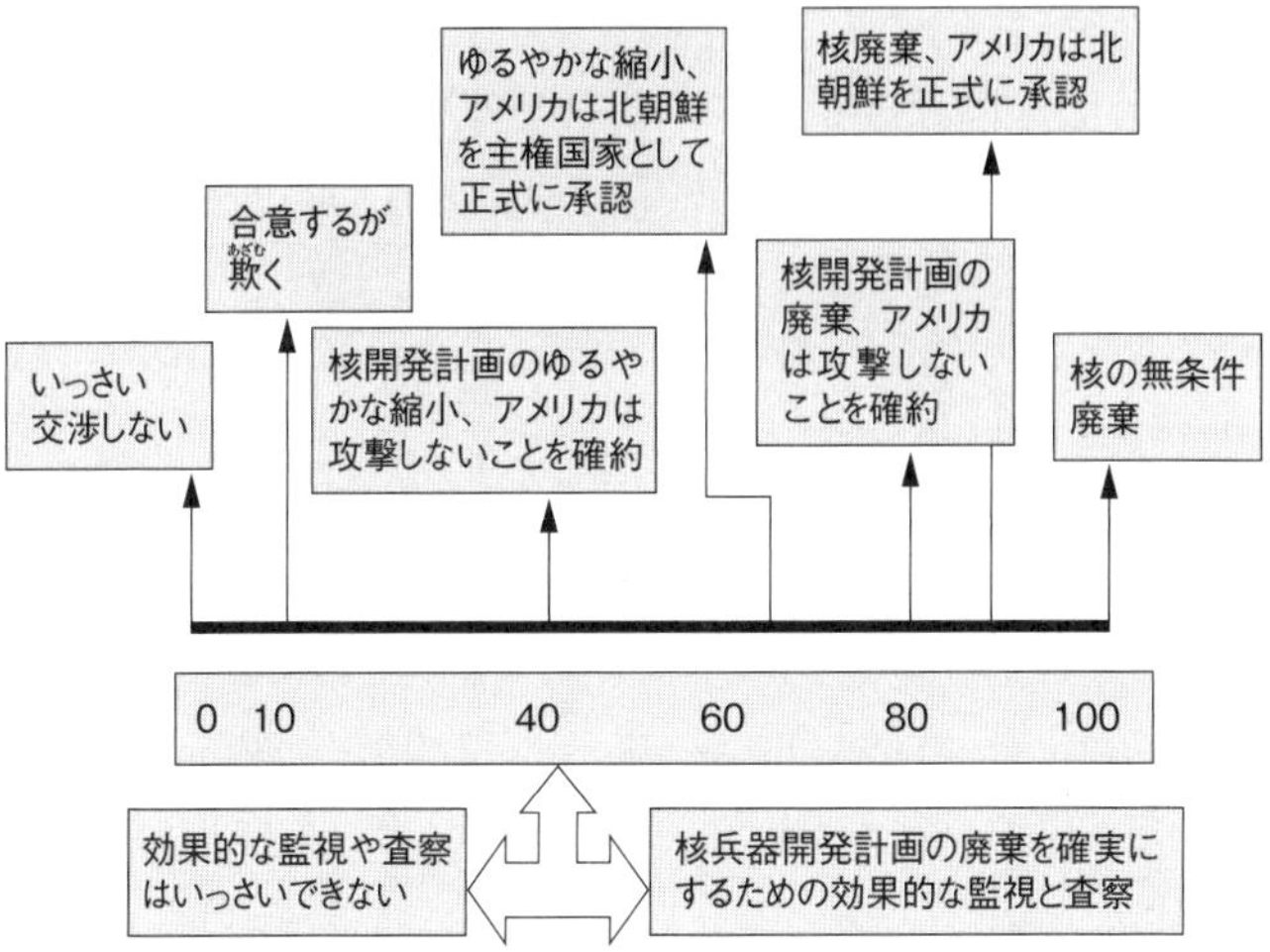

ざすので、その行動や選択は予測可能となる。どのプレーヤーも例外なく、それぞれ状況を自分なりに判断し、おのれの望みにできるだけ近い結果を得ようと行動する。

そもそも人が設定する目標とは何だろう？　どんな問題であろうと、わたしはつねに「人は意思決定するさい二つのことを欲する」（どちらをどれだけ重視するかは人によってちがう）という仮定のもとに分析を進める。では、その欲する二つのものは何かというと、ひとつは自分がめざす結果にできるだけ近い決定である。そしてもうひとつは栄光——たとえば、取引成立に重要な役割を演じたと他の人々に認めてもらうことによる自尊心の満足。

取り決めに貢献したことを認められたいばかりに、取引を進展させようと、進んで自分のポジションを劇的に変化させようとする者もいれば、燦然《さんぜん》たる栄光を求めるあまり、取引を実現可能にする譲歩をいっさいせず、損を承知でかたくなに姿勢を変えようとしない者もいる。だれもがこの二つの目標――「望んでいる結果にしたい」と「功績を認められたい」――をもっている。そして、繰り返すが、どちらをどれだけ重視するかは人によってちがう。だから、一方の望みをできるだけ叶えたいがために、もう一方の望みを喜んで犠牲にする。

北朝鮮の問題にもどろう。わたしは専門家に話を聞き、調査を積み重ねて、各プレーヤーに関する三つの重要情報を得た。その三つとは、どうしたいと発言しているか、その問題をどれほど重視しているか、影響力はどれほどあるか――つまり、主張、重視度、影響力の三点だ。図表4・1は、北朝鮮の政策選択の範囲を図示したものである。ご覧のとおり、具体的な内容と、それを数値化したもので示されている。（専門家に頼んで、直線上にいくつかの政治的選択をならべてもらうというのも、政治姿勢を数値化する簡単な方法だ。まず、それぞれの選択の実質的位置関係を反映するように、あいだをあけたり縮めたりして、直線上にマークしてもらう。次いで、その距離を定規で測れば、シンプルな目盛りができあがり、数値化の完成だ）

わたしが二〇〇四年に実施した北朝鮮問題の調査研究では、この複雑な国際ゲームに参加するプレーヤーを五〇人以上も特定した。金正日とジョージ・W・ブッシュの二人は、拒否権をもっている。つまり、この二人の支持がなければ、いかなる取引も成立しない。金正日のお気に入りの戦法は「取引に応じて合意するが、あとで欺けるような、つまり約束を取り消せるような合意の仕方をする」（線上の目盛りでは10）というものだ。専門家たちによれば、ブッシュの望みは「核開発計画の無条件廃棄」（目盛りは100）。戦略的に行動しないかぎり、北朝鮮とアメリカが合意に達することはまずなさそうだった。なにしろ、最も重要な意思決定者である二人の主張は、それこそ何マイルも離れ

図表4・2　北朝鮮核開発の展望

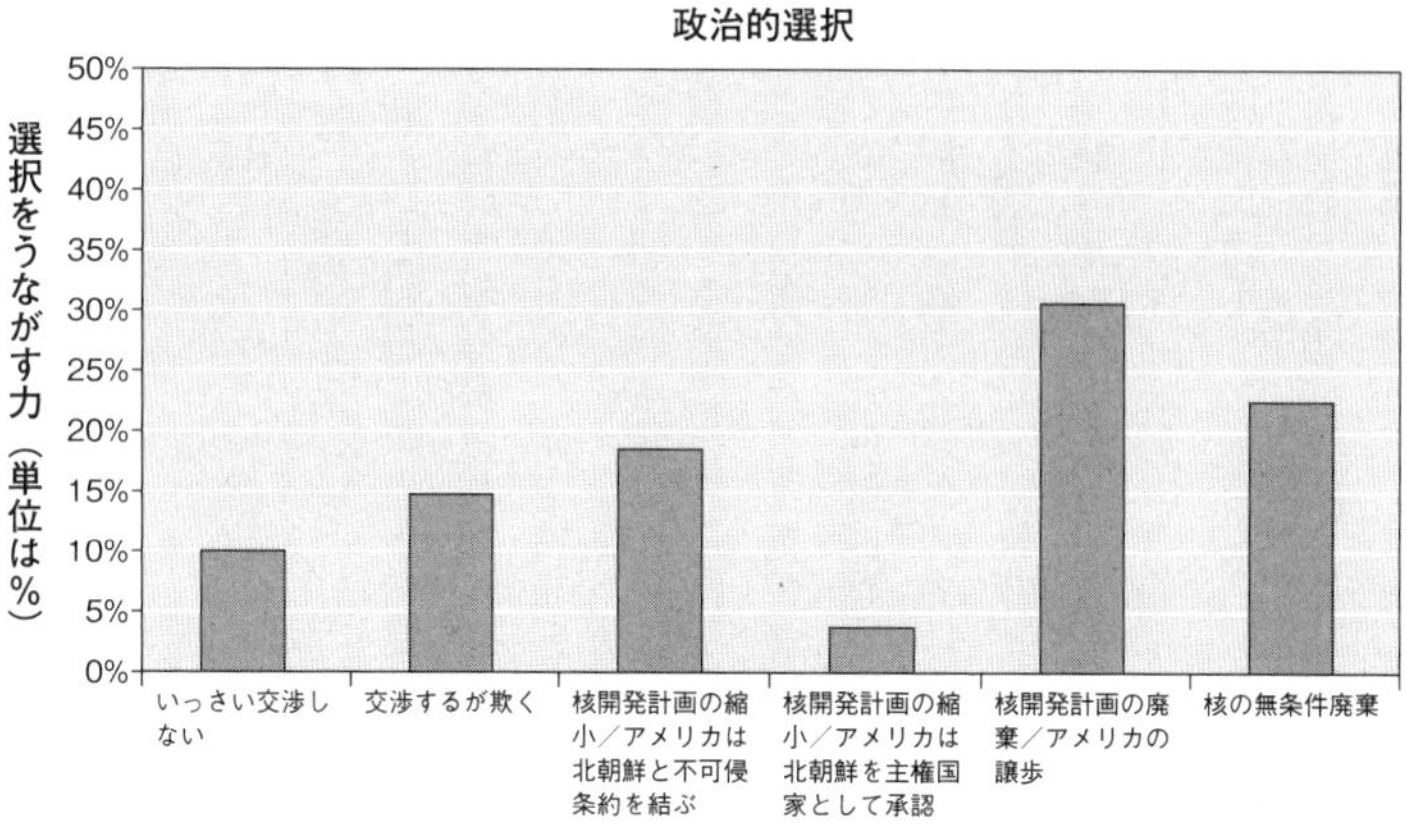

ていて、二人とも進んで歩み寄るような人間とは思われていなかったからだ。

それでも、とりあえず起こりそうな結果を大まかに推定すると、「攻撃しないという保証や海外からの相当な経済的援助といったアメリカの大幅な譲歩によって、北朝鮮は核保有能力を縮小する」可能性が非常に高い、という答えがでた。わたしはどのようにしてこの推定に到達したのか？

北朝鮮ゲームのプレーヤーひとりひとりについて集めた情報――この問題に対する各人の見解・主張、重視度、行使しうる影響力――から、起こりうるそれぞれの結果を後押しする力がどれほど集まるか推算できる。三つの重要情報のひとつである「行使しうる影響力」というのは、各プレーヤーが他の人々を説得する力をどれくらい持ちうるかということであり、説得上手かどうかということではない。だからそれは、この問題についてどれほど積極的に影響力を行使するかということにも左右されるわけで、積極的に影響力を行使するかどうかは、どれだけ問題を重視しているかによって決まる。したがって「各プレーヤーが問題に対して振るえる力——結果を方向づけるために行使できる圧力——は、影響力に重視度を乗じたものに等しい」と定義することができる。

これを使えば、二つのかなり信頼できる予備的予測の方法を明確にできる（ここでは拒否権は無視）。まずは、その二つのうちの第一の予備的予測。図表4・2を見ていただきたい。そこに示されているのは、この問題に関する主要な政治的選択それぞれを支持する力の分布状況である。それぞれの選択肢を支持する力がどれだけあるか、ということだ。まるで山岳地帯の高低図のようで、最も大きな力を集めて突出した高い頂きをつくるものもあれば、ほとんど支持を集められずにモグラ塚ほどの高さしかないものもある。この〝力の高低図〟は、専門家から得られた各プレーヤーの主張、重視度、影響力に関する情報をもとにしてつくられている。

図表4・2から重要なことを二つ読み取ることができる。それらは、純粋に国際的な政治問題をあつかう場合だったら（北朝鮮問題はそうではない）、予測に役立つたぐいのものだ。そのひとつは、北朝鮮の核開発計画を支持する力はそれほどないというのが現実、ということである。北朝鮮の計画維持をめざす選択はみな、それほど大きな力に支持されないのだ。もうひとつは、左から選択の山をひとつずつ積み重ねていくと、「核開発計画の廃棄／アメリカの譲歩」に到達するまで、その「選択をうながす力」の合計は全体の半分を超えない、ということである。

「ゲーム理論入門1」の章で説明した、利害関係者はできるだけ自分の利益になると思える選択をしようとする、という仮定をここでも適用すれば、「核開発計画の廃棄／アメリカの譲歩」が最初の予備的予測になる。なぜか？　なぜなら、ある選択をする場合に力の過半が必要になるというのなら、その選択は、左側にある力の合計が50％以下で、右側にある力の合計も50％以下になっているものでないといけないからだ（〈中位投票者定理〉の応用）。この条件にあてはまるものは「核開発計画の廃棄／アメリカの譲歩」しかないのである。

ただし、この予測には重大な限界がいくつかある。たとえば、拒否権を無視しているという点。「核開発計画の廃棄／アメリカの譲歩」は金正日が望む結果とはほど遠いので（アメリカの姿勢とも近くない）、金正日に姿勢を変えさせるほど強い政治的圧力がかからないかぎり、北朝鮮はその選択を拒否するにちがいないと、わたしたちは考えざるをえない。したがって、わたしたちとしては、問題の国際的側面だけでなく、北朝鮮国内の政治力学をもしっかりと考慮する、ということが不可欠になる。

たしかに、国外の利害関係者（たとえばアメリカや韓国の大統領）に金正日を心変わりさせられる力があるかどうかも解明する必要がある。だが、それと同時に、金正日が他国のプレーヤーの提案を拒否するか譲歩・受諾した場合に、受ける可能性のある国内の政治的圧力をも、わたしたちは分析しないといけない。こうした分析は、自分たちの頭でしようとすると難しいが、わがコンピューター・プログラムにとっては難なくできることのひとつである。

専門家から収集した情報にもどって、第二の予備的予測に移ろう。ここでもまた、拒否権が行使される可能性と、効果的な脅しや約束によってプレーヤーの姿勢を変えさせる国内の政治力学を無視して話を進めるので、それを忘れぬようにしていただきたい。

今度は、〝力の高低図〟の50％の境界点に注目するのではなく、別の方法を用いて納得のいく予備的予測を引き出してみたい。まず、各プレーヤーの影響力《インフルエンス》（I）に当人の重視度《セイリアンシー》（S）を乗じ、その積にやはり当人の姿勢《ポジション》・主張（P）の数値をさらに乗じる。次いで、全プレーヤーの最終的な積をすべて足し、その和を、各プレーヤーの影響力に重視度を乗じた積の全プレーヤーの総和で割る。式にすると（各人のI×S×Pの総和）÷（各人のI×Sの総和）となる。これで加重平均と呼ばれるものが算出されたわけだ。

ここでの加重平均は、ごく簡単に言うと、問題への各人の影響力と重視度・係わり度を考慮したうえでの、利害関係者たちの願望の平均。この計算結果（59・8）をもって、もういちど図表4・1を見ていただきたい。そこにはいくつかの解決が数値化されて並べられている。いま求めた59・8はどれに当たるかというと、「（核開発計画の）ゆるやかな縮小、アメリカは北朝鮮を主権国家として正式に承認」だ。

これでわたしたちは予備的予測を引き出す方法を二つ得たことになる。この二つを合わせれば、北朝鮮・核開発計画問題の解決は、最初の「過半に近い力を集められるポジション」（図表4・1の目盛りの80あたり）と「加重平均ポジション」（目盛りの60あたり）のあいだのどこかに位置すると、わたしたちはかなりのていど確信することができる（拒否権はなおも無視）。こうしてわたしたちは、かくも簡単に、かなり信頼できる予備的予測をすることができた――だれも拒否権を行使しなかった場合の、この問題の落ち着き先を、狭い範囲にしぼりこむことができた。結局、二つの予備的予測でわかったことは、まずは「北朝鮮は核開発計画をゆるやかに縮小していき、アメリカは北朝鮮を主権国家として正式に承認する」可能性がある、ということだ。これについてもうすこし詳しく見てみよう。

ごく単純な「力の過半を集めるポジションを探す」方法と、それよりはすこし複雑な「加重平均ポジションを探す」方法の組み合わせは、実現しそうな合意の範囲を特定するうえで大いに役立ちはするが、可能なかぎり正確な予測をもたらしてはくれない。確かな予測をするにはやはり、コンピューター・プログラムが必要になる。なにしろこのゲームでは、各プレーヤーがそれぞれ、政策の提案をおこない、相手の姿勢を変えて自分の自尊心を満足させようとし、行く手に立ちふさがる権力の山を乗り越えたり作り変えたりして、望む結果を得ようとするのだ。そうした複雑なゲームの解を得るには、どうしてもコンピューター・プログラムが必要になる。とは言っても、すでに集めた情報だけで、かなり正確な予測をすることができる。そしてその基本的予測の的中率は七〇％から七五％だ。

二〇〇四年の状況であることを忘れずに、いまいちど図表4・2――〝力の高低図〟――を見ていただきたい。図表をよく見れば、力をたくさん集められる選択がこの問題の落ち着きどころではないことがわかる。いちばん高い山、力をいちばん集められる選択は、「北朝鮮はアメリカの譲歩と引き換えに核開発計画を完全に廃棄する」である。図表4・1では、目盛りの80あたりにある選択になる。これは金正日が望んでいたものではなかったし、ブッシュが望むものでもなかった。さらに、力の加重平均ポジションでもなかった。その力の平均的ポジションは、「(北朝鮮は）核開発計画の縮小／アメリカは北朝鮮を主権国家として承認」のところにあり、実際には最小の力しか集められないものだった。加重平均ポジションは多数の人々に支持されていたわけではなかったが、真っ先に最もたやすく妥協が成立しそうなあたりにあるポジションだった。

というわけで、二〇〇四年におこなわれた予備的予測のなかには、「アメリカが大幅に譲歩して、北朝鮮を主権国家として承認までし、その結果、外国からの援助（これは数字に反映されていない）が実施されるなど、約束が実行されれば、北朝鮮に核保有能力をかなり縮小させることも可能だが、完全な廃棄はむり」というものもあった。

　言うまでもないが、こうした予測法は、それが予測した結果や、交渉が成功する可能性のある他のポジションを、金正日やブッシュ大統領に受け入れさせる方法まで教えてくれるものではない。だから、ここでゲーム理論の登場となるわけだ。ただ、金正日やブッシュを説得する方法まではわかりはしないものの、いまやわたしたちは基本的予測のひとつによって、二〇〇四年にわたしが引き出した予測と同じ結果を得たということは、やはり興味深いことであり、知っておいてもよいだろう。その二〇〇四年の予測は、最終的にはコンピューターによるシミュレーション・ゲームによって得られた予測であり、二〇〇七年にアメリカと北朝鮮とのあいだで実際に成立した取引にたいへん近いものだった。

金正日の真の要求は？

　では、ゲーム理論的側面について考え、成功する結果を生む論理を探るとともに、その結果がもつ微妙な点をいくつか見てみよう。まずは、通説の間違いを正す。北朝鮮というとメディアは「ほとんど何もわかっていない謎の閉鎖社会」のように描くことが多いが、ほんとうのところは、北朝鮮政府やその指導者たちについて詳しく知っている優れた専門家が大学にも他のところにもたくさんいる。

　わたしは三人の専門家に話を聞いた――二人はいっしょに、残りのひとりは単独で。いわゆる六カ国協議でどういうことが起こるかということに関しては、それぞれ意見が食い違ったものの、三人ともたいへん信頼できる情報を提供してくれた。すでに述べたように、データを得るのはそれほど難しくはないのだ。結局、正確な予測をするには、正しい問いを発して、それに答えるという作業が必要になるので、それができるように問題を整えるということのほうが難しい。

北朝鮮核開発計画のような問題を解くには、「そもそも北朝鮮の指導者たちはなぜ核兵器を開発したいのか?」という問いを発することからはじめるのがよい。このケースでは「彼らが国際社会に要求しようとしているのは何か?」と問うてもよい。「彼らは韓国や朝鮮半島におけるアメリカの権益を脅かしたいのだ」という答えは、あまりにも表面的に過ぎる。それは北朝鮮にとってはメリットのあることかもしれないが、答えのすべてではないだろうし、最大の理由でもないだろう。挑発的な政策を精査するときは、「挑発をはじめた現職の指導者たちの政治的延命に、その政策がどのような影響をおよぼすか?」と、まず問うのがよいとわたしは信じている。わたしたちがあつかうのは人間なのだ。それを忘れないこと。

軍の幹部の忠誠心をつなぎとめ、長期にわたって競争相手を寄せつけないようにするには何が必要か、金正日は知っている。だれを敵とし、だれを懐柔すればよいのか、彼は知っている。もしアメリカと韓国が協力して北朝鮮を侵略し、体制を崩壊させようとしたら、それを撃退できないということも、金正日は理解しているにちがいない。だが、そのような侵略の代償を高く吊り上げることによって、高くつきすぎて実行できないとアメリカと韓国に思わせられるということも、彼はわかっている。そこで、核兵器を保有することによって、自分の政治的延命への外国からの最大の脅威を減少させ、いや、完全に排除しようとさえし、軍や党の幹部、家族、高級官僚との関係を良好にたもつことにせっせと力をそそぐ。むろん彼らは、その気になれば、金正日の支配を脅かしかねないさまざまな連合をつくることができる。だから、彼らを幸せにしつづけることが、金正日にとっては至上命令になっているにちがいない。

もし自分の政治的延命が金正日の最大の関心事ならば（実はどんな指導者もそれを最優先させるとわたしは信じている）、権力維持という彼の利得と、北朝鮮の核の脅威をとりのぞくというアメリカの利得は、両立させるのがきわめて難しいというわけでは決してないはずだ。となると、わたしたちのやるべきことは、双方に本気で取り組むようにうながせる方法を見つけるだけでよい、ということになる。そうすれば事は自動的に進みだし、北朝鮮の核の脅威と、金正日の政治的延命への外国からの脅威の両方をとりのぞく方向へと向かっていくはずである。二〇〇四年にわたしはそのように対北朝鮮の戦略的問題をとらえていた。

わたし自身の調査によると、金正日は抜け目ない政治家で、彼にとって核兵器づくりの最大の目的は、権力の座に居座るためのライフラインとしてそれを利用するというものだった。金正日と他の北朝鮮の権力者たちとの戦略的やりとりのシミュレーションをいくつかやってみても、彼の権力構造はアメリカで思われているほど磐石なわけではなく、彼には考えられているよりも妥協に応じる傾向が過去にもあったし今もあると、わたしにははっきりと見えた。では、金正日がしそうな妥協だと、わたしが二〇〇四年に主張したのは、いったいどういうものだったのか？

外国に対する金正日の真の要求は「侵略を絶対にせず、わたしの安全を保障しろ」である、というのがわたしの結論だった。したがって、それに対する国際社会の要求は「政治的延命を保障する代わりに、核の脅威を実質的になくせ」というあたりに落ち着かねばならない。ということは、国際社会の立派な一員として振る舞う利益に気づけ、と金正日を脅すだけではだめで、もっと別のやりかたを考えなければならないということだ。

他の人々の利得だけでなく彼の利得をもしっかりと考えれば、妥協を成功させるには、国際社会に次の点をわからせる必要があるとわかる。つまり、国際社会が金正日の政治的延命を脅かすようなことを一切しなければ、彼は朝鮮半島でも、その外でも、平和を脅かすような真似は一切しない、ということをアメリカにも他の国々にもわからせないといけない。

具体的にどういうことをすればいいかというと、アメリカは直接または第三者を通して、侵略しないという保証――嘘偽りのない保証――を北朝鮮に与える、ということだ。さらにアメリカは、充分な資金――海外援助と呼ばれるもの――が北朝鮮へ確実に流れるようにしないといけない。それによって、北朝鮮国内の金正日の支援者たちは、〝将軍様〟から個人的にかなりのご褒美をもらえるのである。そのご褒美のなかには、金正日に忠誠を誓う見返りに得られるマネーもあり、それは秘密口座に入れられたりもする。金正日の政治的延命が確実なものとなり、お金が着実に流れこむようになれば、北朝鮮も、核兵器開発計画をほんとうに中止させる本物の方策をとらざるをえなくなる。

金正日の安全を確実にする方法として最も現実的なのは、次の二つだろう。すなわち、中国が正式かつ明確に北朝鮮を護《まも》ることを保証し、アメリカが北朝鮮を攻撃しないと公に約束する。この二つの保証が公にされることが重要である。なぜなら秘密の確約はチープ・トーク（安いおしゃべり）にすぎないからだ。その種の約束は簡単に破られる。破っても、政治的代償を払う必要がないからである。確実かつ着実に流すお金の額に関しては、金正日体制がつづくかぎり年間一〇億ドルといったところではないか。莫大な額のようにも思えるが、何年にもわたってイラクに毎日注ぎこみつづけている金額を考えてみるとよい。それにイラク戦争で失われているのはマネーだけではない。アメリカ人、同盟国人、イラク人の命も失われている。そうしたことすべてを考え合わせると、年間一〇億ドルなんて安いものだ。

こうした不快な取引には気になる点もいろいろとある。あんな恐ろしい男にお金をわたすのは、むろん楽しいことではない。説得して彼に正しいことをさせたほうが、はるかに満足できるはずである。だがその手は、金正日が金正日でなくならないかぎり実現不可能だ。まさに金正日が恐ろしい男だからこそ、不快な取引も必要になるのだ。彼が怒りや恐怖に駆られ、あるいは絶望して「おれはもう終わりだ、失うものなんて何もない」と思いこみ、核戦争をはじめる可能性はある。だから、それを阻止する方法を考え出すことが大切なのである。

すでに述べた「核兵器開発計画をほんとうに中止させる本物の方策」というものを、ここで検討しておきたい。わたしが言いたかったのは、北朝鮮に核兵器開発計画を廃棄させ（図表4・1の目盛り80以上のポジション）、核物質濃縮施設を解体させる、ということではない。これは、双方から合意をとりつけるうえで重要となる基本的戦略に係わる問題なので、当時わたしの頭のなかにあったことを説明する。

北朝鮮と交渉するアメリカや他の国が、核兵器製造能力を完全に放棄せよと強く要求した場合、合意は不可能となるか、たとえ合意がなされても、短命で、結局は欺かれることになる、とわたしは確信していた。北朝鮮に核兵器製造能力の完全放棄を求めるやりかたは、金正日の利得の本質を見誤っている。それでは金正日の身になってものを考えられず、彼が（おそらく高みから）ながめている世界が見えてこない。すぐれた戦略的思考家は、かならず相手の立場に立って考えてみる。

もしも金正日が核兵器製造施設を完全に解体してしまったら、国際社会――とくにアメリカ――が約束を破ったとき、すぐにまた核開発計画を再開して効果的な脅しをかけることはできない。となると、北朝鮮に核保有能力がなくなれば国際社会は約束を破るだろうから、金正日はそれを見通して核開発計画を絶対に廃棄しない、とわたしたちは確信せざるをえない。

結局のところ、核の脅威が完全にとりのぞかれれば、どの国の指導者も金正日にお金を流す理由がなくなり、彼は外国だけでなく国内のライバルをも支配下におさめるのに必要だった資金を失うことになる。となると、国際社会にとって彼を支配者にしておく理由がさらに一段と弱まる。金正日が自分の体制を護るためにもはや核兵器を利用できないとなれば、国際社会も、もっと従順なだれか別の者を彼の代わりに権力の座に据えたいと思うようになるだろう。

ゲーム理論は人間を「自分の利得をひたすら追う利己的な存在」と捉えるということを、ここでもういちど思い出していただきたい。つまり、金正日が利己的なら、わたしたちのほうもそうなのだ、ということ。わたしたちが自分をどれだけ高潔だと信じていようと、金正日の悪事をする能力がひとたび排除されてしまったら、彼をよい子でいさせるためにお金を支払うインセンティブは一気にしぼんでしまい、わたしたちは約束を反故《ほご》にしようとするだろう。

したがって、金正日は核開発計画を完全に解体・廃棄するのではなく中断し、施設を稼動停止させて閉鎖、査察官の監視下におく。そうすれば彼は、アメリカや他の国が約束を破ってお金の支払いをしなかったり安全を脅かしたりした場合、ただちに開発計画を再開できる。逆から見ると、アメリカをはじめとする交渉相手国が支払いと安全に関して約束を破らないかぎり、金正日は査察官を追い出して核開発計画を再開するインセンティブをもたない。

これで金正日に〝救命具〟を与えるという目的が達成できる。将来、金正日が査察官を追い出して、ふたたび緊張を高めるかどうかは、アメリカ側の腹を彼がどこまで見通しているかにかかっている。

アメリカは金正日を信用できないと判断したら、別の手段——彼が避けたい手段——に訴えるはずだからである。そして、そうした別の手段は、金正日が核開発計画を再開する前に実行される必要があるし、それは不可能ではない（ただし、そこでのアメリカの利得と、そのような行動によって発生する可能性のある不利益を避けたい韓国の利得は、とてつもなくかけ離れている）。

というわけで、お金をわたして安全を保障しさえすれば、北朝鮮の核開発計画を中断させることは可能だが、完全に解体・廃棄させることはできない。金正日の核開発計画には、何かあれば復活するメカニズムが組み込まれているのだ。だが、どちらの側も、その取引で応じる自分の約束を反故にするインセンティブをもたない。それは双方の利得を大きくする取引なのだ。で、結局、これで手打ちとなった。この取引は、ポジションの多少の微調整と絶え間ない操作によって、うまく機能していきそうだ。

これで、核兵器協定の交渉がいかに容易であるか、わかっていただけたと思う。専門家を見つけ、必要な情報を集め、コンピューターを用いて望ましい結果をはばむ障害を発見し、相手が利得を得られるポジションをつきとめ、障害を無力化する方法を探し出せばいいのだ。

二〇〇四年、わたしたちはコンピューターの助けを借りて、ジョージ・ブッシュも金正日も単独で態度を変えるような真似はしないと確信できた。この二人はどんな取引にもノーと言える政策決定者だったので、わたしたちはその拒否権を二人に行使させない方法を見つけなければならなかった。そこで、コンピューター・プログラムを用いて、アメリカが妥協した場合の効果のほどを吟味し、それがどのような影響を金正日の交渉姿勢におよぼしうるか検討した。その結果、次のようなことがわかった。

すなわち、金正日体制の安全を保障し——とくにアメリカと中国がそれを確約し（アメリカは「攻撃しない」、中国は「必要なら北朝鮮を護る」）——さらに、かなりの経済的援助（年間一〇億ドルほど）を北朝鮮に与えれば、核保有能力のお蔵入り、継続的な立ち入り検査、核施設の非軍事化を金正日に受け入れさせることができる。これでつまり、図表4・1の目盛りの60から65の範囲に彼を誘導でき、ジョージ・ブッシュにも妥協を受け入れさせることができるというわけだ。第二章と第三章で詳しく見たゲーム理論の〝自己優先〟（自己利益追求）の原則を適用することで——ほら、このとおり！——わたしたちはアメリカと北朝鮮の合意へといたる道を予測することも操作することもできるようになったのである。

ゲーム理論という科学的方法を用いれば、北朝鮮に代替戦略への転換をうながすことも可能なのだということが、これでおわかりいただけたと思う。しかしこのツールは、人間が果てしなく相互に作用し合って闘争するこの世界の他の問題にもほんとうに役立つのか？　このツールを使ってそれらの問題を解決するにはどうすればいいのか？　多種多様な予測をおこなうには、そしてとりわけ、未来を変えるには、基本的な思考法をどのように変える必要があるのか？

おびただしい数のプレーヤーが参加する真の大問題の未来だって、体系的に予測でき、操作できる、ということこそまさに、わたしが言いたいことだ（わたしはそれを実践してもきた）。だが、すでにお気づきのように、そうした予測と未来操作はすべて、正しい問いを発することからはじまる。次章で、広範囲にわたるビジネスや外交のさまざまな問題に目を向け、正しい問いがどういうものか詳しく検討してみたい。

第5章 正しい問いが問題解決を導く

フーバー研究所では毎日、午後の三時半になると、シニア・フェロー（上級研究員）が談話室に集まって、コーヒーか紅茶を飲み、西海岸一のクッキーをいただく。一九八七年の夏のその日も、わたしはいつものように一息入れようと研究室から談話室へ向かった。コーヒー一杯と、大きなチョコレート・チップ・クッキーひとつと、同僚たちとのおしゃべりを少々楽しむつもりだった。だが、その七月の日は、イスラエルの高名な社会学者シュムエル・アイゼンシュタットが研究所を訪れていた。彼はわたしに、どんな研究をしているのかね、と尋ねた。談話室では会話をはじめるさいに用いられるお馴染みの問いだ。それへのわたしの答えは、七年前につくった予測用の数学モデルを改善しようとしている、だった。

するとアイゼンシュタットは「では、中東に平和をもたらす道筋も予測できるかね？」と問うた。難しい注文だったので、わたしは慎重になり、平和に向かって前進するために今後数年のあいだにとられる可能性のあるステップなら予測できるかもしれない、と答えた。そして、それはデータを必要とする科学的予測であり、水晶球予言ではないと、わたしは念を押した。どんなデータが必要なのかね、とアイゼンシュタットは訊いた。わたしの答えにしたがって彼は、自分の紙ナプキンだけでなく、コーヒーの染みがついたわたしのナプキンにも、データを書きつけはじめた。まず利害関係者をリストアップし、それぞれの影響力、重視度（この問題をどれほど重視しているか）、さらに、関係諸国による平和会議（一九八七年にはソ連もこうした会議に出席を要請された）という枠組みのなかで可能となる妥協点と、その目盛り上のポジションを書いていった。

アイゼンシュタットの質問は、現在わたしが答えるよう依頼される質問に形のうえでは非常に似ている。わたしのクライアントは、吸収合併をもくろむ企業、テロリストの脅威を評価したい国防総省、訴訟を有利に進めたい法律事務所、イランの核開発に関する野心を知りたいＣＩＡと、多岐にわたるが、それらの企業や機関が発する問いはほぼいつも、どうしても答えが必要な問いとは言いがたい。

問題は何なのか？

どうすれば中東に平和をもたらすことができるのか、という大問題の解決法を見つけるには、多数の小問題を特定し、それをしっかり理解するのがいちばんである。小問題を合わせると解決法が見えてくるのだ。ふつう、問題をきちんと整理して、その本質を見きわめるというのが、予測および未来操作のいちばん難しい部分になる。わたしはいつも驚いてしまうのだが、何十億ドルあるいは何千人もの命が危険にさらされている場合でさえ、意思決定者たちは、実際に知る必要があるのは何なのかを徹底的に追究するということをめったにしない。そして、知るべきこと、やるべきことを教えてもらうと、自分がかかえる問題についてなぜいままで体系的に考えなかったのかと、びっくり仰天するのが常だ――幸運なことに、それは嬉しい驚きとなる。

「中東に平和をもたらすにはどうすればいいのか?」といった問いに答えよ、と言われたら、わたしの場合まず、その問いを具体的な問題に分割し、それぞれの小問題を解決するにはどういう選択が必要かを考える。大問題の解決の鍵はそこにあるのだ。だから、問いというのは、勝つには、前進するにはどうしたらいいか、といったような抽象的なものでなく、政策決定者が決断する必要のある具体的な選択についてのものでなければならない。

たとえば勝ちたいなら、まずは次のようなことを知る必要がある。勝つというのは、負けるというのは、自分にとってどういうことなのか? 完全に勝たなくても、これくらいならまあいいだろうというのはどの程度のことなのか? 明確な決定を必要としているのはどういう問題なのかを正確に知ってはじめて、あらゆる問題の分析を統合できるようになり、それによって根本的な障害を特定でき、それを避ける方法を見つけることも可能になる。

問題によっては、それを整理して本質を見きわめるのが比較的やさしいものもある。たとえば、訴訟問題の多くは和解金をめぐるものだ。被告がほんとうに知りたいのは「いくら払えばこの訴訟を終わらせられるのか?」である。この問いに答えるには、各プレーヤーのいま現在の要求は何か、各利害関係者にとって和解金額はどれほど重要か、各人はどれほどの影響力を行使できるのか、ということを知るだけでよい。

もちろん、ときには和解金額をひとつ決めるだけではすまない訴訟もある。クライアントと問題について話し合っているうちに、和解金額をひとつ決めるだけでよいのか、それとも金額をいくつも決めなければいけないのか、知っておく必要があると気づくこともある。全体の和解金額をひとつ決めるだけで、すべての告訴事由を解決できる場合もあれば、それぞれの事由について和解金額をひとつひとつ決めていかねばならず、ある金額が別の金額を決めるさいに影響をおよぼすこともあるのだ。もっと複雑になる訴訟もある。たとえば被告が複数の場合、和解金額をいくらにするかということだけでなく、それを被告、保険会社、その他の関係者のあいだでどう分割して負担するかという問題も、解決しなければならない。

他の関係者を共同被告として引っぱりこむべきかどうか検討せざるをえなくなるときもある。共同被告を増やすと〝こちらを立てるとあちらが立たず〟という事態におちいりかねない。たしかに、被告が増えれば和解金を支払う者が増える可能性がある。それはもちろん好ましいことではある。しかし、その一方、被告が増えるということは、さらに多数のビジネスパーソン、その弁護士や保険会社が係わってくるということで、戦略を調整しなければならなくなるということだ。となると、混乱が生じ、訴訟費用がかさむ可能性がある。

おわかりのように、「和解するにはどうすればいいか?」というひとつの単純な問題が、たちまち複雑化して、さまざまな事柄がからまる問題群へと膨れあがってしまいかねない。そしてそこでは、ある問題を解決すると、他の問題の解決法が変化してしまうということも起こりうる。要するに、具体的にどういう意思決定をしなければならないのか理解するだけではいけない。同意をどのような順序でとりつければ、最善の結果につながるのかということも把握する必要がある。

企業合併は通常さらに複雑になる。訴訟とちがって合併は、支払われる金額次第というケースはまれである。合併を成功させるには、それ以外の多くの問題をも解決しなければならない。ただし、合併に係わる問題というのはふつうはっきりしていて、どの吸収合併でもだいたい同じになりやすいので、その点では訴訟よりも単純になることもある。もちろん、買収額（払うにせよ受け取るにせよ）はつねに問題となる。だが、資産価値に関する見解の相違が大きければ、そもそも合併の交渉が進展するなどということはまずない。ということはつまり、買収額が合併失敗の原因になることはめったにない。第三章で紹介した、フランスとドイツの銀行の合併の例を思い出していただきたい。合併が成功するかどうかは、ドイツ人重役がパリへの移動を強制されるかどうかにかかっていた。彼らはハイデルベルクにとどまれれば買収額が少なくなってもよいと考えたのだ。

数年前、わたしは分析家からなる国際チームと組んで、アメリカの軍需産業と競争しうる、一大多国籍軍需企業をヨーロッパ諸国が共同でつくりあげるという大計画を検討したことがある。わたしたちは、イギリス、フランス、ドイツの軍需企業の事実上あらゆる組み合わせを考え、さらにイタリア、スペイン、スウェーデンの企業をも含める組み合わせもいくつか考えてみた。

問題は「こうした合併は可能なのか？」だった。この問いに答えるには、それぞれの組み合わせについて七つほどの問題を検討しなければならなかった。そうした問題をすべて合計すると七〇以上になり、そのひとつひとつで下さなければならない決定が、何十億ドルの取引の成功または失敗につながっていた。

合意が必要となる、成功と失敗を分ける問題の一部をあげてみよう。①合併・買収額　②合併する企業間での経営管理の割り振り　③合併企業が進める事業、切り捨てる事業　④国内のさまざまな事業所での雇用の保障　⑤政府による新企業の所有および管理への参加や規制　⑥新たな合同事業を開始してテクノロジーを共有するタイミング　⑦経営幹部が生活すべき場所。

合併というのは、買収額よりももっと小さな問題で頓挫してしまうことのほうが多いのに、現に合併を進めている経営幹部たちでそれがわかっている者はほとんどいないようだ。そのため、彼らは提示すべき適切な金額を知りたくて、財政的助言を得ようと何百万ドルもの大金を投入する。だが、その結果、他の問題の解決がないがしろにされてしまい、多数の取引が失敗に終わってしまう。そうした〝他の問題〟は話にならないほど小さく見えてしまうときがあり、当然、無視され、あとになってから、それこそすべてをぶち壊したものだったとわかったりする。

数年前にわたしが係わった製薬会社の合併の話をしよう。予想どおりに合併が実現すれば、効率が大幅に向上し、製薬市場も処方薬消費者も多大な利益をこうむると期待されていた。両社の経営幹部のほぼ全員が、その機会をものにしようと情熱をかたむけた。「ほぼ全員」がこの合併失敗劇のキー・フレーズだ。新会社の経営管理を両社のCEOにどう振り分けるかという問題が、この合併をぶち壊す原因となった。むろん、それは小さな問題ではない。ただ、決裂のしかたがなんとも異様だった。

二人のCEOは互いに憎み合っていた。ヨーロッパの大企業ではよく見られるように、遺恨がからむ家系の問題もあった。両者をへだてる憎しみの溝はあまりにも深かったので、合併へ向けて事を進展させるには、二人を仲良くさせる方法を見つけないといけないと、だれもが思っていた。そこで、二人のために晩餐会が催され、両者の不仲に気づいていたそれぞれの取り巻きたちも出席することになった。二人のCEOを同じテーブルに座らせるだけでも、たいへんな努力を要した。

一方のCEOがついに自宅で晩餐会をひらくことに同意した。ところが、わたしも他の取り巻きたちも知らぬまに、彼は当日のメニューを相手が大嫌いな料理のオンパレードにしてしまった。とても信じられるような話ではないが、何十億ドルもの金が動く有望な取引が、ディナーのメニュー——より正確に言えば、個人的対立——のせいで砕け散り、他のあらゆる努力や目標が無に帰してしまったのである。

解決すべき問題は何なのか、きちんと理解するには、忍耐が必要になる。つまり、辛抱強く相手の話を聞いて会話を操作し、政策決定者をとりとめのない物思いにおちいらせるのではなく、はっきりした結果を引き出せる方向へと導いていく能力が必要になる。幸いなことに、ディナーのメニューが交渉でここまで決定的な役割を演じるということはめったにない。わたしにとって〝解決すべき問題〟とは、個人、組織、利害関係者のそれぞれがちがう結果を望んでいて、少なくともキー・プレーヤーたちが合意に達しないかぎり全体的な解決もありえないという問題——そうしたあらゆる問題——ということになる。〝現状〟があるかどうかを知り、もしあるなら、その現状をひたすら非難するだけの偏った問題の立てかたにならないようにする、というのも大切だ。

最近わたしはあるゼミで、学生たちに「興味のある世界的危機をひとつ選び、その解決法を探れ」という課題を出した。そして、あるグループが二酸化炭素排出問題（これについては最終章で詳しく検討する）を選んだ。彼らの問題のとらえかたは、現在のCO_2排出レベルを目盛りの一方の端にし、いかなる環境保護団体でも支持する最も厳しい削減目標をもう一方の端にする、というものだった。その両端のあいだで各プレーヤー間の合意がなされる、と考えたわけだ。この問題の立てかたの問題にお気づきか？　CO_2排出量規制をもっとゆるくすべきだと考えるエネルギー企業やその他の企業は一社もないと考えたのかと、わたしはそのグループの学生たちに問うた。もちろん、もっと自由にCO_2を排出したがっている利害関係者（企業）は存在する！

だから、学生たちは先入観にとらわれ、問題の立てかたを誤ったことになる。これだと、出てくる答えは〝規制強化〟か〝現状維持〟（この確率はかなり低い）しかない。彼らの目盛りは、より多くの二酸化炭素を排出したいと思っているプレーヤーは存在しないことが前提になっている。繰り返すが、うっかり先入観にとらわれて問題の立てかたを誤ったのだ。いいことしか起こらないのだから、本人たちはいい気分にちがいないが、これではほぼ間違いなく誤った答えしか導き出せない。このような根本的な欠陥があると、出てくる答えはまったく役に立たない。

キーポイントはどこだ？

問題を正しくとらえたら、今度は各プレーヤーが意思決定をするさいに用いる思考プロセスを把握する方法について考えないといけない。相手の頭のなかに入りこめなければ、自分が望む結果を得ることなどできない。どうやって自分の望みを叶えようとすればいいのかさえ、わからないだろう。

わたしが予測や未来操作に利用するのは、状況に応じてプレーヤーが選択方法を変え、協力も、競争も、はたまた強制もするというゲーム構造だ。そしてその最も複雑な部分は、プレーヤーが何を言い、何をするかということだけでなく、彼らが自分のおかれた状況の変化についてどう考えるかというところまで正確に探り出そうとする過程である。

プレーヤーはつねに、自分の利益になるように状況を変えたいと思っている。打ち負かしがたい山のように大きな力で、一気に望んだ結果を得たいと思っている。むろん、敵がつくる力の山は切り崩して、平らにならし、突破したい。どのプレーヤーも、一歩前進するごとに、だれが味方になって手を貸してくれるのか、だれが行く手に立ちはだかるのか、いちいち見抜いていかなければならない。相手の選択を積極的に変えようとするべきなのか？　身を隠しておとなしくし、時機をうかがうべきなのか？　それとも安全な場所に逃げるべきか？　そうした戦略がもたらしうるリスクと見返り、損失と利益を計算しなければならない。数学モデルを使っての計算は複雑になることもあるが、次のような例を用いれば、このプロセスも容易に理解できるはずである。

以下の表は、わたしが一九八七年にシュムエル・アイゼンシュタットとの〝クッキー・コーヒーブレーク〟での会話で得たデータに、一九八九年に当時すでに近東・北アフリカ担当の国務副次官補を経験していたハロルド・ソーンダースとの議論から得たデータを加えて、簡単にまとめたものである。パレスチナ和平問題で起こりうる結果は、一方の端に「完全に独立した非宗教的なパレスチナ国家の樹立」があり、もう一方の端に「イスラエルによるヨルダン川西岸およびガザの併合」がある、というものだ。目盛り上の30のポジション（「和平のオプション」の列）は、「イスラエルが領土的譲歩をおこなって、パレスチナ人に完全な独立国ではなくヨルダンと連合する国家の樹立を認める」というもの。そして一九八七年における現状は、85のポジション。当時はパレスチナ人による半自治地区もパレスチナ暫定自治政府なるものもなかった。

領土的譲歩のオプション（和平オプション）を直線上にならべるのは、それほど難しいことではない。表のオプションの数値は、土地の広さや価値にもとづくものではないが、「イスラエルによる紛争地の併合」から「イスラエルによる領土的譲歩」をへて「完全に独立するパレスチナ国家の樹立」へといたる配列は自然である。一九八七年のこうした初歩的データからわたしが導きだした予測は、一九九三年にオスロでイスラエルとＰＬＯ（パレスチナ解放機構）とのあいだで実際に合意された

プレーヤー	影響力	和平オプション	重視度
イスラエル人入植者	100	100：イスラエルによる西岸・ガザの併合	99
SHA	85	85：1987年当時の現状	85
リクード(右派政党)強硬派	85	85：1987年当時の現状	90
リクード	60	70：最低限の自治を与えられたパレスチナ人自治区	50
イスラエル軍	100	60：半自治のパレスチナ人自治区	80
労働党（左派政党）	60	30：ヨルダンと緊密に連合する自治区	75
OCC	100	25：ヨルダンと緊密に連合する自治区	95
PEA	70	20：ヨルダンとゆるく連合する自治区	85
PLO(パレスチナ解放機構)	100	20：ヨルダンとゆるく連合する自治区	95
PFLP(パレスチナ解放人民戦線)	20	0：完全に独立した非宗教的パレスチナ国家	95
FND	10	0：完全に独立した非宗教的パレスチナ国家	80

「領土的譲歩」にきわめて近いものになった（この予測についてはすぐあとでもうすこし詳しく見る）。

ここでは、この数値化による配列が意味するいちばん大事な点を再確認しておきたい。それは北朝鮮問題を論じたさいに簡単に紹介したことである。つまり、「最低限の自治を与えられたパレスチナ人自治区」（70）を支持する者は、「ヨルダンと緊密に連合する自治区」（25）よりも「現状」（85）のほうをずっと望むということが、この配列から読みとれるということ。たしかに70のポジションは85と25のあいだにあるのだが、70は数値的に25よりも85にずっと近いので、70のポジションをとる人は25よりも85のほうを強く望む、というわけだ。これがこの種の配列の読みかたである。要するに、プレーヤーは自分が支持するポジションに数値的に近いポジションのほうを、遠いポジションよりも好むということだ。これを頭に入れて、ビジネスの問題をひとつ考えてみよう。問題をきちんと数値化する方法について理解を深めるためである。

では、和平問題よりは数値化しにくい事柄が係わってくる場合、〝ポジションの目盛り〟（数値化によるポジションの配列）がどうなるのか見てみよう。わたしが何年か前に担当した訴訟問題を例にして、選択しうるポジションの範囲を考えてみたいと思う。

この数値化による配列（次ページの表参照）を見れば、結果についてのクライアントの選好順位がはっきりする。数値が0になっているポジションは、あらゆる訴因が取り下げられるなんてことはありえない、とクライアントは考えているということを意味する。それは実現可能な結果の範囲外にある。最上位の100のポジションは、この訴訟に係わる連邦検事局の少なくとも何人かの検事が厳しい刑事罰を科すべきだと主張する、とクライアントが予測していることを意味している。実際の結果

■連邦検事がとりうる告発ポジション

ポジションの数値	ポジションの内容
100	いくつかの大重罪を含む多数の重罪
90	いくつかの大重罪、小重罪はなし
80	ひとつの大重罪、いくつかの小重罪
75	ひとつの大重罪のみ
60	多数の小重罪、大重罪はなし
40	多数の軽罪、ひとつの小重罪
25	ひとつの軽罪、重罪はなし
0	ひとつの軽罪のみ

は、これら両極端のあいだに入る。この訴訟問題については、あとの章で詳しく検討する。

ここではポジションの配列についてざっと見ておきたい。それだけでも大いに参考になり、この問題についてどういうふうに考えればよいのかわかるはずだ。配列をよく見ると、クライアントにとっての重大な〝距離のへだたり〟はふたつあって、それらは25と40のあいだ（重罪なしVS小重罪ひとつ）と60と75のあいだ（大重罪なしVS大重罪ひとつ）にあるとわかる。75からもポジションはさらに悪くなるが、60と75のあいだで起こるほどの劇的悪化はない。ということはつまり、クライアントにとっては、大重罪で訴えられるのを完全に避けるということが、訴因とされる大重罪の数を減らすよりも大事だということになる。

このように慎重に問題のキーポイントを明確にしていくことによって、意思決定者たちは自分がかかえる問題についていままで気づかなかったことを学びはじめた。いままで不定形だった問題の形がはっきり見えてきて、それにどう取り組めばよいのかわかってきたのだ。彼らはそうやって問題にしっかり向き合い、自分たちがする選択ひとつひとつにどういう意味があるかを見極めていった。問題の分析・予測・未来操作に必要なデータ収集のための聞き取りをわたしから受けてはじめて、クライアントたちはどれだけ高い山に登らなければならないのか、ほんとうに理解できた。繰り返すが、この訴訟問題についてはあとの章でふたたびとりあげ、彼らがどのような結果になると考え、実際にどういう結果に終わったか、詳しく見ることにする。いまはこれくらいにして、「ナプキンに書かれたデータ」にもどり、中東の平和を促進する方法を考えてみよう。

中東の和平はどうなる?

二枚のナプキンに走り書きされたデータは、一九八七年からの数年に中東で起こることを予測するのに役立つ素晴らしい基本情報になった。シュムエル・アイゼンシュタットの知識も、ハロルド・ソーンダースのそれも、とても正確だった。では、それらのデータをダイナミックなシミュレーションを可能にする数学モデルのなかにぶちこみ、コンピューター・プログラムのなかで全プレーヤーに互いに交渉させ、政治的利益と引き換えに領土的譲歩をおこなわせたとき、どのようなことを知ることができたか?

その予測結果は、わたしが一九九〇年に書いた雑誌記事のなかにある。その記事は、PLOのパレスチナ暫定自治を認める〈オスロ合意〉がなされる三年前に発表された。そこに記された〝予言〟は、配列上の0から100までの実現可能な範囲中、60のポジションで合意がなされる、というものだった。当時の60という数値のポジション内容は、「半自治のパレスチナ人自治区が認められる」というものだった。現状は85であるということを思い出していただきたい。それより数値が下がれば下がるほど、イスラエル側の譲歩は大きくなる。ともかく、一九九三年にイスラエル政府とヤセル・アラファトとのあいだで実際に合意された領土的譲歩は、その三年前にわたしが雑誌で〝予言〟したとおり、60のポジションにほぼ匹敵するものだった、というわけである。

もちろん、わたしが二〇年近く前におこなったこの予測には、イスラエルの政権交代がなければ的中しないという但し書きがついていた。そのときわたしは「(当時のイスラエル首相のイツハク・)シャミルの状況認識は変わりようがないので、彼が首相でいるかぎり、和平が大幅に進展する可能性は皆無だと結論せざるをえない」と書いている。一九八六年一〇月にイスラエルの首相になったシャミルは、一九九二年七月にイツハク・ラビンにその座を奪われ、そこからイスラエルとパレスチナとの真の和平交渉の道がひらけた(実際にアラファトとの交渉にあたったのは、ラビンの次に首相となる当時は外務大臣だったシモン・ペレス)。

わたしの分析は、領土的譲歩に関する予測にとどまらず、もっと細かな点にもおよんだ。一九九〇年にわたしが発表した記事には、次のようなことも書かれていた――当時かなりの影響力を誇る大組織だったPFLP(パレスチナ解放人民戦線)は「政治的に孤立し、交渉に係わることはないだろう。彼らはこのような状況(和平交渉)にはテロ活動の活発化で応えると思われる。テロのターゲットは、イスラエルのみならず、おそらくはPLO幹部にも広がるだろう。この分析が正しく、PLOが穏健の度合いを強める戦略をとりつづければ、PFLPは影響力を失い、舞台から消えざるをえないだろう」。

これは一九九〇年にだれもが読めた記事であるということを思い出していただきたい。先にわたしは「人々に自分の予測を信じてもらうためには恥をかく危険をかえりみてはいけない」と言ったが、〝予言〟を堂々と雑誌に発表するというのも、その実践のひとつであるわけだ。一九九〇年に、PFLPが「舞台から消える」と明言した者は、ほとんどいなかった。

それから二〇年近くたったいま、振り返ってみると、その予測がいかに正確であったか確認できる。たとえば、一九九三年にパレスチナ自治政府が創設されたのちPFLPがどうなったか？　現在、公平な情報源がその点ついて何と言っているか？

二〇〇二年一月一六日、BBCニュース・オンラインは、ロンドンに拠点をおくアラビア語新聞《アル・クドス》のアブドル・バーリー・アトワーン主筆の次のようなコメントを掲載した。「（PFLPの）活動は取るに足らないものになってしまった……かつてはパレスチナでも第二の勢力を誇っていたのに、いまや四位か五位にまで転落してしまった」。ABCニュースの中東担当の学者・専門家コメンテイターとして高く評価されているアンソニー・コーズマンも、BBCの見解に同調している。PFLPの活動を振り返って、彼は次のように書いている。「PFLPはオスロでの和平プロセスに反対した。パレスチナ自治政府とアラファトのファタハが力を得るにしたがって、PFLPはどんどん力を失って隅へと追いやられていった」。信頼できる情報源と見なされているインターネット上のグローバル・セキュリティー・オルグも、同様の分析を公表している。「かつてパレスチナの政治のキー・プレーヤーだったPFLPは、ヤセル・アラファトのパレスチナ自治政府設立によって、一九九〇年代に影響力を失い、わきへ追いやられた」

PFLPの凋落《ちょうらく》ぶりを同じように報告している情報源はほかにもたくさんある。そして、それらの情報源のほとんどがPFLP凋落の原因としてあげているのは、わたしの一九九〇年の記事が発表されたあとに――シュムエル・アイゼンシュタットが二枚の紙ナプキンに数字を書きつけたずっとあとに――起こったことである。ということはつまり、一九九一年の湾岸戦争、第一次インティファーダ（抵抗運動）、〈オスロ合意〉よりも前に実施された、数学モデルによる分析が、イスラエルとパレスチナとのあいだの領土的妥協、イスラエル労働党による政権交代の必要性、ＰＦＬＰの凋落を予知したことになる。

一九九三年の〈オスロ合意〉の種は、傍観者の大半は気づかなかったものの、そのずっと前からまかれ、根を張り、育っていたのだが、今日でも人々はそれをなかなか認めようとしない。ところが、わがモデルは、その基本的な進展をかなり前から予知していたということだ。

モデルが一九八七年と一九八九年に集めたデータからイスラエル・パレスチナ間の妥協に関して確認できたこととは、具体的にどういうことだったのか？　それこそが最も重要な点だ。結局のところ、プレーヤーの動きを予測して、安定した合意の実現へとつなげる方法を見つけ出すには、「中東に平和をもたらす道筋も予測できるかね？」という、そもそもの出発点となったアイゼンシュタットの曖昧な問いについてあれこれ考えているだけではだめだということ。アラファトとイスラエル首相の双方とも、いかなる取引についても拒否権をもっていたので、両者が同じ条件を最終的に支持できるかどうか、そして、できるとしたらなぜできるのか、というところまで解明する必要がどうしてもあった。では、モデルが出した答えを披露することにしよう。

わたしがこの問題に取り組んだとき、イスラエル労働党党首のイツハク・ラビンはまだ首相の座についていず、モデルも「労働党が政権をとらないかぎり、いかなる合意もなされない」という条件をはっきり打ち出していた。ということは、和平合意の可能性をさぐる――シュムエル・アイゼンシュタットの問いへの答え見つける——ためには、ラビンと労働党に焦点を合わせなければならない、ということになる。ラビンはパレスチナに関する自分の姿勢について国内で多大な政治的圧力を受けるだろうと考えている、ということもモデルは論理的に導き出していた。

権力を手に入れて維持する——あらゆる政治家の目標——ために八〇年代後半に自分がとっていた極めて穏健な姿勢からは考えられないほど厳しい態度でパレスチナ側との交渉にあたるかのように見せないといけない、とラビンは考えているはずだ、というわけである（モデルの論理によれば当然こうなる）。結局、モデルが出した結論は、70と85のあいだにあるシャミルのポジションよりもほんのすこしだけ穏健な60台半ばから後半のポジションをラビンはとる必要がある、というものだった。したがってラビンは、国内政治の場面では便宜主義的に動く、という予測となった。

ではアラファトのほうはどうかというと、モデルのシミュレーションによれば、イスラエル国内で労働党が強硬姿勢をとらざるをえなくならないように、あるていど自分の姿勢を和らげないといけない、という結論になった。アラファトは、パレスチナ人の幸せよりも自分の政治的利益を優先させて意思決定をする、というのがモデルの見解だった。わたしは一九九〇年の記事に次のように書いた。

「モデルの出した解では、アラファトはパレスチナ地区およびイスラエル国内での深刻な政治的対立を避けて、自分の政治的立場を安定化させようとする……。アラファトが姿勢を和らげる道を選ぶとしたら、それは彼が自分の政治的利益のために進んでパレスチナの大義と反対者を犠牲にするということを意味する」

どうやら現実に事はそのように進んだようだ。こうして、曖昧な問いから出発して、問題をきちんと整理して組み立て、交渉の力学を詳細に分析することができ、シャミルとアラファトなら合意に達することができず、ラビンが首相になってはじめてアラファトとの合意が可能になることもわかった。問題の解決法を見つけるには、正しい問いを発し、各プレーヤーが獲得をめざす鍵となる利得を特定しなければならないが、最初からそういう作業がおこなわれることはめったにない。世間一般の通念で相手の行動を説明してパズルを解こうとする人が、圧倒的に多い。そうした怠慢のせいで支払わざるをえなくなる代価は、ときとして莫大なものになる。社会が〝再発〟を避けようと〝治療法〟を探しているような問題の場合はとくに、そうなる可能性が高い。最初に誤診してしまうと、その後の治療法もほぼ確実に間違ったものになる。

もしも政策決定者たちが、〈オスロ合意〉後にアラファトとイスラエルが直面すると予測される苦境にもっと早くから注意を向けていたら、おそらく状況をなんとか改善できていたはずであり、一九九三年以降に起こったイスラエル・パレスチナ関係の後退の多くを避けられたかもしれないのである。

光の当たるところを見るだけではだめ

問題のキーポイント、ゲームに参加するプレーヤー、各プレーヤーのインセンティブ、そのインセンティブの調整法をとらえそこねるというのは、外交問題にだけ起こることではない。ビジネス界も、少なくとも同じくらいは同様の困難に苦しめられている。最近わたしが企業不正行為の原因と解決法を見つけるために同僚たちと開発したモデルを簡単に紹介しつつ、説明することにしよう。

エンロン破綻後、議会は二〇〇二年にサーベンス・オクスリー法（ＳＯＸ法＝企業改革法）を制定して厳しい規制を導入し、企業が正直な報告をせざるをえない状況をつくろうと懸命に努力してきた。

だが、サーベンス・オクスリー法は不正行為の根本的原因を抑えこむまでにはいたっていないと、わたしは考えている。その法律では、わたしたちのモデルが根本的原因としたものの息の根をとめられない。

図表5・1を見ればわかるように、企業不正行為に関する訴訟は、サーベンス・オクスリー法の制定にもかかわらず、現在ふたたび増加傾向にある。二〇〇七年に不況がはじまって以来、不正行為数は二〇〇六年の最低レベルから跳ね上がって急増している。サーベンス・オクスリー法制定の根拠そのものが間違っていたという、モデル分析に基づくわが見解の正しさを証明する根拠のひとつだ（証拠はほかにもいろいろあり、あとでしっかりお見せする）。オバマ大統領は、企業の不正行為と破綻を抑えるための新たな規制方法を約束しているので、ここは彼の政権と議会が不正を生むインセンティブにもっと注意を向けて、正しい規制ができるようになることを期待したい。

不正行為が発生するリスクを減らすにはまず、不正をしたくなる動機を理解する必要がある。わたしたちが開発したモデルは、不正を働くインセンティブをもつ企業ともたない企業をどのように見分けるのか？

このケースでわたしたちが採用したゲーム理論的アプローチは、国家の統治形態を理解するさいに用いた方法の変種と言ってよい（あの親愛なるレオポルドを思い出していただきたい）。だが、ご用心！　対象が企業の問題になると、なんとも興味深い〝ねじれ〟が生じ、予想外の展開となる。

レオポルド二世をはじめとする国家元首の研究で見たように、民主制の場合、指導者への忠誠心は独裁の場合よりもずっと弱い。権力の座に座れるか否かは、少数の支持者を富ませることではなく政策によって決まるからである。企業問題や幹部社員の生き残りについても、同じことが言えそうだ。

図表5・1　連邦証券法違反・集合代表訴訟《クラス・アクション》数

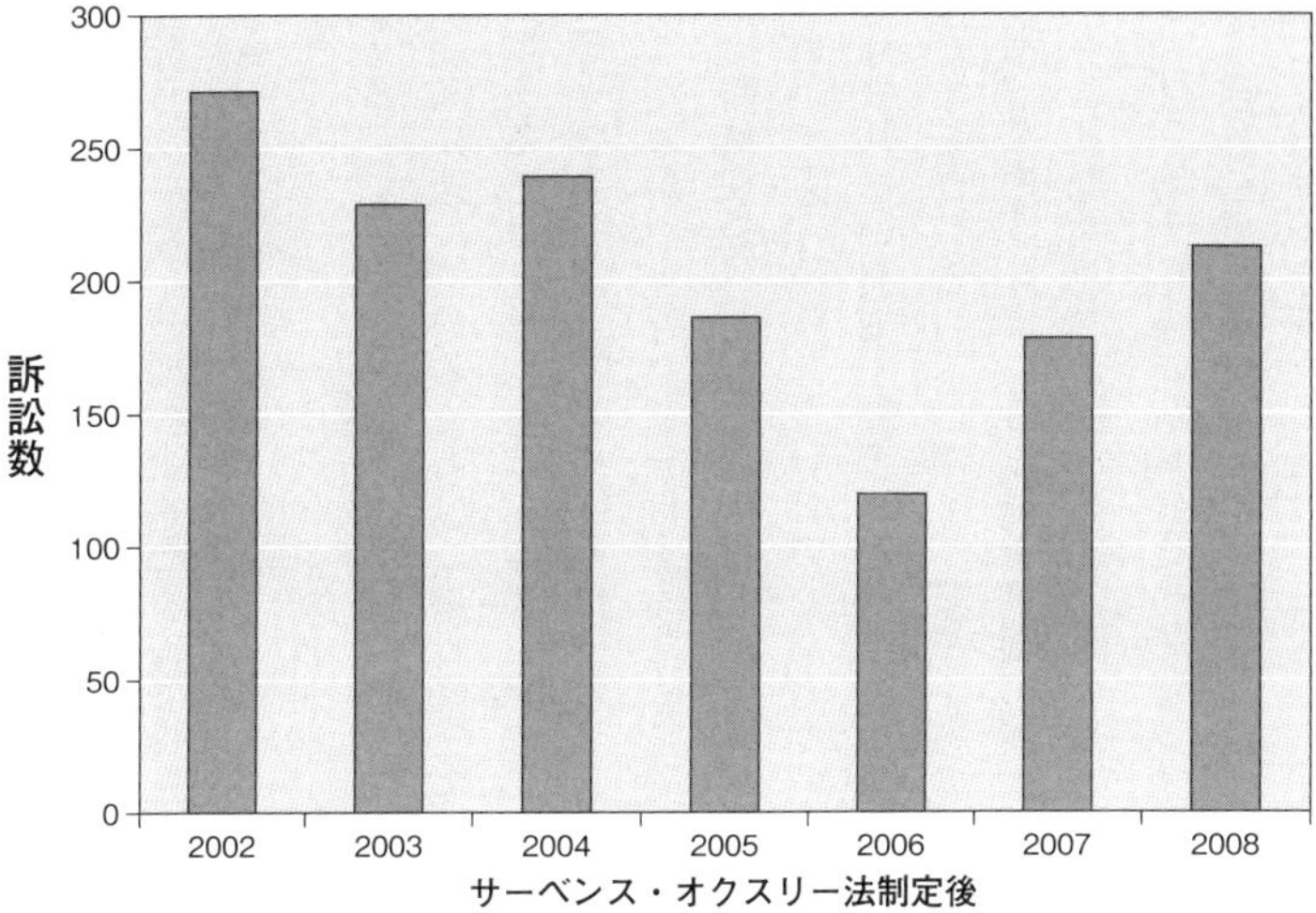

情報源：スタンフォード大学ロースクール集合代表訴訟・情報交換センター

ビジネスの世界でも政治の世界と同様なことが起こって、独裁的な経営者は腐敗（不正行為）を発生させ、民主的な経営者はそれを生み出さない、と思いたくなる。ところが、それはちがうのだ。これから詳しく見るように、予想に反して、どちらかというと独裁的な企業体制によって生まれる強い忠誠心は、むしろ不正行為発生のリスクを減じるのである。その理由を理解するには、光の当たっているところから離れて、その背後の暗闇をのぞきこみ、企業行動をほんとうに律している論理を見つけなければならない。

大企業は何百万人もの株主をかかえている。だが、年一回の株主総会に出席するのは、そのうちのごくわずかだ。そもそも株主は、会社がどう経営され、経営のしかたのちがいで利益にどれほどのちがいがでるか、などということはほとんど考えない。律儀に委任状を送って重役会の提案のままに投票するか、委任状をゴミ箱にほうりこんで、まったく投票しないかのどちらかである。だから莫大な数にのぼる票が、少数の機関投資家と経営陣にコントロールされてしまう。会社の経営方針を決めるのは、株主でなく、彼らなのだ。機関投資家と有力な株主が多ければ多いほど、それだけ経営陣が説明しなければならない人々の数も多くなる。

これでピンときた？　システムが民主的になればなるほど、喜ばせなければならない人の数もそれだけ増える。これがどんなリーダーにとっても難問となるのだ。

事が順調に運んでいるうちは、会社経営者のインセンティブと株主の利得が対立することはない。利潤が増えるのは、経営者にとっても株主にとっても好ましい。だが、事業がうまくいかなるときもある。そうなると経営陣の利得と株主のそれが離反する。なぜそうなるのか？

わたしたちが不正行為を分析するために開発したモデルによれば、株式市場が発達している国で不正会計（粉飾決算）が起こるのは、経営陣が株主の利益を護《まも》ろうとするためであることが圧倒的に多い。と言っても、誤解しないでいただきたい。経営陣は株主の暮らしをなんとかよくしようと考えすぎて夜も眠れない利他主義者だと、モデルは判断しているわけではない。彼らが不正に走るのは、投資家をだましたいからではなく、業績不振の実態を隠して自分たちの職を維持するためである。ということは、公開されている記録を詳細に調べれば、不正行為がおこなわれている可能性を見つけられるということだ。たとえば、株式公開企業の業績報告、経営陣への監視、企業の健全運営をめざすコーポレート・ガバナンスにのっとったインセンティブといったものに目を向け、そこから不正のサインを読み取るのである。

わたしたちは証券取引委員会（ＳＥＣ）の公開ファイルから情報を集めて詳しく分析し、株主への配当と経営幹部への報酬が、正直に会計報告されている期間と不正がはじまる直前の期間とで、かなりちがっていることを発見した。不正がおこなわれている期間は、経営陣の報酬は健全経営時や報告されている業績に見合わない低さになる。そう、あなたの読みちがいではない——報酬は高くならずに低くなるのだ。配当もふつう、期待値にとどかない。にもかかわらず、報告書上の業績は順調だから、時価総額は増大し、正直な報告がされている時期と同じように、まったく問題がないように見える。経営陣の報酬は不正期間中も上昇することがあり、たとえ減額されてもなお高額であることに変わりないが、見逃してはならない重要な点は、会社がきわめて順調に業績を伸ばしているときには、報酬はもっと高くなるのがふつうだということだ。

　こうしたことが探すべき傾向であると判断し、わたしたちが開発したモデルでは、それに狙いを定めた。わたしたちはＳＥＣの公開情報のなかに実際にこうしたパターンを見つけられるかどうかわからなかったが、自分たちのモデルが正しければ、これらのパターンが不正行為を察知する鍵となると確信していた。

　では、なぜそうしたパターンなのか？　ＣＥＯ（最高経営責任者）はつねに、自分の職を維持する行動をとるインセンティブをもっている。会社が市場の期待どおりの業績をあげていないということは、ＣＥＯの地位が危うくなっているということである。それに気づいたＣＥＯは、その地位に居座れるような行動をとらざるをえなくなる。いまなら、会社は予測不可能な出来事の犠牲者だと主張することもできる——だから自分には責任はないというわけである（ＧＭとクライスラーのＣＥＯは政府に緊急援助を求めるさい、この手を使った——自動車産業が憂き目をみたのは、経営陣の経営ミスではなく、経済の悪化のせいだという論法である）。だが、この種の主張はどう見ても危険な賭けで、

CEOの職を確実に維持できるようなものとは言えない。

業績不振を経済など外部の力のせいにしても自分の首を護れないとなると、CEOは会社の業績を不正確に伝えるという手を試したくもなる。会社は何の問題もなく順調だと人々に思わせることができれば、首になる心配はなくなるからだ。部外者が売上高、収入、経費、利益のほんとうの数字を知るのは難しい。だが、時価総額はそうしたファクターに左右される。事実、不正会計の証拠とされるのは、それらの虚偽報告である。

収入を実際よりも多くし、経費を少なくすれば、一時的にせよ、市場に会社の価値を見誤らせることができる。会社が期待どおり、または期待以上の業績をあげているように見せることができるわけである。これこそ、不正行為の背後にある最大の動機である、とモデルは指摘する。

したがって、株式配当と役員報酬が低めであるのに、時価総額はふつうに、あるいはかなり伸びているという〝分裂〟が、不正行為が行われている可能性が高いことを示す初期症状となる場合が多い。ところが、SECも企業の多くも、初期の段階での不正の検知に役立つこの情報の重要性に気づいていないようだ。サーベンス・オクスリー法は明らかに、この〝分裂〟の原因を見つけることには注意を向けていない。

報道機関によく見られる説明や一般的な見方は、このゲームの論理と一〇年以上にわたる数百の会社の記録から得られた証拠と合うものではなく、疑問を呈さざるをえない。貪欲な経営幹部が株主と社員を犠牲にして私腹をこやす、というのが、メディアによく見られる不正行為の解釈だ。つまり、彼らは略奪者にすぎず、不正の原因は個人の性格的欠点ということにされてしまうのである。そういうふうに考えると、そこで終わってしまい、真相は見えてこない。

わたしたちは、不正の結果だけを見て、最初から私腹をこやす目的でやったのだと思ってしまうことがあまりにも多すぎる。貪欲な経営幹部が私腹をこやすために帳簿をごまかした、という話なら、実にわかりやすい。短期的な利益を得ることだけが目的だった、というわけだ（もちろんわたしは、自己の利益を得ることが第一の動機ではない、などと言いたいのではなく、この場合の自己利益が具体的にどういうものであるのかを調べないといけない、と言いたいのだ）。

けれどもわたしたちは、そのように「不正は私腹をこやすため」と決めつけているにもかかわらず、たとえば「エンロンの不正行為は一九九七年頃にはじまったのに、経営幹部たちは二〇〇〇年あるいは二〇〇一年まで自分の保有する自社株を売らなかった」という事実を忘れてしまっている。なぜ彼らは、不正発覚の危険があったにもかかわらず、何年ものあいだ自己保有株を売却しなかったのか？　たしかに株価は上昇しつづけていた。が、不正が発覚する危険は、年ごとに、いや月ごとに、どんどん大きくなっていったのだ。彼らはほんとうに一九九七年―二〇〇一年という短期の利益だけを求めていたのか？　それとも、五年、一〇年、一五年にわたる、もっと大きな利益を得ようとしていたのか？

最終結果のなかに不正の原因を探したのでは、問題をきちんと分析することはできない。「相関関係はかならずしも因果関係ではない」ということを思い出していただきたい――根本的な原因は、終わりにではなく初めにあるのだ。

エンロンのケースでは、最高経営幹部が問題を解決できないことに気づいたのは二〇〇〇年か二〇〇一年のようだ。企業ゲームの結末が見えたので、彼らは自己保有株を売却した。事業の真の状態をいつわり、年金受給者を窮地におちいらせるなかでの売却だから、卑劣としか言いようがない。だが、経営幹部たちが四年間も株を手放さず、最後の最後で売り抜けたということもまた、明らかなようだ。

彼らはこのゲームの論理にしたがって、株を保持したその四年間、会社を救おうとしたのである。それに成功すれば、長期的な利益が得られるからだ。会社を立て直すあいだ、数字をごまかさなければいけないというのなら、それもいたしかたない、というわけだ。結果が手段を正当化する、と彼らは考えたのである。だが、そもそも株主が、いや、とりわけ取締役（監査担当）たちが、エンロンがおちいっているトラブルに気づいていたら、このようなことは何ひとつ起こらなかったにちがいない。

悪いインセンティブをもつ経営陣はかならず、社会的に悪い結果をもたらす行動をとる。反対に、良いインセンティブをもつ経営陣は、良いことをする。といっても、高徳の持ち主だからではなく、それが己の利得にかなうからである。ここでまた、レオポルドを思い出していただきたい。彼はベルギーでは、とても良いインセンティブをもてたので、良いことをした。ところがコンゴでは、恐ろしいインセンティブをもつことになり、恐ろしいことをした。

では、良いインセンティブ、悪いインセンティブとは何なのか？　なぜ不正行為を働く会社がある一方、苦境にあっても不正に走らない会社（大多数の会社はこちら）もあるのか？　これらの問いに答えられれば、インセンティブを適切なものに変える方法や、悪いインセンティブをもって不正を働く可能性が大になりそうな者をあらかじめ見つける方法を、知ることができるはずだ。

わたしが同僚たちと開発した不正行為発見モデルの前提のひとつに、「地位を維持するにあたって頼らなければならない人の数が多ければ多いほど、ＣＥＯは解雇されやすくなる」というものがある。それはつまり、株主に生殺与奪の権限をにぎられているという状況であり、ＣＥＯは民主国家の指導者と同様の境遇にあるということだ。だから、業績不振のＣＥＯが辞めさせられるというのは、どちらかというと民主的な会社でのほうが起こりやすい。そこでCEOは地位を維持するために、業績不振を明かさなくてすむように、事業状態を偽ろうという悪いインセンティブをもつことになる。といっても、〝独裁的な〟会社（少数の者を満足させられれば地位を維持できる体制）では不正行為は絶対に行われないということではない。ただ、こうした会社では、経営陣が地位を維持できなくなる危険を察知して不正行為を試みようと思う前に、事態がかなり悪くなってしまう。これは、パートナーシップ共同経営会社（少数独裁制）にも同族会社（君主制）にもあてはまる。

政府の監督機関や企業の取締役会は、もっとうまく株主と社員を不正から護ることができるはずなのだ。どうすればいいのかというと、業績不振におちいったときに自分と同僚をしっかり監視しようという気を経営幹部に起こさせること、そういうインセンティブを経営陣にもたせるのに必要なことをもっと真剣にやることだ。良いインセンティブを生じさせるコーポレート・ガバナンス（企業を健全に運営するための仕組み）をつくれれば、会社をうまく管理・規制することができる。業績が不調なときも好調なときと同様にインセンティブがぶれないようにしないといけない。それは決してたやすいことではないが、トップクラスの経営陣を引きつけ、保持し、株主の期待に応えられるビジネスをするのに必要なことである。

最善のコーポレート・ガバナンスは、ケース・バイ・ケースであり、それぞれの会社の市場を考慮して個別に組み立てる必要がある。どの会社にも同じやりかたで通そうとすれば、インセンティブを正すのに必要な微調整が難しくなる。信頼される確固たるビジネスを展開するには、経営陣がぶれないインセンティブをもてるような、それぞれの会社にふさわしい適切なコーポレート・ガバナンスをつくりあげる必要がある。貪欲な個人を見つけて責任を負わせようとしたり、明らかにコーポレート・ガバナンスの問題であることを画一的な方法で解決しようとしたりするのはやめないといけない、ということだ。貪欲さに罪をぜんぶ背負わせようと、それを探す者は、街灯の光の下だけで鍵を探す酔っ払いのようなものである。なくした鍵はたいてい、明るい光の下にはない。

さらに踏みこんで言えば、問題を見つけたら即それを明らかにすることを経営陣に心から望むなら、彼らが秘密の暴露では罰せられないように法律を変える必要もある。

製品や業績に問題があるのを発見しても、それを長いあいだ公にしないという会社はたくさんある。深刻な問題のなかには、世間にまったく知らされないままになるものもあるにちがいない。たとえば数年前、3M社はスコッチガード（防水スプレー）を市場から引きあげた。スコッチガードは同社の稼ぎ頭のひとつだったのに、ある日突然、店頭から姿を消してしまったのだ。そして二、三年後、3Mは〝改良された新スコッチガード〟なるものを市場に投入した。環境保護庁と他の化学工業メーカーは、スコッチガードの主成分が安全性に問題があることを発見した3Mが、ひそかに製品を回収し、その化学物質をとりのぞいた〝改良された新製品〟を再投入したのではないかと疑っている。

3Mがほんとうに問題を発見したのかどうか、わたしにはわからない。3Mはよく売れている人気商品をある日変えることにしただけなのかもしれない。仮に問題を発見したということにしよう。同社はどういう責任ある行動をとるのだろう？――というより、どんな責任ある行動がとれるのか？こうした状況におちいった経営者は、発見したことが何であれ、正直に公表したいと心の底から思うかもしれない。

だが同時に、そうすれば受託者義務（受益者のための業務遂行義務）違反になるということにも気づくのだ。あちらを立てれば、こちらが立たず、というわけである。問題を公表すれば、まだだれも

——社内外のだれひとり——問題があることを知らなかったときに製品を使用した人々から訴えられかねない。そうした訴訟は、株主の利益に大打撃をおよぼしうる。そして、企業の経営者には株主の利益を護らなければならない法的義務がある。

これまでわからなかった製品上の問題については責任を問わない（告訴を認めない）というふうに政府が企業幹部を保護すれば、おそらく多くの企業が問題を発見したらすぐ、知っていることをぜんぶ公表するようになるだろう。だが、政府はそういう保護をしようとしない。苦境にある企業経営者による公共心に富む立派な行動に報いようとするどころか、訴訟にすべてをまかせて涼しい顔をしている。だから経営者たちは悪いインセンティブをもたざるをえなくなる。

あなたはＤＤＴ問題をめぐる多数の訴訟を覚えておられるか？　また、一九四八年にスイスの化学者パウル・ヘルマン・ミュラーがＤＤＴの殺虫作用発見でノーベル生理学・医学賞を受賞したのを覚えておられるか？　訴訟が蔓延するということは、企業やその経営者が事業のために下す妥当な予測・判断が、いつしか〝悪事〟にされてしまうかもしれないということであり、何の悪事も働いていないのに悪者にされる人々をわたしたちは護れないということである。

この章では、問題の立てかたを検討してきた。まずやるべきことは、問題を構成要素に分けて、それぞれの具体的な解決が見えてくるようにすること。あとは簡単で、そうした個々の要素を、状況に応じて単独に、あるいはリンクさせて検討し、問題点を明確にしていけばよい。

そして問題点が明確になったら、専門家から情報を仕入れる。問題がはっきりしていれば、それぞれの項目の決定に本気で影響をおよぼそうとする人々について、専門家はより容易に導き出すことができる。そうやって得た情報をコンピューターに与えて、予測と未来操作のゲームをさせる。各プレーヤーが他のプレーヤーにすると予測される提案について、幾重にもなるあらゆる組み合わせを考慮したシミュレーションをさせるのだ。そうすれば、プレーヤーのもつインセンティブを浮きあがらせることができ、各人が提案された解決法を受け入れるか拒否するかも予測できる。

というわけで、コンピューター・プログラムをいつでも使えるようにしておけば、問題を整理して解決することができ、わたしが〝ナプキン・データ〟でやったように結果を予測できるばかりでなく、未来操作で結果を変えることもできるのだ。「未来操作で結果を変える」が、つづく二章のテーマになる。

第6章

ゲーム理論で未来を操作する

それぞれの国には独特の行動のしかたというものがあるから、それを重視しなければならない、と外交官は考えている。だから国務省は国別にセクションが分かれている。情報機関はもっと大きな地域別にセクションが分かれるが、考えかたにちがいはない。多国籍企業の経営者もほぼ同様の見解をもつ。だからカザフスタンで問題が起きた場合、カザフスタンに駐在する社員に解決法を探させる。これはとても理にかなった正しいやりかたのように思える。だがそれではあまりにも不充分。それだけで解決できる問題などほとんどないし、わたしの考えでは、未来を操作することもできない。

といっても誤解しないでいただきたい。国や地域についての情報を集め、それらが他のところとどうちがうかを知るのは、重要なことだ。しかし、驚くかたもおられるかもしれないが、それは人間について知り、人間が国境を越えてどこまで似ているかを知ることほど重要ではない。わたしは軽々しくそう考えるようになったのではないし、無知ゆえにそう思いこんだわけでもない、と自分では思っている。

実を言えば、わたしは博士課程での勉学・研究によって南アジアの専門家になった。学部生のときから五年間、大学院生になってもなお、ウルドゥー語を勉強しさえした。インドでフィールドワークもした。だから、地域に関する専門知識を尊重するし重視してもいる。それでもわたしは、政府や企業はそれを中心に据えて問題解決をはかろうとすべきではない、と考える。

ここでもまた、わたしは強い流れに逆らって上流に向かって泳いでいることになる。わたしのスタンスは、わたしが渡り歩く組織の多くで物議をかもす。そうした組織に所属する多数の者が、わたしの見解を馬鹿げていると見なし、危険とさえ断じる。それでもなお、わたしは尻込みせずに危険をおかし、まだ起こっていないことについての予測を公表する——わたしのやりかたに異議をとなえる者たちは、そんなことはまずしない。

国や地域についての研究は大切ではあるが、それだけではあまり力を発揮しない。それと応用ゲーム理論——人間の意思決定に関する理論——との連合軍に比べたら、吹けば飛ぶくらい無力である。それでもほとんどの者が、単なる専門知識を得るだけで充分と思っているようだ。人間の行動を予測するのに、数学のように抽象的なものに頼るのは馬鹿げていると、頑固に主張する者さえいる。

馬鹿げているということについて言えば、たとえば中国とアメリカでは酸素と水素はちがう結合のしかたをすると化学者が信じているとしたら、それはたしかに馬鹿げていると言えるだろう。だが、なぜかわたしたちは、トンブクトゥ（マリ共和国にある都市）とティペレアリ（アイルランドにある地方）では人間はちがう原理にしたがって意思決定をおこなうと信じ、それを完全に理にかなっていることと思いこんでいる（わたしたち人間はたしかに単なる粒子とはまるでちがうが、互いにそれほどちがっているわけではない）。いちばん重要で力があるのは、人間の意思決定をつかさどる原理を理解することであり、国や地域についての専門知識には同等の力はない。そうした専門知識は応用ゲーム理論に従属すべきものであり、未来操作によってよりよき結果を出そうとするさいに微妙な肉付けを提供してくれるにすぎない。

いいえ、書類は必要ありません

本章では、この考えかたがプリディクショニアリング（未来予測操作）のプロセスにどう具体的に生かされるかを探るために、人間同士の争いで飯を食っている集団、つまり弁護士たちに目を向けることにする。弁護士も、外交官、学者、ビジネスパーソンと同様、意思決定方法は国によって大きく異なると信じこんでいるが、彼らの場合はそれなりの理由があって、いたしかたない面が多少ある。法律がそれぞれの国でちがうからである。有罪が証明されるまでは無罪と考えられる国もあれば、その逆の国もある。負けたほうが訴訟費用を払わなければならない国もあれば、そうではない国もある。

しかし、そうしたちがいをのぞけば、弁護士も外交官や政治家と同じように、紛争解決のための交渉に多くの時間をついやす――そして、彼らのほとんどだれひとり、ゲーム理論を学んだこともなければ、交渉戦略を勉強したこともない。弁護士は法律を、外交官は国々を勉強する。どちらも、通俗的な本を読んで有用な洞察をいくらか得ることはあるかもしれないが、ただ単に、成功のための気の利いた逸話やよくある秘訣をいくらか知っただけでは、真の力を得たことにはならない。ゲーム理論を真剣に勉強するか、人間の意思決定がどのようになされるかを詳しく知る専門家の助けを借りてはじめて、大きな力を得ることができるのだ。

外交が成功するというのは、外交官という戦闘員がテーブルをかこんで座り、ペリエ（発泡ミネラルウォーター）を飲みながら言葉による戦争をおこない、事が解決したら、みんなで上等なワインで祝う、というものだ。訴訟も戦争である。国際紛争の大半が本物の戦争へと発展するずっと前に解決されてしまうのとちょうど同じように、訴訟の大半も会議室、重役用会議室、弁護士のオフィスで検討され解決されてしまい、法廷にまで進むのはごくわずかである。弁護士は反論を準備し、判例にあたり、資料を集め、相手の過去がわかる記録を丹念に調べる。大企業の訴訟では、弁護士軍団を雇うのに、何百万ドル、いや何千万ドルもの金が必要になる。

わたしも、雇われた弁護士や弁護士事務所の数があまりにも多すぎて、全員の動きを追うことなどほとんど不可能という訴訟に係わったことが何度もある。わがコンサルティング会社がアドバイスする訴訟のなかには、被告——わが社のクライアントはふつう被告——が一〇人から二〇人の弁護士を出席させる会合をやたらにひらく、というものがよくあった。しかも、出席する弁護士はみな、大手の弁護士事務所のシニア・パートナー、時給は最低でも四〇〇ドル、最高は七〇〇ドル以上という者たちばかりだった。

だから、一〇人以上の弁護士が出席する一日がかりの標準的な会合を一回ひらくだけで、五万七六〇〇ドルほどがかかる——そしてさらに、その日の議論の準備に、それよりもずっと高い経費が必要になる。そうした会合を一〇回するのに必要な費用を計算するには、五万七六〇〇ドルをまず一〇倍し、さらにその準備費を加算するために二、三倍しなければならない。それだけでもう、訴訟費用がまたたくまに信じられないほど大きく膨れ上がってしまうということがわかるはずだ。わがクライアントが支払う和解金よりも弁護士費用のほうが数千万ドルも多くなってしまったという訴訟にも、わたしは係わったことがある。

むろん、このように高い金を払って弁護士を雇うには、それなりの訳がある。ふつう高額の弁護士費用を投入する目的は二つある。第一に、勝利の可能性を高める準備作業を弁護士にしてもらうため。言うまでもなく、これが弁護士の本来の仕事だ。第二に、「おまえたちが渡り合おうとしているのは、戦いを有利に展開するために高額費用の投入もできる大金持ちの会社なんだぞ」というシグナルを相手に送るため。そこに込められた具体的なメッセージは「動議、反対動議、引き延ばしで追い詰め、資金がつづかないようにしてやる。おれたちはおまえらより費用をかけられるんだ」ということ。だが当然ながら、相手側もこの二つの目的のために、莫大な費用を投入している。だからこれは〝消耗戦〟と呼ばれるゲームになる。弁護士にとっては素晴らしいゲームだが、他のすべての者にとっては恐ろしいゲームだ。

途方もない裁判費用は、外交なら国防費ということになるだろう。より強力な兵器をより多くもてば、相手は戦争をしかける気を起こしにくくなる。この戦争抑止力は多くの場合効きめがあるが、ときとして軍備の抑止力でも平和を守れなくなり、戦争が勃発する。それとちょうど同じように、高額な裁判費用という抑止力が効かなくなるときがある。戦争も訴訟も、問題解決法としては非効率なものだ。どちらに訴えても、完全勝利を手にすることはまずできない。ふつう戦争と訴訟は〝交渉による和解〟で終わる。結局は双方とも交渉のテーブルにつくわけだが、そのさいに行われる取引はおおむね、そもそも多大なる費用・犠牲を払って裁判や戦争に訴えなくても合意できたものである。

外交官や弁護士が〝和解前のダンス〟にかかる莫大な費用を避けられないのは、ひとつには彼らが交渉理論を知らないからだ。彼らはそれぞれの状況の複雑な問題を自分たちだけで解こうとし、そのことだけに努力を集中する。カン頼りの知恵や経験を働かせるのが大変うまい弁護士や外交官もいて、それらが役立つこともあるのだが、ほとんどの場合、とても多くのことが見逃されてしまい、和解は遅れ、争いの解決にかかる費用は跳ね上がり、ほんとうに必要な額をはるかに超えてしまう。

交渉に入る前の〝ダンス〟で、弁護士は本案（訴えの中心的事項）に焦点を合わせて自分たちの主張を組み立てようとする傾向がある。相手、クライアント、自分たちのモチベーションやインセンティブを徹底的に考えるということはめったにしない。自分たちの主張の強みと弱みについての評価――この訓練なら弁護士も受けている――をすませてからようやく、クライアントの本心も確認しておこうと思う。

この手順は、クライアントがひどい損害を受けたと考える原告でも、相手に食い物にされたと考える被告でも、同じだ。被告（または原告）が検討するポジション――賠償・和解金額など訴訟で問題になることへの姿勢――は、本案（争点）についての判断に左右される。彼らは相手側もそうであることを知っている。これは国家間の交渉――領土がからむ和平、核兵器放棄、統治法や人権の基本的原則といった問題の交渉――でも同じである。

わが社が訴訟へのアドバイスをすることになるとかならず、資料・書類をどれだけ読みたいかと訊かれる。おそらく弁護士たちは、クライアントの本心や自分たちの力をチェックしたように、わたしたちのやる気や能力も探っておきたいのだろう。ふつう、わたしたちが読むことのできる書類はとてつもない量になる。書類の山がたくさんできる。だが幸い、わたしたちの答えはほぼ確実に「書類を読む必要などほんとうにない」というものになる。交渉がはじまってしまえば、本案はたいして問題にならないのだ。本案が問題になるのは行き詰ったときなのである。

どうしてそうなのか？　わたしたちが専門家から聞き出そうとする情報のことを思い出していただきたい。各プレーヤーのポジションがどれだけ正しいか、という情報はまったくいらない。必要なのは、各プレーヤーが結果をどれだけ重視しているかを計算し、個人的な手柄を得るということにどれだけこだわっているかを知ることなのだから。企業の経営陣は結果に、弁護士は手柄に、こだわりすぎることが多い。弁護士の場合、手柄を立てれば、評判がよくなるから、仕事が増え、次の訴訟の条件もよくなる。

とてつもなく複雑なゲームをモデルで予測する

前章でわたしは、連邦検事局に告訴されることになった大企業が直面する複雑な問題の一部を紹介した。そのさいに使用した〝結果の目盛り〟（数値化による結果の配列）は、次のようなものだった。今度はこの例を使って交渉戦略プロセスを徹底的に説明してみようと思う。そうすれば、結果の操作がどのように可能になるか、ご理解いただけるはずだからである。

この訴訟は、利害関係者が多数にのぼる。被告側には、告発内容をできるだけ軽いものにしようとする多数の弁護士と会社幹部がならび、会社の事業によって被害をこうむった地元の地域社会にも、また、告発する側の連邦政府のさまざまな機関にも、多数の利害関係者がならぶ。しかもこれは、例外的な訴訟などではまったくなく、莫大な費用がかかるうえに壊滅的な損害をもたらす可能性さえある、よくある典型的な大訴訟でもある。

そして、利害関係者のリストが長いということは、自分の頭のなかだけで処理するなんてだれにもできない、とてつもなく複雑なゲームになるということだ。ここまでの例を見てきた読者は、「これだって自分の頭で処理できるぞ」と思うかもしれない。だが、これほど複雑な問題になると、コンピューターの助けなしで解ける者なんてひとりだっていやしない。信頼できるアルゴリズム（コンピューターを使って特定の目的を達成するための処理手順）は、まさにこういう問題を解くためにあるのだから、それを活用しない手はない。

悪魔の企業の話ならだれだって聞いたことがある。人々をだます、安全性を無視する、消費者を自社製品中毒にさせる、脱税する、環境を汚染する、搾取工場を運営する……その他、企業がやらかす悪事はいくらでもある。一見して、これもその線の事例であるように思えた。わがクライアントである問題の企業は、民事訴訟だけでなく刑事告発の対象にもすべき、それは恐ろしいことをしたのだと非難されていたのである。利潤を追求するあまり地元の地域社会を破壊したとして、責め立てられていたのだ。

だが、そうやって悪魔呼ばわりされていた者たちは、親切で、物腰のやわらかい、ほんとうの善人にしか見えなかった。子供や孫の写真を財布にしのばせ、質素な車に乗り、並みのレストランで食事をし、ごくふつうのホームコメディやリアリティ番組をテレビで観ている人々だった。言われているようなひどいことがほんとうに行われたのか？　わがコンサルティング会社を雇った者たちは、ほんとうにメディアが描くとおりの極悪非道な怪物なのか？

例によって、真実は独り歩きする非難よりもずっと複雑で、陰影に富んでいた。関係者は地元の地方紙が描いていたような悪鬼ではなかった。たしかに恐ろしいことが起こった。それは事実だが、会社に罪や責任があるとはとても思えなかった。会社が怠慢だったわけでもない。彼らは利益やその他

■連邦検事がとりうる告発ポジション

ポジションの数値	ポジションの内容
100	いくつかの大重罪を含む多数の重罪
90	いくつかの大重罪、小重罪はなし
80	ひとつの大重罪、いくつかの小重罪
75	ひとつの大重罪のみ
60	多数の小重罪、大重罪はなし
40	多数の軽罪、ひとつの小重罪
25	ひとつの軽罪、重罪はなし
0	ひとつの軽罪のみ

のために害をなそうなどとはこれっぽっちも考えていなかったはずだ。ともかく現実は、メディアが伝える衝撃的な話とはまるでちがっていて、そのことは――あとで見るように――連邦検事局はいざ知らず、連邦検事はわかっていたようである。

念のため言っておくが、なにもわたしは起こってしまった恐ろしいことを正当化しようとしているわけではない。パートナーとわたしはクライアントに、訴訟のことだけ考えずに、住民の幸せを願って被害地域のためになることもするように強く勧めた。クライアントはわたしたちのアドバイスを歓迎し、勧められたとおりのことをした。実は、彼らは前から被害住民のために何かをしたいと思っていて、そうした行動をとることをすでに検討していたのである。ただ弁護士たちからは、罪を認めたと解釈されかねないので、そういうことはしないようにと釘を刺されていた。彼らはわたしたちのアドバイスに背中を押されて、損になりうることを避けるよりも正しいことをしようと決心したのである。この決心は人道的なものであり、裁判とは関係がない。

結果的に悪いことが起こったということと、意図的に悪いことをした、または故意に知らぬふりをしたということが区別されないと、公正ではない。ある者が意図的にしたこと、あるいはしなかったことで、道理をわきまえた人間が起こると予見できた被害がもたらされたという証拠（単なる悪口ではない、しっかりした証拠）がなければ、その被害の責任を他人《ひと》に負わせるのはフェアではないと、わたしは思う。

人を裁く場合は、事が起こったあとに結果的にわかったことではなく、あらかじめわかっていたか予測できたことに基づかないといけない。と言っても、わたしは弁護士ではないから、この公正についての見解は、アメリカの司法システムの考えとはかなりずれているかもしれない。どのみち、弁護士の仕事は真実を明らかにすることでなく、訴訟をできるだけクライアントに有利なかたちで終わらせるということだ。それは、コンサルタントとしてのわたしの仕事でもある。

ともかく、動きだしたこのドラマには大きな舞台が必要になった。なにしろ台詞なしの者も含めると、出演者は少なくとも数千にものぼるのだ。だが、最終的な意思決定プロセスは少数のスター・プレーヤーのまわりで進み、彼らの多くは自分の名前が注目されるのをひどく嫌っていた。わがクライアントである企業の取締役たちも、匿名性を強く望むキー・プレーヤーで、そのなかにはこの問題を処理する方法をめぐる議論にたいへん積極的に参加した者もいた。担当部長や担当事業部ＣＥＯだ。むろん首席顧問弁護士も熱心に係わった。社外の上級弁護士たちも、この動きはじめたドラマのきわめて重要なプレーヤーだった。

一方、彼らと相対する側にいた、連邦検事、そのスタッフ、司法省とA局（政府機関だが、クライアント特定につながりかねないので名を伏せる）の弁護士、地元・地方自治体の長、原告弁護団のほうは、名前が注目されてもかまわなかった。むしろ脚光を浴びることを喜ぶ者たちも少数だがいた。彼らもまたスター・プレーヤーだった。

主演級のプレーヤーたちを合意に導き、和解させるというのが、さしあたっての仕事だった。和解できなければ、問題は法廷へと移ってしまう。裁判になっても、たぶん会社とその代表たちは、かなりよい判決を勝ち取ることができていただろうが、その前に、来る日も来る日も裁判という泥濘《ぬかるみ》を進まねばならなかったはずである。クライアントが予測していたのはそのシナリオだった。それは決して好ましい筋書きではなかった。彼らはこのドラマのシナリオをもう何年間も検討してきていたが、事態を好転させられるという感触をまったく得られず、破局がすぐそばまで迫ってきているという心配ばかり深まっていた。

話し合うたびに議論におおいかぶさる陰々滅々たる気配を感じ取ったわたしとパートナーは、問題を整理して明確にし、数学モデルを用いて状況をおおまかに分析することにした。ほんとうにクライアントが思っているほど絶望的な状況なのかどうか知りたかったのだ。どういう結果になるかということについてモデルが出した第一の予測は、表の数値60のポジションだった（このケースでは加重平均と中央値は同じ）。つまり「多数の小重罪（大重罪はなし）」を認めるということだ。この第一予測を被告は朗報と受け取り、彼らは暗雲におおわれていた空から一条の日の光が差しこんできたような気がした。

会社の最高幹部――主演級のプレーヤー――たちは、少なくとも「ひとつの大重罪、いくつかの小重罪」を認めざるをえないだろうと考えていたのだ。そこに、その予想よりもよい結果となることを明かす第一予測がもたらされた。まさに朗報である。だが、一条の光が差しこんできたということは、

■図表6・1　操作されていない罪状ポジションの変遷

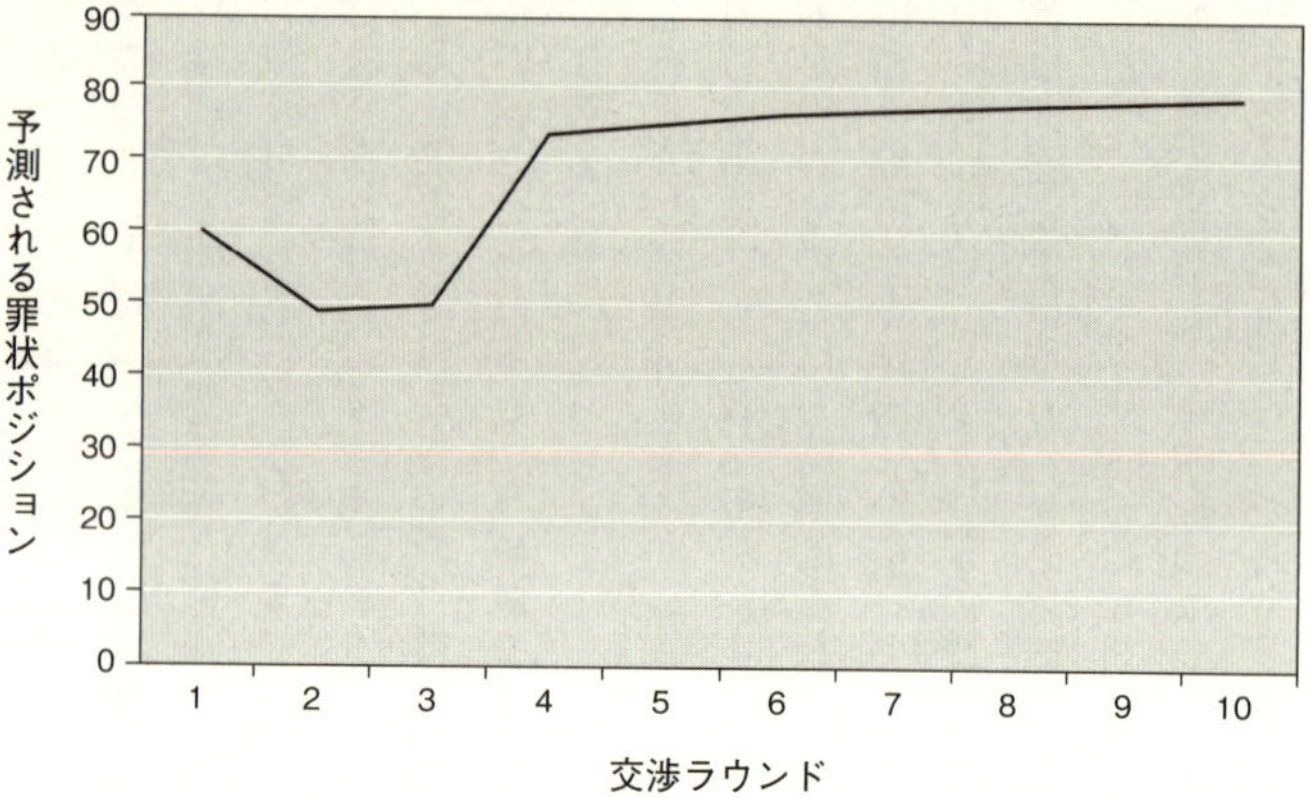

まだ雲があるということであり、このときも例外ではなかった。

この第一予測につづく交渉ゲームのシミュレーションで、被告の陰鬱なる予想が裏づけられてしまう。モデルが各プレーヤー間の相互作用をシミュレートして出した結論は、第一予測よりも悲観的なものだったのだ。言うまでもなく、第一予測のポジションの修正は、最終的結果についてのより正確な予測ということでもある。要するに、原告のモチベーションと力、それに大義がものを言って、わがクライアントは交渉がだらだらつづくにしたがって不利になっていく、ということだ。陰々滅々たる悲観的観測がたちまちもどってきた。

図表6・1が示すように、交渉は複雑な道筋をたどり、最初はずいぶん好ましい結果に終わりそうに見えるが、結局は悪い方向へ転じていくと、わがモデルは予測した。図表を見れば、このゲームが先にわたしが説明した「多次元のチェスゲーム」のようなものになっていることがはっきりわかる。もしプレーヤーの求

めるものが自分の主張どおりの結果だけなら、チェスの総当たり戦ほどの複雑さしかないゲームになるだろう。ところが実際には、エゴが交渉に入りこんできて、ゲームがそれに大きく影響される。大きく勝とうとして大きなリスクをおかすプレーヤーもいれば、勝つことよりも負けないことにこだわる者もいる。

ということは、自分が申し立てるとおりの結果を得ようとして動くのはどのプレーヤーで、和解を達成する（あるいは妨害する）うえで最大の手柄を得られるように動くのはどのプレーヤーで、どちらとも決めかねているのはどのプレーヤーか、見極める必要があるということだ。だから本物のチェスよりもずっと混乱した複雑なゲームになる。なにしろ、この交渉ゲームは、相手が変わるたびにルールが変わるチェスで勝とうとするようなものなのだ！

ゲーム理論による戦略で、予測よりもいいポジションを狙う

モデルによると、まず被告代表と連邦検事かそのスタッフとのあいだで、妥協点をさぐる交渉が八回おこなわれ、そのつど結果が変化する。だが、八回にわたる意見交換・議論のあとは、合意事項をわずかしか変えられなくなってしまい、そのまま交渉をつづけても意味がなくなる。つまり、合意事項は数値80くらいのポジション——「ひとつの大重罪、いくつかの小重罪」——でとまり、動かなくなってしまう。

モデルが出したその罪状の最終的予測は、被告側の弁護士の大半と取締役たちが予想した結果と同じだった。もしわがモデルがこれを改善できなければ、わたしとパートナーは雇ってくれた会社に何

もしてあげられないことになる。わたしたちへのコンサルティング料もまた無駄な支出となるわけだ。

しかし、このゲームでは、ほぼ全員の弁護士が予測できていなかったことがあった（ひとりの社外・上級弁護士が、当初から完全に正しい最終結果を言い当てていたが、なぜそうなるのかも、どうすればそこへ到達できるのかも、よくわかっていなかった）。

モデルによるシミュレーションによると、連邦検事局やその他の局との初期の話し合いでは、互いの利得がしっかりと合わさって、もっと軽い罪状ですみそうな状況となる。だがそれは、被告と連邦検事局を〝今はいいが後で困る〟動きへと誘いこむことを意図した、チェスの序盤の仕掛けのようなものなのだ。

交渉の各ステージでの話し合いの予測結果の推移がわかる図表6・1を見ていただきたい。第二、第三ラウンドでは、被告側の主張によって連邦検事は態度をやわらげ、50——被告にとってはより好ましい「多数の軽罪、大重罪はなし」——での合意を考える、と予測される。わがクライアントの代表や弁護士への聞き取り調査によると、実はこのポジションこそ、交渉の当初に連邦検事がとると思われたものだ。しかし、この最初の分析では、交渉の回を重ねるにしたがって、連邦検事のスタンスはより厳しいものになりうる、とも予測された。つまり、連邦検事はより厳しいスタンスをとるよう促され、態度をさらにやわらげるよう説得されることはない、ということだ。

なぜ、連邦検事は軽めの罪状で合意してもよいという寛大さを示したのち、より厳しいスタンスをとるのか？　なぜこういう動きをするのか？　モデルが出した答えは、A局と連邦検事局の強硬派が〝序盤の仕掛け〟をするからだ、というものだった。明らかに、A局と司法省の弁護士や検事は、悪魔の企業を屈服させるタフガイとして名をあげたくてしかたがない人々だった。モデルの分析によれば、彼らはこの訴訟問題こそ、それを成し遂げられる完璧な機会だと考えた。

彼らはまず〝序盤の仕掛け〟をする。つまり、初期の話し合いでは連邦検事に好きなようにさせ、寛大さを示させておく。ついで時を見計らって、この寛容さにかみついて連邦検事を政治的に困らせ、ここぞというときに、厳しいスタンスをとるよう強いる。企業の違法行為に寛大だという不名誉なレッテルを世間からはられないように、と進言するわけだ。企業犯罪に寛容というのは、被害が起こっている地元にも、司法省にも受け入れられない。こういう仕掛けをする弁護士や検事は、いかにも大バクチを打っていたわけだ。なにしろ、このたくらみが失敗したら大変なことになる。しかし彼らには、成功すると判断できる充分な理由があった。わがクライアントが交渉ゲームを用いなければ、たぶん成功していたことだろう。

連邦検事は（モデルによれば）「多数の軽罪、大重罪はなし」で手を打ってもよいと思っていた。にもかかわらず、論理的に考えると、強硬派の仕掛けが功を奏するであろうと予測できる。つまり、連邦検事は寛容なスタンスをとるのをやめ、大重罪で告発する道を選ぶ。自分が正しいと思う罪状にあくまで固執するか、それとも、仕掛けに乗って、出世のさまたげになることを避け、司法省および地元・地域社会の支持を維持しようとするか、という難しい選択を迫られれば、連邦検事はやはり後者を選択することになる、というわけだ。ただ、連邦検事がこの訴訟問題で世間の注目を浴びて政治的なことも考えざるをえず、出世欲にも動かされるということがわかれば、こちらとしても、連邦検事の自尊心を満足させて強硬派の仕掛けを引っくり返す手を見つけることができるはずだ。

結果を操作するきっかけをつくる興味深い方法がいくつかあることが、シミュレーションによって明らかになった。繰り返すが、シミュレーションによれば、連邦検事が厳しいスタンスをとるのは、

A局と司法省の弁護士や検事からの圧力と、地元・地域社会に住む何人かの利害関係者の主張のためだ。そうした強硬な意見の持ち主たちは、自説が正しいと強く思いこんでいて、実に熱心である。だから、連邦検事も彼らに好意的であると思われたい気になる。

訴訟手続きの訴因として連邦検事自身が適当と思っていたのは、そうした強硬派の〝正義〟よりもかなり軽いものだったので、これはとりわけ注目すべき点となる。罪状に関する連邦検事のもともとの見解は、「大重罪なし、いくつかの軽罪はまぬがれない」という寛大なものだったのだ。それなのに連邦検事は、強硬派の圧力を受けて、「政治的正しさ」とそれに関連する個人的手柄のために「法的正しさ」とも言うべきものを捨てようとする、というのである。

操作によってよりよい結果を得るためにわたしは、「多数の軽罪、それに小重罪ひとつくらいなら受け入れる」という交渉ポジション（最終的には相手に屈服して「ひとつ以上の大重罪」を受け入れざるをえなくなると予測されるポジション）を被告が変えたら、何が起こるかをシミュレートしてみた。まず、もっと譲歩したらどうなるか、ついで、もっと強硬にでたらどうなるか、それぞれシミュレートした。

さらにわたしは、相手の強硬派の有力者に主張を開陳させて、彼らの考えが馬鹿ばかしいほど極端であることを連邦検事に悟らせ、〝仕掛け〟を引っくり返すには、どういう操作をすればいいのかも、検討してみた。こうした代替戦略を考え、組み立てるのに、わたしは基本的分析によって見抜けた別のことも利用した。それは、連邦検事はどちらかというと特定のポジションに固執するより取引をしたがっているということだ。また、被告側は力を増幅できるようなレバレッジ戦略を考え出して、「いくつかの大重罪を含む」罪状を望む強硬派による圧力に対抗できるようにしないといけない、ということもはっきりわかった。

結局、被告側の最良の戦略は、彼らが計画していたものとは少なくとも二つの点で変更が必要、ということが判明した。わたしがもらった彼ら自身に関するデータから読み取れる計画のままではいけないのである。変更しなければならない二点のひとつは、「多数の軽罪、ひとつの小重罪」を認めるべきだと考えていたひとりの社外弁護士は、「軽罪のみ」を認めることを支持する被告弁護団の他の人々と足並みをそろえる必要があるということ。この弁護士は最初から正しい和解条件――この訴訟問題の最終的な合意事項――に気づいていたわけだが、そこまで柔軟に譲歩できるということを連邦検事との最初の話し合いでほのめかしてもいけなかった。そして、そのとおりにした。

その弁護士は台本どおりの完璧な演技をしたのだ。『ア・フュー・グッドメン』で最高の演技をしたジャック・ニコルソンも顔負けというくらい、ほんとうは信じていないポジションを心から信じているふりを見事に演じきった。罪状の交渉を主導していたのはその弁護士だったので、演技の説得力がきわめて重要だった。そして演技は実際に説得力のあるものとなった。

直感を締め出せるか?

もちろん、相手が弁護士であれ誰であれ、信念に反する行動をとらせるのは並大抵のことではない。自分の直感よりもモデルの論理を優先させるべきだと判断するには、大いなる信頼が必要になる。ある顧客はわたしを同僚に紹介するとき、よく「直感を閉め出すこと」と言っていた。モデルが最大の価値を発揮するのは、それが意思決定者たちの期待・予想に反することを洞察したとき――自分の直感を閉め出すように彼らに正しく勧告するとき——である。だが、何が正しく、何が間違っているのかがわかるのは、いつも事後なのだから、自分の信念に逆らってコンピューター・モデルの指示にしたがうのには勇気がいる。

なにしろわかっているのは、モデルがこれまでにどこまで正確に言い当てたかという実績と（ただし誰もが「今回の問題はこれまでにないユニークなもの」と考えている）、提案された方法論に説得力があるかどうかということだけなのだ。幸運なことに、このケースでは、交渉のやりかたを変えるよう求められた社外弁護士は、以前ほかの件でわが社と仕事をした経験があった。いやそれどころか、この弁護士こそ、クライアントにわが社のサービスを使うように勧めた張本人だった。だからモデルのことはすでに知っていて、「まるで魔法」とまで言っていた。それゆえ、この弁護士の場合、モデルが書いた台本どおりに演じることに何の問題もなかった。

必要となったもうひとつの変更点は、第一のものよりも〃被告に受け入れさせる〃のがずっと難しいものだった。当然ながら、会社の取締役たちはこの問題をたいへん心配していて、なんとか解決法を見出そうと必死だった。シミュレーションによれば（こうした分析はすべて、連邦検事との話し合いがはじまる前に行われたということを、忘れないでいただきたい）、取締役たちは問題がどのように展開していくのかとビクビクしている状態なので、「大重罪ひとつを含む多数の重罪」で決めようとする相手の強硬派の高まりつづける圧力に屈してしまう。

つまり、強硬派の〃序盤の仕掛け〃が功を奏する。「大重罪なし、多数の軽罪とひとつの小重罪」を最終結果とするには、取締役たちが甘んじるつもりになっていた罪状を連邦検事が強く主張したとき、取締役たちがそれに飛びつかないように彼らの反応をコントロールする必要があった。それはまさに〝言うは易《やす》く行うは難《かた》し〟という戦略だった。なにしろ、連邦検事を怒らせて話し合いを決裂させる危険をおかしても、重罪を認めるという議論にはいっさい応じないというポジションをとる、という戦略だったのだから。

しかもそのメッセージを、連邦検事と味方の弁護士たちが交渉する数カ月にわたって、しっかりと繰り返さなければならない。具体的には、弁護士たちが連邦検事と話し合いをつづけ、そこで「柔軟に対応するように取締役たちを説得するのは不可能」といつまでも繰り返さなければならない、ということだ。すると、連邦検事のほうが、和解は可能だと取締役たちにわからせるために、被告側に有利になるような行動をとらざるをえなくなる。

それはつまり、連邦検事が政府の強硬派の弁護士・検事に立ち向かい、全員が出席する話し合いの場で——被告側の弁護士たちの目の前で——身内の強硬な主張を粉砕するということだ。こうして連邦検事は強硬派の〝仕掛け〟を引っくり返す。この筋書どおりに事を運ぶには、取締役たちにも、味方の弁護士の考えどおりに行動してもらわないと困る。すなわち、どちらかというと楽な連邦検事のみとの話し合いをしようとするのではなく、強硬派も出席する場で交渉を進めることにあくまでもこだわる、という弁護士たちの考えに同調してもらう必要がある。

いやはや、取締役たちのムカツキぶりたるやすごいものだった。彼らが最初に考えたのは「ビジネス全体が危機に瀕しているというときに、つまらん指図をするいけ図々しい（彼らは実際にはこんな言葉は使わないだろうが）こいつはいったい何様だ?」である。わたしが最善の和解金額——彼らが妥当と考えていたものを大幅に下回る額——を提案したときは、「こいつは頭がいかれている」と彼らは思った。そして、弁護士たちは連邦検事だけでなく強硬派とも会って話し合うべきだと、わたしがアドバイスしたとき、「こいつは頭がいかれているどころの騒ぎじゃないぞ」と彼らは思った。

　モデルによれば、被告側が提案する最善の和解金額は、取締役会が最初に提示すべきだと考えていた金額の三分の一ほどで、その提案は連邦検事だけでなく強硬派もいる席で行うのがベストである。だが取締役たちは、もしモデルが勧めるそんな小額を提示したら、連邦検事は怒って席を立ち、出ていってしまうにちがいない、と思いこんでいた。他の人々のなかに、以前わたしやパートナーと仕事をしたことがあり、モデルについても知っている人たちがいたことは幸運だった。取締役たちは耳をかたむけるべきだ、と彼らは考えた。真っ向から議論をする機会があれば、取締役たちも話を聞いてくれるにちがいない。そう思って、主導する立場にある顧問弁護士が、最高経営幹部とわたしとの話し合いの場をつくることにした。結局、問題は「ゲーム理論による戦略はいかれたものなんかではないということを、経営幹部に納得させることができるかどうか」だった。

　もっとも、この種のことなら、わたしは何度も経験してきた。わが社で具体的な問題を担当する者はみな、取り組みかたへの支持も反対も、かならず——繰り返すが、かならず——モデルが出した解に直接結びつく分析結果に基づいて行わなければならない、と教えられている。個人的な意見を披露しては絶対にいけないということだ。わたしたちは分析対象である問題そのものの専門家ではないし、ふつうは関係する産業についてさえほとんど何も知らない。だから、わたしたちの個人的意見が重視されるわけもない。

　要するにはっきり言えることは、わたしたちが勧めるポジション、戦術、戦略は、モデルの論理とクライアントのデータに基づくもので、自分たちの頭のなかだけで考えた見解によるものではない、ということだ。自説の独自性や確実性を納得させるのは、わたしたちの仕事ではない。クライアントとのモデルの論理に関する議論なら大歓迎で、それはときどき実現する。だがクライアントはかならず知ることになる――異議をとなえる対象はわたしたちではなく、モデルの論理や、わたしたちが専門家（ふつうクライアント自身）から得た入力データだということを。個人的見解ではなく、論理と証拠こそが、わたしたちのプレゼンテーション、状況説明、議論の焦点になるものであり、最終的には、人々に自分の直感に反するやりかたを試みるかどうかを決めさせる根拠となるものだ。

むろんモデルへの盲従はいけない。結局のところ、それは方程式のかたまりでしかないのだから。だが、モデルの分析結果が自分の個人的見解とちがうからといって、その結果をつっぱねるべきではない。繰り返すが、モデルの最大の価値は、クライアントに自分の問題への別の考えかたを提供するという点にある。それはゲーム理論や戦略的思考がもたらすパワーの重要な部分である。幸い、結局はクライアントも、ほとんどの場合、モデルの論理に納得してくれ、データ（彼らから得たもの）が調整可能で、結論の確かさの検討に再使用できることもわかってくれる。要するに、耳をかたむけてもらえれば、われらがモデルの有効性を納得してもらえるということだ。

言うまでもないが、「直感を閉め出す」ことができないクライアントもなかにはいる。だが、彼らがモデルのアドバイスにしたがわないからといって、モデルの予測が不正確になるということはない。それゆえ彼らは、ずっと望ましくない結果に甘んじざるをえない。この章のケースでは、くだんの最高経営幹部は八時間にわたってへとへとになりながらもわたしの能力と分析結果を検討したすえ、モデルが出したアドバイスに納得した。取締役会はわたしたちが勧める方法を実行することにしたのだ。

メッセージが確実に伝わるように、会社の首席顧問弁護士が連邦検事との話し合いに同意し、強硬派の出席を求め、それを強く要求しさえした。もちろん、この強い要求は連邦検事にとっては驚きだった。強硬派にとってはさらに大きな驚き、そして思ってもみなかった〝当てはずれ〟でもあった。モデルによれば、彼らは姿を見せずに陰でこそこそ攻撃したいと考えていたのだ。

彼らの魂胆は、連邦検事が相手企業の首席顧問弁護士と非公式に会ったあとに影響力をおよぼしたい、はっきり言えば、ボスを丸めこみ、あるいは力ずくで自分たちの思いどおりに操りたいということだった。彼らはスケジュールの調整がつかないと言って、首席顧問弁護士との話し合いを避けようとした。だが首席顧問弁護士は、いつでもご都合のよいときに会いますよ、ときっぱりと言って引き下がらず、この策略をかわした。こうして〝仕掛け〟を奏功させようとする強硬派のもくろみは打ち砕かれた。わたしたちの想定外の動きで、彼らはその機会を逸したのである。

首席顧問弁護士は、「軽罪を超えるような罪はいっさい犯していない」という取締役会の（心の底からそう思っている）確信を伝えた。そして、連邦検事の要求に同意しろと言うのは、企業の重要な当該事業を放棄しろと言うのに等しい、と首席顧問弁護士はつづけた。つまり「取締役会は重罪を認める取引などまったく考えていない」というメッセージを伝えたのだ。

もちろん、強い圧力がかかれば会社は、たとえ重要な事業を放棄せざるをえなくなろうと、屈服して大重罪のひとつかふたつを受け入れていただろう。それはわたしたちにもわかっていた。他の事業を推進できるように、訴訟を早いところ片づけたいという思いがそこにはある。たとえ公判に勝っても――どれほど有利な状況でも裁判にはつねに不確定な要素がある――長引く裁判の政治的・社会的・経済的コストは耐えがたい。それよりは罪状で合意して和解し、不利益な結果を我慢したほうがよい。

アーサー・アンダーセンを覚えておられるか？　むろん、この件に係わる会社ではない。エンロンの会計監査を担当して告発された会計事務所（監査法人）だ。アーサー・アンダーセンは公判で有罪になったが、その判決は最高裁でくつがえされた。ただ、そのときにはもう、ほとんど解散状態だった。たとえ無実であろうと、罪状を認めて和解するほうが、裁判で勝つよりよいことがある。法廷での争いにすれば結局は正しい答えを得られるかもしれないが、その正解は被告が耐えられないほど大きな代価を払わされたのちに得られることがあまりにも多いのだ。

このときのモデルの策略も、他の多くの場合と同様、圧力がかけられるのを阻止するためのものだった。モデルの論理に基づく、そのお勧めの策略は、実は「ゲーム理論入門1」と「ゲーム理論入門2」で基本的なゲーム理論について説明したときに紹介した〝ハッタリ〟そのものと言ってもよいものだった。「取締役たちはもともと軽罪よりも重い罪を認めるつもりだった」ということをわたしたちは知っていたが、連邦検事はそれを知らなかったし、知りようもなかった。

予想どおり、何カ月かにわたる話し合いのすえ、連邦検事は取締役たちの圧力に応えて、彼らの肩をもつことにした。政府機関内の強硬派に屈する代わりに、わたしたちが要求したとおりの話し合いの場で彼らを叱りつけたのだ。連邦検事はこの機会をとらえて、最初に妥当と考えていた自分の和解条件を前面に押し出すことにした。強硬派は心の狭い意地悪な連中で、その主張は非現実的で馬鹿げてさえいる、とされた。

こうして、被告側が「多数の軽罪とひとつの小重罪」を認めることで、この訴訟問題は和解に達し、決着することになった。これは会社の取締役たちが強く望み、妥当だと思っていた結末だった。初め彼らは、こうは望みどおりにいかないだろうと思いこんでいた。最初からこの条件で和解することを求めていたら、きっとその思いこみのとおりになっていただろう。「最終的な結果」からはじめていたら、もっと譲歩せざるをえないと思うことになっていたにちがいない。ところが実際は、被告の会社やその弁護士――ひとりをのぞく弁護士全員――が可能だと思っていたものよりもずっとよい結果を得られたのだ。

このケースは未来操作の典型的な例である。会社の取締役たち、連邦検事、司法省の強硬派は当然ながら、それぞれ、生い立ちも、個人的経験も、世界についての信念もちがう。だが、意思決定（行動の選択）ということに関しては、みな例外なく、同じ次元でおこなう。しかも、選択肢は限られている。妥協を求める、相手を強引に屈服させようとする、敵に屈する、意を決して敵との戦争に突入する。そして、そういうことをしながらハッタリをかます。どんな問題でも、行動の選択肢はそれくらいしかない。

このケースでは、最終的な決定権をもつ連邦検事を孤立させるという策略が鍵となった。連邦検事が〝正しい〟と考えていること（絶対的な意味で正しいかどうかは関係ない）と、自分の自尊心を満足させるのに必要としていること――それら二つが和解を操作するうえで最も重要なものになった。したがって、このケースでの真の問いは「これら二つをクライアントにとって最も望ましい結果がでるように調整するにはどうすればよいか？」だった。

もしわたしがこの件に〝国・地域専門家〟のメンタリティーを持ち込んでいたら、たぶん弁護士軍団が作成した数千ページもの背景資料を読んでいただろうし、判例集をも徹底的に調べ、最終的には「わがクライアントの罪状は『多数の軽罪とひとつの小重罪』のみが妥当」である明確な根拠を示していたことだろう（もちろん、わたしが雇われたのはそのためではない。それはまさに、もしこの問題が法廷へと移されていたら、弁護士たちがやっていたはずのことである）。とはいっても、互いの利益が衝突するなか、クライアントの利得を最大にすることが目的である場合、わたしがいかに努力して、どれほど素晴らしい論拠を示そうと、そんなことはどうでもよいことだ。

もしそういうことをわたしが実際にしていたら、言うまでもなく、敵対する政府の有能な弁護士たちが、大重罪が相当という同じくらい見事な言い分をつくりあげていたにちがいない。そうなったらもう、あとは運まかせという状態になる。だから、望ましい解決に到達するには、まず状況を正確に把握し、ついでそれを無視するのではなく生かす方法を見つけ、相手と有効なやりとりを重ねる必要があるということだ。

不満を並べ立てるだけでは（それはほぼ間違いなく各プレーヤーのポジションを硬化させる）、プリディクショニアリング（未来予測操作）はできない。人々が袋小路に集まって動けなくなってしまうというのは、解決しがたい争いがあるということで、実に不幸なことだが、全プレーヤーがそこに集まったということは、各人が行き詰まりを打開する何らかの結果を生む力を求めているということでもある。そういうときこそ、プリディクショニアリングが役立つのだ。それは、行動が起こされたり起こされなかったりするたびに開いたり閉じたりする、意思決定のチャンネルと弁からなる複雑なネットワークを提供してくれる。このネットワークはたとえば、オプションAならドアDが、オプションBならドアEが、オプションCならドアFが開き、それが幾重にも幾何級数的に重なっているというものだ（だから、ここでも信頼できるコンピューターが必要になる！）。

そして、このネットワークの意思決定ルートが変化するたびに、突然、様相が変わり、各プレーヤーのポジションが変わる。そうやって、このケースの場合も、連邦検事はこちらにとって都合のよいところへ導かれたというわけだ。連邦検事にとっては、そこは自分がもともと妥当だと思っていたところであるうえ、最初に被告側が受け入れてもよいと思っていた（実はそう思っていなかったのだが）ものより多少重い罪状を受け入れさせるのに成功したということでも達成感があった。

要するに、人々の状況認識を利用したり変えたりして、事態を好ましい方向へむけてやる、というのがプリディクショニアリングの手法であるわけだが、それをするには、モデルがその都度だしてくる予測を精査して、ポジションの変化をもたらす中心人物を特定し、その変化がクライアントにとって不利となる場合は、それにどう対抗すればよいかを解明しなければならない。このプロセスは、イランの核開発問題を解くときも、アルカイダがやりそうなことを見つけるときも、企業の合併・買収をうまく進めるときも、まったく同じである。こうした問題はすべて人間が動かすものであり、人間というものは住んでいるところや眠る場所がどこであろうと、あまり変わらないのだ。

だから次章では、いま挙げたような最新の問題に注目し、未来操作によって望ましい結果を得る方法を考えてみることにする。そうした実例を検討すれば、すぐにでも起こりかねないことを予測しそこない、やるべきことをやりそこなった場合に支払わなければならない代価もはっきり見えてくる。

第7章

ゲーム理論で中東和平は実現する

スタンフォード大学のフーバー研究所の研究員に名を連ねていると、世界で最も興味深い学者や政策当局者との小規模なセミナーに参加できるという実に素晴らしい特典にもあずかれる。そうしたセミナーはオフレコになることが多い。ということはつまり、その日の重要な議題について率直な意見交換ができるということだ。ある日、その種のセミナーでイスラエル・パレスチナ紛争が議論され、わたしは考えこんだ。ゲーム理論の思考法を用いて、乗り越えがたいように見える平和への障害をとりのぞく糸口を見つけられないものだろうか、と。わたしがそのとき考えたのは、紛争の解決法ではないが、恒久平和に向けての真の歩みになりうる有益なステップである。

わたしが思いついたアイディアは、限界はあるものの、ゲーム理論の思考法が解決不能と思える状況下でさえ新しい方向を示しうるということの好例ではある。ゲーム理論のロジックがイスラエル・パレスチナ紛争の和平交渉を進展させることができるというなら、現代の最も重要な外交問題のひとつの解決にもゲーム理論が寄与できるということである。これを念頭において、イスラエル・パレスチナ関係を新たな角度から見てみよう。この本を読んだ誰かさんが、そのアイディアの実現に向けて動かないともかぎらないではないか！　あるいは、このアイディアの致命的な欠陥を指摘してくれてもいい。

取引をしよう

「和平のために領土をゆずる」というやりかたも「領土のために和平を結ぶ」というやりかたも、中東であろうとどこであろうと、失敗を運命づけられている。そういう方法は賢明なように見えるので、注目を浴びる。二〇〇〇年七月、エフード・バラク（当時イスラエル首相）は、ヤセル・アラファト（当時パレスチナ自治政府大統領）およびビル・クリントン大統領とのキャンプ・デービッド首脳会談で、この「和平のために領土をゆずる」取引を提案した。

一九九三年の〈オスロ合意〉もこの種の取引だった。バラクのキャンプ・デービッドでの提案も、その後の修正案も、結局は失敗に終わる。二〇〇三年の〈中東和平の行程表《ロードマップ》〉も、「和平のために領土をゆずる」合意を行おうとするもので、これも同じ運命をたどった。「和平のために領土をゆずる」のも「領土のために和平を結ぶ」のも、それだけではかならず失敗に終わる。そういうやりかたでは暴力を終息させることは絶対にできない。どちらのやりかたでも、相手が約束をずっと守りつづける確証を双方とも得られないからである。

「和平のために領土をゆずる」約束も「領土のために和平を結ぶ」約束も、ゲーム理論では〈時間不整合性《タイム・インコンシステンシー》〉とも呼ばれる「最適であるはずのものが、時間経過とともにそうではなくなってしまう」欠点をもっている。これを中東和平問題で言えば、次のようなことになる。一方が「明日になればお返しをしてもらえるだろう」と期待して、今日相手に取り消すことのできない利益を与えてしまう。この期待はほぼ確実に裏切られ、相手はその利益をありがたくいただき、約束を果たす前にさらなる利益を得ようとする。「和平のために領土をゆずる」と、かならず和平が実現する前に領土をさらに要求される。「領土のために和平を結ぶ」のも、ほとんど同じ結果になる。領土をもらえるということで和平に合意する側は、誠意を見せるために武器を棄てるが、領土を与える側は、これならもう約束を守りとおす必要はないという気になってしまうので、結局、相手は領土をもらえなくなる。

〈時間不整合性〉が出現するのは、「和平のために領土をあきらめる」場合や「領土のために和平を結ぶ」場合だけではない。その他さまざまな状況でもそれはあらわれる。実はわたしたちも、北朝鮮問題を論じたさいに、すでにこの例を見ている。相手が実際に武装解除したら、約束を守りとおす必要はないという気になりうるということがまさに、北朝鮮問題に有効な方法は何であるかを明らかにしている。金正日《キムジョンイル》に核能力完全廃棄を求めるだけではうまくいかず、核開発計画停止を金正日に認めさせる交渉をしないといけない、ということだ。

二〇〇五年八月にイスラエルのタカ派アリエル・シャロン首相が（一方的に）おこなったガザ撤退を考えてみよう。シャロンがガザをパレスチナ人にゆずった背景には、ガザを護《まも》るのは高くつきすぎるという判断があったようだ。そこで彼は、イスラエル人入植者に家を放棄させることにした。ガザをパレスチナ人にゆずり、最大の火種であった入植地をなくせば、向こうも善意で応え、和平が進展するだろうと期待したのである。動機がどうであれ、善いことをすれば善いことが返ってくると信じるのは、人間性についての楽観的な考えに基づくもので、実際にそうなることもないわけではないが、たいていは貪欲さや攻撃の餌食にされる。

ご存じのとおり、ゲーム理論は人間性を楽観的に考えるということをまずしない。だからシャロンのオプティミズムが間違っていることはゲーム理論で予測できた。民主的な選挙で圧勝したハマスは、パレスチナ自治政府を運営し、マフムード・アッバス大統領のファタハを武力でガザから追い出すとすぐ、境界近くのイスラエル都市へのミサイル攻撃を増加させた。領土を条件なしでただで与えても、平和は生まれなかったのだ。生まれたのは、もっと領土をよこせという要求であり、暴力の増加だった。

ただしこの和平追求の失敗は、パレスチナ人だけがもつ欠点のせいではない。イスラエル人も過去にほぼ同じことをやってきたのである。イスラエルは一九六七年に、そしてふたたび一九七三年に、アラブの敵対国を戦争で打ち負かすと、エジプト、シリア、ヨルダンの領土とパレスチナ人の土地を占領しただけでなく、聖書にあるアブラハムと神との契約によって正当化できるとして入植地の拡大をも許した。そのうえ、イスラエル人入植地はどれもこれも、パレスチナの村々を見晴らせる小高い丘の上にあるので、パレスチナ人は自分の家にいても安全が脅かされているような気がし、不安からほとんど抜け出せない。

さらに困ったことにイスラエルは、ちょうどパレスチナ系イスラエル国民に国内移動を自由にさせてこなかったように、ここ何十年もパレスチナ人の出入国を制限しつづけてきた。あげくの果てにイスラエル政府は、集会の自由をも規制して、パレスチナ人が平和的に独立へ向かって歩むのを邪魔した。パレスチナ人がイスラエルとの和平を促進する努力をおこたってきたように、イスラエルもまた、一九六七年の戦争のあとにパレスチナ人との和平を進展させる機会があったにもかかわらず、それをつかみとる努力をおこたったのである。

わたしが知るかぎり、「和平のために領土をあきらめる」のも「領土のために和平を結ぶ」のも、結局は失敗に終わってしまう。そうした取り組みは、一方的なものであろうと双方向的なものであろうと、はたまた多国間のものであろうと、打ち砕かれる運命にある偽りの希望を生じさせるだけで、結局は事態をいっそう悪化させるだけなのだ。希望がかならず打ち砕かれる理由は、いたって単純、和平を推進しようとする者たちが自分の戦略の〈時間不整合性〉に注意を払わないからだ。要するに、善意も、築かれつつある信頼も存在しないときに、彼らはそれらに頼って事を進めようとするのである。

そうではなくて、敵対する双方の我欲を刺激し、それを梃子《てこ》にして和平を推し進めようとするべきなのだ。双方の協力が必要となる方法を探すのではなく、どのプレーヤーもそれを避けるインセンティブをもたない独立執行力のある戦略を考え出すべきなのである。

第三章でお話した〈囚人のジレンマ〉を思い出していただきたい。そのゲームの二人のプレーヤーは、お互い裏切らずに協力し合って事にあたれば、裏切り合った場合よりもよい結果を得られる。ところが、問題がひとつある。それは、どちらのプレーヤーも、相手が「協力」を選んで自分が「裏切り」を選んだ場合、さらにずっと得をするということだ。そこで結局は、自分だけ「協力」を選んで馬鹿を見るのはいやだから、双方とも「裏切り」を選び、協力し合ったときよりも損をすることになる。互いに協力し合えば得するのに、それができない――まさにジレンマである。ゲームの構造が先に変わらなければ、相互協力は持続可能な解決法にはならない。イスラエル・パレスチナ紛争でもまさにそうなのだ。

「各プレーヤーが一方的に選ぶ行動で損失と利益が直接かつ自動的に変わるようにする」というのも、ゲームの構造を変えるひとつの方法である。独立執行力のある戦略ならそれが可能で、双方を利する平和と繁栄をもたらすのに役立つ。では、ゲーム理論の思考法がもつ力を利用して、和平に向けての重要な第一歩となりうることを提案してみよう。それは包括的な和平プランではないが、他のやりかたよりはずっと平和をもたらしやすい方法ではある。これからお話することは、ゲーム理論の思考法から論理的に導き出されるものだが、単なる未来予測ではない。暴力を終わらせる方法を支える論理の説明であり、停滞を打破して前進を可能にする処方箋である。

ゲーム理論が出した和平への道

わたしの提案のキーフレーズは「独立執行力のある戦略」だ。それは、イスラエルとパレスチナのあいだの協力や信頼をまったくと言ってよいほど必要としない戦略である。わたしの頭のなかにあるアイディアは、「純粋に自分の利益のみを追求し、相手に利益になるかどうかなどまったく考えずに、和平を促進し、テロを防止する」インセンティブを双方にもたせる、というものだ。そういう意味では、ゲーム理論の悲観的人間観にそうものである。

具体的な話に入ろう。「イスラエル政府とパレスチナ自治政府が観光(それのみ)から発生する税収の一部を分け合う」というのがわたしのアイディアである。細部(悪魔が宿るところ)の検討に移る前にまず、なぜほかならぬ観光の税収なのかを見ておこう。たとえば、なぜイスラエル・パレスチナ合同のジョイント・ベンチャーを立ち上げたり、双方の支配地間の行き来をもっと自由にしたりして、和平を促進する、というのではいけないのか？　これから見るように、観光の税収を分配するというのは、ほかのことでは得られないようなユニークな機会を提供してくれるのである。

パレスチナ自治政府幹部はみな、観光を未来のパレスチナ経済を支える柱の一本ととらえている。パレスチナの現在の自治区および未来に得られると予測される領土のなかには、おびただしい数の歴史的・宗教的な名所旧跡があるのだから、これはたいへん理にかなった期待と言える。パレスチナ自治区の二〇〇七年のGDP（国内総生産）は四八億ドルだった。平和が確立されれば、観光収入はGDPの一〇％以上、いや、もっとずっと高くなるかもしれない。一方、イスラエルの二〇〇七年のGDPは一六〇〇億ドル超。観光収入は、二〇〇五年は二九億ドル、二〇〇六年は二八億ドルで、二〇〇八年は四二億ドルほどになると予測されている。だからイスラエルにとっては、観光収入はかなりの額に達するけれど、それほど大きいとは言えない収入源、ということになる。

観光には平和の促進に利用できる特性がある。当然ながら、観光とそこから生まれる税収は、暴力（治安）の影響を敏感に受ける。たとえば、図表7・1を見ていただきたい。横軸は、一九八八年から二〇〇二年までのパレスチナ・イスラエル紛争の死者数を示している。それは四半期（三カ月）ごとの数で、0から300の範囲に散らばる。縦軸は、同じ四半期にイスラエルを訪れた観光客数（単位は千）だ。残念ながら、これと比較するためのパレスチナ自治区の観光データを見つけることはできなかったが、収集できた情報を勘案すると、パターンは同じだと判断してよいと思う。要するに、暴力行為が増加すれば観光客数は減少し、暴力行為が減少すれば観光客数は増加して元にもどる。

図表上の直線は、暴力行為レベルが公表された時点での三カ月後の推定観光客数を示し、点のほう

■図表7・1　暴力行為のイスラエル観光への影響

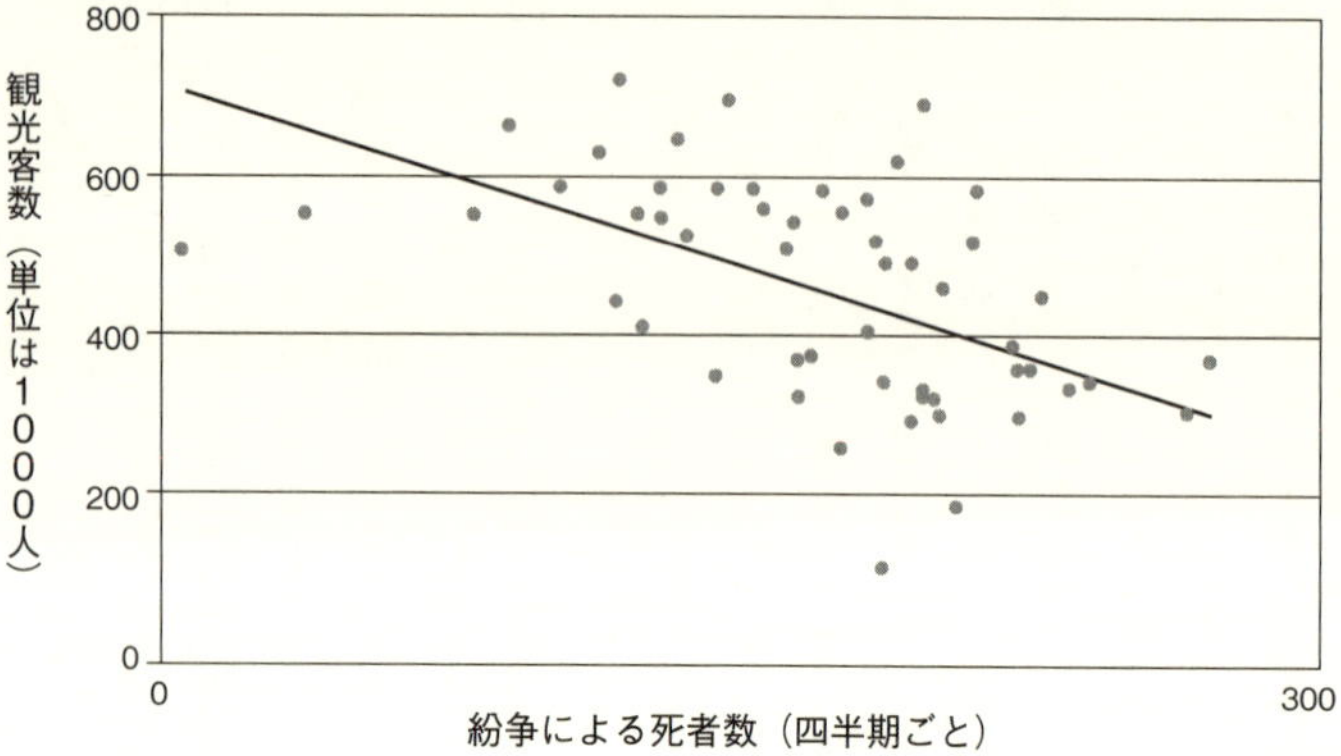

は、暴力行為が起こってから三カ月たった時点での実際の観光客数を示している。起こった暴力行為の影響が観光にあらわれるのは三カ月後と設定したわけだ。旅行予定者もそれだけの時間があれば計画を変えられるはずである。

　暴力行為が増えれば観光客が激減する、という点は疑う余地がない。実は、平均すると、ひとり死亡するごとに観光客が一三〇〇人減り、ホテルの観光客宿泊数が二五五〇も減る。四半期の死亡者数は平均五三人。ということは、暴力行為が平均レベルの四半期には、紛争関連の死亡者がひとりもいない四半期とくらべて、観光客がほぼ七万人も減ってしまうということだ。イスラエルはふつう四半期に約四五万人の観光客を迎え入れるから、この七万人減は深刻である。イスラエルの年間の観光収入はおよそ三〇億ドル。平和な年にイスラエルを訪れる観光客は、控えめに見積もっても一八〇万人。それよりも約二八万人も減ってしまうということは、年間五億ドルほどの観光収入を失うことだ。そこにはむろん、パレスチナ自治区側のホテル、レストラン、タクシー、レン

図表7・2　2000年のインティファーダ以降のパレスチナ自治区の観光

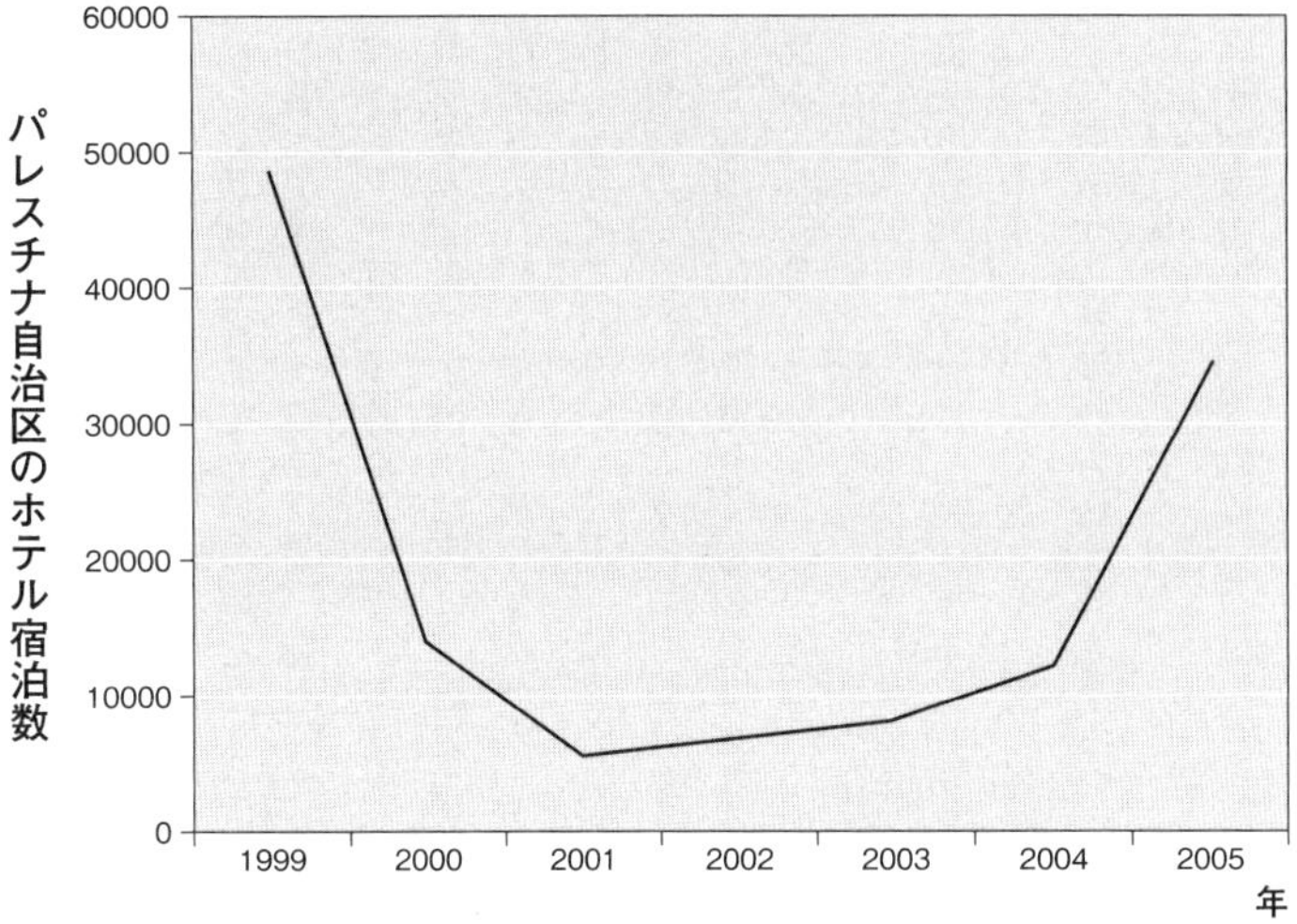

タカー、ガイド、その他が失う収入は含まれない。

　では、パレスチナ自治区のほうはどれくらいの損失をこうむっているのか？　すでに述べたように、自治区の場合、同種の観光データを得るのは難しいが、ひどい状況であることを示す証拠はたくさんある。たとえば、二〇〇〇年の後半にはじまった第二次インティファーダの前は、自治区にホテルは九〇軒ほどあった。ところが二〇〇一年の末までに、その数は七五軒くらいまで激減してしまう。ホテルの開業・閉鎖は、もちろん、お客がどれくらい来てくれるかによる。

　図表7・2は、一九九九年から二〇〇五年までのパレスチナ自治区の年間ホテル宿泊数の推移を示すものである（パレスチナ自治政府の公表データによる）。第二次インティファーダの影響は、容易に予測できるもので、迅速かつ強烈だった。ホテル宿泊数はほぼ垂

直に落ちこんだ。観光そのものが劇的に減少したのである。自治政府の推算では、第二次インティファーダがはじまった二〇〇〇年九月から二〇〇二年七月までに、六億ドルの観光収入を失った。その期間の年間観光収入は三億ドルにすぎないから、損失は観光収入の総額にものぼるものだったことになる。これらの数字を覚えておいていただきたい。あとでまた問題にするつもりだ。

これらの事実が頭に入っていれば、観光税収を平和へのステップにすることの利点を指摘するゲーム理論のロジックを理解することができる。たとえば、想像してみよう――オバマ政権や国連が、イスラエル政府とパレスチナ自治政府に、観光のみから得られる税収を分け合うように強く求め、その分配を管理するようにしたら、どうなるか？　イスラエルとパレスチナは、それぞれの現在の人口に応じて税収の分配を受ける。つまり、現在の人口比で分配率が決まる。

この観光税収の分け合いは、永遠につづける必要はない。ただ、長いあいだ（たとえば二〇年）つづけるという取消不能の約束をする必要はある。この税収分配が未来ではなく現在の人口比に基づいて決められる〝固定型〟であることも重要だ。あとで再交渉して修正できる〝変動型〟にしてしまうと、よこしまなインセンティブが入りこむ余地が生じることになる。

また、観光客が落とす金から発生する税収が具体的にどういうものであるのかを、この収入源を推算する所定のルールに基づいてきちんと決めておくというのも不可欠だ。観光収入とそこから発生する税を定めて徴収する標準的方法を導入するのに、独立した会計事務所を利用するという手もある。そしてこの税収は、人口比による固定率にしたがって無条件で、合意された期間にわたり、イスラエル、パレスチナ双方に分配される。

観光税収のなかには明瞭なものもある。たとえば、ホテルは客が外国人の場合にはパスポートをチェックするので、何人の観光客がチェックインし、宿泊料がいくらで、それに対する税がいくらか、簡単に知ることができる（ホテル宿泊数のデータがすでに存在する）。ホテルの宿泊者が外国人の場合は——厳密な意味での観光客であろうと商用で訪れたと主張する者であろうと——ホテル宿泊税なるものがかならず発生すると規定してもよい。過少申告をふせぐ有効な監視システムをつくる必要があるが、そういうものはすでに政府が取り組んできたことではないか。

レストランはホテルほど簡単に客を外国人かどうか見分けることができない。だが会計士なら、観光客によって発生する飲食税の割合を見積もる巧妙な方法を見つけることができるはずだ。その場合、レストランのロケーション、その地域の外国人ホテル宿泊者の比率、クレジットカードが使えるか否かなど、多数のファクターが考慮されることになるのではないか。

その他の商店についても同様な対処でよいだろう。たとえば、みやげ物を売る店は、食料品店よりも観光客からの収入の割合が多いはずだ。外国からの訪問者は入国審査のさいに入国目的——観光かビジネスか——を申告することになっているが、それもまた、観光目的と申告した者たちが落とす金額を推算するのに役立てることができるだろう。ともかく、わたしは会計士の仕事をするつもりはないし、むろん、そうする資格もない。会計の専門家なら、観光を対象とする税をきちんと徴収するのに必要な、理にかなったルールをうまくつくりあげることができるだろう。

人口に関連することに話を移せば、現在パレスチナ人はその地域の人口の四〇％を占めているので、観光税収（ドル、シェケル、その他の通貨）の四〇％が自動的にパレスチナ自治政府へ、六〇％がイスラエル政府へわたされる。その場合、国連に代表部を送っているところを正式な政府と認めるということでいいのではないか。そうすれば、正当な政府はどこかという問題をめぐる争いに足をすくわれることもない。イスラエルとパレスチナとのあいだでは、外交的認知そのものが論点になっているのである。また、パレスチナ人、イスラエル人の定義も、「その地域に居住している者」とすべきで、海外居住者まで含めるべきではない。海外の者まで含めてしまうと、政治的・経済的利益のために、パレスチナ人、イスラエル人が水増しされてしまう。

そして税収の分配は、イスラエル、パレスチナ、紛争地区それぞれに観光客が落とした金額を別々に計算するのではなく、全地域から得られた総額をまとめて処理する方式でおこなうべきである。さらに、このプログラムによってイスラエルとパレスチナが得た資金の使い道については、何の制限ももうけない。指導者たちが国民の生活を改善するために投資するというのなら、それは素晴らしいことだ。秘密口座に貯めこんでおきたいというのなら、それは彼らと有権者との問題だ。ともかく成功の鍵は、その分け前が和平を進展させた褒美でもなく、和平を妨害した罰として差し止められるものでもないという点である。

現在の状況を思い出そう。イスラエルは二〇〇八年には四二億ドルほどの観光収入を見こみ、平和になれば、それは数年にわたって激増するだろうと予測している。図表7・1から読み取れるものに基づけば、平和が確立された場合、観光収入は二〇〇一年から現在までのそれよりも五〇%増加すると推算できる。

おそらくパレスチナでは、観光収入の伸びはさらに大きくなるはずである。暴力行為の観光への影響は、イスラエルよりもパレスチナ自治区でのほうが強いからである。死者数はパレスチナ側のほうがずっと多いので、これは驚くにあたらない。永続的な平和が実現すれば、イスラエルの観光収入は二〇〇八年の約四二億ドルから（少なくとも）六三億ドルほどに跳ね上がるだろう。そしてパレスチナのそれはたぶん、三億ドルから（少なくとも）六億ドルに倍増する。つまり、第二次インティファーダ以前の、一九九九年の水準にまでもどる。

暴力行為がこのままつづくと、現在のイスラエルとパレスチナを合わせた観光総収入は、ふつうに見積もって四五億ドル。平和になった場合は、これが六九億ドルまで激増する。これに平均二〇％の観光税をかけると、一四億ドルほどの税収となる。暴力行為がつづいた場合は九億ドルだ。

税収分配協定も結ばれず、平和も得られないとなると、イスラエルの観光税収は（やはり税率二〇％として）二〇〇八年も二〇〇九年も八億四〇〇〇万ドルに、パレスチナのそれは六〇〇〇万ドルになると推算される。では、「観光税収の六〇％をイスラエルに、四〇％をパレスチナに」という協定が結ばれ、平和が実現した場合にはどうなるかというと、イスラエルの税収は少なくとも八億三〇〇〇万ドルになる――〝戦時〟も〝平時〟もほぼ同じということだ。ところがパレスチナのほうの税収は五億五〇〇〇万ドル、〝戦時〟の九倍以上にもなってしまう。しかも、観光収入も一〇億ドルほどまで増加する。これはGDPの二〇％に相当する。たいした経済成長ではないか！

さて、これで数字は出そろった。では、次にこのアイディアを支える論理を見ることにしよう。これまでにわかったのは、テロリストの攻撃やその他の暴力が高レベルのままつづくと、イスラエル管理下の史跡でもパレスチナ管理下のそれでも、訪れる観光客の数が激減するということだ。つまり、暴力行為が深刻なレベルのままなら、分配できる観光税収はわずかなものにしかならない。ということは、パレスチナの指導層は効果的な対テロ対策をとらなければ、ほんのわずかな資金（税収）しか得られないということ。

ただ、イスラエルや国際社会がパレスチナの政治が気に入らないという理由だけで、この資金がとりあげられることはない。これまでよく起こっていたことが、この資金に関しては起こらないということだ。他の人々の要求どおりにパレスチナ人がしないからといって、資金の支払いが差し止められることはない。資金が流れたり干上がったりするのは、ただ単に観光客が訪れたい場所での暴力を嫌うからである。もしパレスチナがテロをはじめとするイスラエルに対する攻撃を厳重に取り締まり、その根を断とうとすれば、暴力行為は減って、ほぼ確実に観光客数は急増する。観光客数がわたしの控えめな推算よりもほんのすこし増えるだけで、パレスチナだけでなくイスラエルの得る税収も増加する。

わたしの控えめな推算どおりであっても、パレスチナの観光収入は激増し、イスラエルも失うものは何もない。イスラエルが、パレスチナ人とのトラブルを助長しかねない入植者やその他のグループの行動を取り締まれれば、同様の利益が得られる可能性がある。報復合戦へと発展するに決まっている芽を摘むことができるからだ。だから、両政府とも、報復合戦をふせごうとする正しいインセンティブをもつ必要がある。

効果的な対テロ政策や適切な取締りができないとなると、現状のまま何も変わらないということになる。対テロ政策と取締りがうまく効果を発揮すれば、双方とも、相手と直接協力し合わなくても利益を得ることができる。もちろん、双方の情報機関が協力し合えれば、どちらの観光税収もそれだけ増加することになるだろう。一方が税収を増やすことができれば、もう一方に流れる税収も増える、というのがこの提案のメカニズムである。だからこそこれは、独立執行力のある、双方を同じように利する計画なのだ。

むろん、イスラエル・パレスチナ紛争の問題点はそれぞれの経済だけではない。また、経済的なインセンティブを利用する取り組みが、これまでにもたくさん提案されてきたというのも、同じくらい疑いようのない事実だ。それは少なくともウィンストン・チャーチルの時代までさかのぼれる。だが、これまでのそうした経済的な取り組みは、相互の協調・協力を必要とする投資戦略と言えるもので、投資する側――イスラエル――は望みどおりのことを得られない場合は資金提供をやめてしまえるものだった。

こうしたやりかたでは、パレスチナとイスラエルに同等の責任を負わせることができない。一方が他方に平和を強制し、言うことを聞かなかったら罰するという形になってしまう。この種の方法はまた、イスラエル資本の事業に雇われたパレスチナ人に経済的依存を恐れさせもする。観光税収を分配するという方法には、こうしたマイナス面はまったくない。インセンティブも、実行する責任も、双方が同等にもつことになっていて、いびつな形にはならない。どちらが平和を壊す行為をしても、双方の税収が減る。

観光は未来のパレスチナ経済にとって重要だが、パレスチナ自治政府の指導層はこれまでも観光を重視しており、ある種の収入に直接影響をおよぼす平和への脅威は排除できるし、今後も排除するつもりであることを、彼らははっきり示してきた。さらにわたしたちは、エルサレムの最も開発が遅れている観光地区はパレスチナ人居住区であるということも知っている。パレスチナ自治区全体と、パレスチナ人住民が圧倒的に多いイスラエル国内の地域も、観光施設が同様の低水準にある。

平和が実現すれば、そうした〝観光低開発地域〟でも、国際的ホテルチェーン、レストラン、ブティック、そのほか観光客相手のサービス会社などが、過剰なほど増殖することになるだろう。そして観光が生む繁栄と平和のきずながしっかりとできる。しかもそれは、中・長期的にはほとんど自己資金のみで維持できるようになる。

そして最終的に、この観光税収の分配は、双方に相手への信頼がなくても〝信頼を醸成する〟ステップとなる。さらに、パレスチナはテロ防止にいっそう努めるようになるはずだし、イスラエルはおそらく入植者をやたらに増やすような真似をしなくなるだろう。この税収分配計画が地域の平和に貢献し、テロを効果的に抑えこむことができれば、根本的な問題を解決する包括的交渉の道もひらける。テロ活動は、いちど破壊してしまえば、めったに再生しない。この税収分配構想を実現すれば、さしあたりは相互の信頼に頼らず、接触さえ必要とせずに、〝和平プロセス〟をポジティブな方向へと動かすことが可能になるだろう。

多くの者が信じているように、もしもイスラエル・パレスチナ紛争が宗教をめぐるものであるならば、この観光税プランは平和を促進できないだろう。ただ、その場合、和平をさまたげる最大の障害となっている者がだれなのかがはっきりする。宗教や他の理由のために自国民の経済や福祉を平気で犠牲にする者が特定できれば、だれと交渉すれば効果があり、だれと交渉するのは時間の無駄であるのか、より簡単に知ることができる。それがわかれば、和平をはばむ力を粉砕する道がひらけ、的を射た効果的な対テロ対策を実行することも可能になる。どちらに転んでも、こうした独立執行力のある和平実現計画が状況を悪化させることはなく、反対に、状況を改善する可能性のほうがずっと大きい。

そんなものは絶対にうまくいかない、と言って、わが観光税プランのようなアイディアに反対する人もいる。イスラエル人とパレスチナ人――ユダヤ教徒とイスラム教徒――の文化的溝はあまりにも深く、通常の経済的インセンティブが効果を発揮するはずがない、というのが彼らの見解だ。乗り越えられない〝暴力の伝統〟がある、と彼らは考えているのである。

北アイルランドは毎日のように起こっていた爆弾テロにもはや苦しめられていないという事実や、イラクの数万人の元暴徒たちが〈憂慮する地元市民〉（ＣＬＣ）という新しい役割をしっかりと担っているという事実をたとえ知っても、彼らはそのように考える。パレスチナとイスラエルの場合にかぎっては、あるいは彼らのほうが正しいのかもしれない。しかし、歴史はその見解を支持しない。

中東にはイスラム支配の長い歴史がある。それはおおよそ第一次世界大戦の勃発までつづき、その地に住むユダヤ人（ユダヤ教徒）もそれまではずっと、まわりのイスラム教徒たちと仲良く自由に暮らしていた。世界のどこよりもうまくいっていたと言ってもよいくらいだ。いわゆるムーア人（イスラム教徒）がスペインを支配したときも、ユダヤ教徒はイスラム指導者たちの寛容に助けられた。だが、カスティリア女王イサベルとアラゴン王フェルナンドがスペインを統一し、カトリックの規範を利用して支配をはじめると、このユダヤ教徒たちへの寛容は崩れ落ちてしまう。

イスラエル・パレスチナ紛争の根本的原因は、宗教ではなく経済にある。少なくとも多くの者にとってはそうだ。宗教は、ふとどきな者たちが支持を得るために政治的に利用する実に便利な原理ではあるが、過去にこの紛争の原因になったことはないし、いまも第一の原因ではない。パレスチナ紛争は土地をめぐるものなのである。

伝統的社会ではつねにそうであるように、この地域でも経済は大昔から土地の所有と切っても切れない関係にあると言ってよい。イスラエル人とパレスチナ人が居住し管理する地域の経済は、いまなお土地に大きく依存している。ただ、何十年も前と比べると、その依存度はかなり弱まっている。イスラエル経済が現代化して、そこでの農業の役割が様変わりしたせいもある。さらにパレスチナ人も、観光サービスを中心に据えた現代的な経済をつくりあげることを本気で望むようになった。だからいまや、独立執行力のある経済計画を実施する機が熟したと言えるのである。

ものごとを否定的に見る人は、人々の行動の表面しか見ない。そして、あまりにも性急にそれをその人々の中心的価値観と同一視してしまう。テロ行為は極端、狂信的すぎて、とても理解できないものと思えるので、テロリストは自分たちとはまったくちがう生きものだと、多くの人が早呑み込みしてしまう。やつらは筋の通った議論などできない連中で、そもそも議論などしようとしないと、わたしたちは考えてしまうのだ。

だが、その一方、イラクのアルカイダのテロリストだって、一日わずか一〇ドルというお金で生きかたを変えさせるように仕向けることもできるのだということを、わたしたちは知っている。ユダヤ人とイスラム教徒が良好な関係をたもっていた歴史に、イラクの元暴徒たちもささやかな報酬で生きかたを変えるという事実を重ね合わせれば、斬新な経済的アプローチを試すことのマイナス面ばかりを見るのは間違っていると思わざるをえなくなる。それが、一方には経済的損失を事実上まったく与えず、もう一方には大きな利益をもたらす、というアプローチである場合は、なおさらだ。有名な反戦歌にあるように「ギブ・ピース・ア・チャンス（平和にもチャンスを与えよう！）」（邦題『平和を我らに』）である。

パレスチナ人とイスラエル人が宗教原理よりも経済的インセンティブを重視するとはとても思えないという人々でさえ、実はこの〝観光インセンティブ計画〟を試してみたいと思うはずなのである。なぜか？　それは、この計画には、すでに言及した〝見えない手〟がもたらす利益——ものごとを否定的に見る人々の心配を払拭しうる利益——があるからである。パレスチナ側には、強い経済を築くことに関心がない強硬派がいて、イスラエル側には、この地をユダヤ人以外に占有させる意図は神にはないと固く信じているタカ派がいる、という点については、だれも異論がないとわたしは思う。こうした強硬派は、和平を阻むためなら何でもする。観光客を来させないように暴力を助長する。

だが、まだ多数派になっていないにしても、現実主義者が双方にいることも、わたしたちは否定できないはずだ。この観光税収分配戦略を実行できれば、強硬派を特定して排除しようという強いインセンティブを現実主義者たちに確実にもたせることができる。彼らは、「約束された大規模な経済的発展に干渉させないように強硬派を探し出して排除するための」対テロ情報を当局に提供するようになる。したがって、強硬派を見つけて罰するのが前よりも楽になり、それがまた双方の現実主義者たちの力を強める。これは強硬派の力を恐れる者たちにとっては魅力的なことであるはずだ。

わたしが本書で何よりも伝えたいと思っていることは、「ある問題に取り組む場合、その問題に含まれるさまざまな利得についてしっかり考え、最善の結果を得られる利用可能な最高の方策をとれるようにする」ということである。次の例が示すように、人々を動かす利得に気づかないか、気づいていても無視すると、自滅を招くこともある。

会社が不正行為に走るとき

会計事務所（監査法人）のアーサー・アンダーセンは、エンロン破綻にかかわる大物を釣り上げようと躍起になった司法省によって、解散に追い込まれた。アンダーセンへの有罪判決は、最高裁でくつがえされたが（裁判官全員一致）、ときすでに遅く、同社を救うことはできなかった。数千人もの無実の人々が、職と年金を奪われ、成功して慈善活動もおこなっていた革新的な法人で働く誇りをも失ってしまったのだ。アンダーセンの経営陣は、不正行為ということに関しては、どうやら完全に無実だったようだ。だが不運なことに彼らは、会計監査依頼者の不正行為から自社を護《まも》るための有効な監視システムを構築しなかったために、みずからの破滅を招いてしまった。実はそれこそ、大手の会計事務所に共通する問題点だったし、それはいまも改善されていない。アンダーセンの場合は、苦い個人的体験から、わたしもあの悲劇的結末がどれほど不必要なものであったかを知っている。

二〇〇〇年だったと思うが、わたしはアーサー・アンダーセンの危機管理部門の長から、顧客が会計不正を働く可能性を予測するのに役立つゲーム理論モデルを開発してもらえないかという依頼を受けた（これがきっかけで、第五章でサーベンス・オクスリー法について議論したさいに紹介したモデルができあがった）。すでに述べたように、わたしは三人の同僚とともに、会社が株主やＳＥＣ（証券取引委員会）に業績についての虚偽報告をする危険性を予測するモデルをつくりあげた。そのゲーム理論モデルは、公開情報だけを使って、不正行為が実際におこなわれる二年前にその危険性を予見することができる。わたしたちがやったのは要するに、会計不正の原因と思われるものをつきとめるのに役立つ綿密な会計調査（法廷会計）を、株式公開企業の管理システムに組み込む方法を見つけるということだった。

わたしたちは、モデルが算出した不正行為をおかす危険度にしたがって、企業のグループ分けをおこなった。調査した企業の九八％は、不正を犯す危険度はゼロに近いと判定された。そうした「危険度・ほぼゼロ」企業中、のちに業績の虚偽報告をおこなったとされたのは一％でしかなかった。モデルが会社の組織や報酬のファクターに基づいて「危険度・最高」と判定した企業は、全体の一・五％

ほどだった。そして、こちらの小グループの場合は、その実に八五％が、モデルの調査対象期間内に不正行為を働いたとして、ＳＥＣに告発された。

エンロンは一・五％の「危険度・最高」グループの一社だった。二〇八ページの表は、大規模な不正行為をおこなって告発されることになった一〇社に対する、わたしたちの評価（予測）を示したものであり、エンロンもそこに入っている。表示されているのは、それぞれの企業に対する各年の危険度だ。注目すべきは一九九七年から九九年までの評価である。それらの評価は、統計学で言うところのアウト・オブ・サンプル・データ（モデル作成時の検証に使用されていないデータ）によるもので、ほんとうの意味でのモデルのテストと言ってよい。それがどういうことで、どのようにおこなわれたか、これから説明しよう。

会社が正直または不正直にどれだけなりやすいかを判断する方法を知りたいとしたら、どうすればよいか？　ゲーム理論の思考法を利用すれば、会社がトラブルにおちいっているときに経営陣を不正行為に向かわせる、いつくかのファクターを特定できるかもしれない。何章か前に、わたしたちはそうしたファクターを検討した。経営幹部が職を維持するのに必要な支持者の規模などがそれにあたる。また、不正行為の兆候となるファクターについても、わたしたちは検討した。たとえば、報告書にある会社の業績や経営ぶりから考えて低すぎる配当と役員報酬などである。

配当として支払った総額など、いくつかの条件が、不正がおこなわれている可能性を測る指標となるのはわかっている。だが、配当支払いの規模は、不正をうながす要因としてどれほど重要なのか？　他のファクター、たとえば機関投資家の株式保有率とくらべてどうなのか？　機関投資家の株式保有率というのもまた、業績の不振を隠そうとするインセンティブが生まれやすいか否かを示すインジケーターになるのだ。多数の変数（たとえば、わたしと同僚たちが考案した不正行為ゲーム・モデルでファクターとされたもの）についての情報を評価する統計的手法はいくつかある。そうした手法を使えば、会社が正直または不正直になる確率をファクターがどれだけうまく言い当てることができるか、つかむことができる。

たとえば、最尤《さいゆう》推定（最も尤《もっと》もらしいパラメーターの推定）と呼ばれる一群の統計的手法がある。ここではそれが正確にどういうものであるのか気にする必要はない（統計マニアのために言っておけば、わたしたちが使ったのはロジット分析）。大事なのは、そうした手法を用いれば、結果に影響すると思われる、それぞれの変数、ファクターの重要度を正確に推定することができるということだ。そして、それぞれのファクターの数値（取締役の数、機関投資家の株式保有率など）にその重要度をかければ、会社が二年後に正直な報告をする、または不正を犯す確率を複合的に推定することができる。モデルの理論そのものが間違っていれば、こうした統計的手法によって、計算に使われたファクターが理論どおりの大影響を結果におよぼさないということが明らかになる。

わたしたちのモデルの場合、重要度の推定は、数百社に関する一九八九年から一九九六年までのデータに基づいて行われた。予測対象の「企業が不正を犯す可能性」は、二年後のことだから、一九九五年には九七年の、九六年には九八年の、九七年には九九年のことになるため、重要度の統計的推定は、二年前の入力データと（二年後に）実際に起こったことの両方がわかっている時期だけにもとづく。したがって、統計的手法を用いてデータと二年後の結果を関連づける検証・操作ができた最終年は一九九六年ということになる。

だから、その後（九七年以降）は、その統計的計算に使用されなかったデータを用いるわけで、イ

■大規模な不正行為の予測例

企業	'91	'92	'93	'94	'95	'96	'97	'98	'99
バンク・オブ・アメリカ	ND	ND	1	5	2	5	5	1F	1
ボストン・サイエンティフィック	ND	ND	4	4	4	4	5F	NDF	ND
センダント	ND	1	5	4	ND	4F	1F	1	1
シスコ	ND	ND	ND	4	ND	4	ND	4	NDF
エンロン	2	1	4	2	3	4	5	5F	5F
インフォーミックス	1	4	4	4F	5F	5F	3F	ND	5
メダフィス	2	2	3	4F	5F	5F	4F	2	ND
ライト・エイド	2	2	1	3	4	5	4	5F	3F
ウエイスト・マネージメント	5	5F	5F	4F	3F	5F	5F	2	1
ゼロックス	1	1	1	1	3	3	5	5F	5F

表の見方
危険度の予測：1—非常に低い　2—低い　3—中　4—高い　5—非常に高い
ND—データ不足で予測不能
F—のちに不正行為が発生（予測当時には未知の情報）

ン・サンプル・テスト（モデル作成時の検証）によって得られた重要度を利用して、不正の可能性を予測することになった。つまり、九七年以降はアウト・オブ・サンプル・テストということだ。モデルの真価がわかるのは、九七年以降のアウト・オブ・サンプル予測によってである。もちろん、この予測は実際には二〇〇〇年と二〇〇一年に行われたので、わたしたちは〝過去を予測した〟ことになる。

そんなのは変だ、と読者は思うかもしれない。たしかにそれは、本書がいままで検討してきた予測とはちがう。〝過去を予測する〟？　と、あなたは首をひねるかもしれない。すでに結果がわかっているのだから、そんな予測、簡単すぎる！　だが、思い出していただきたい――九七年以降に起こったことは、モデルのための重要なファクターを見つけるさいも、重要度を設定するさいも、まったく利用されていないということを。つまり、九七年以降の出来事に関する予測は、同年以降のいかなる情報の恩恵にも浴していない、ということだ。だからそれらは、たとえ二〇〇〇年と二〇〇一年に行われたものであろうと、ほんとうの予測なのである。

この種のアウト・オブ・サンプル・テストは、わたしたちのモデルが企業不正の危険度をうまく算定できるかどうかを判断するのに役立つ。と言っても、その〝過去の予測〟が現実の場面で実際に役立つというわけではない。ただ、モデルがどれほど有効で、今後それを予測に使用したさいにどれくらいの精度を期待できるのかということを教えてくれる、ということだ。

こう考えることもできる。わたしたちの不正行為モデルは、公開データのみを使っている。アーサー・アンダーセンが二〇〇〇年ではなく一九九六年に、不正行為発見のためのモデルを開発するようわたしたちに依頼してきていたとしても、わたしと同僚はまったく同じモデルを開発できていたはずである。一九八九年から九六年までのまったく同じデータを利用して、さまざまな会社で九七年以降に不正行為が発生する危険性を予測できていたにちがいない。そしてそうした予測は、二〇〇〇年にやったアウト・オブ・サンプル・テストでの予測とまったく同じになっていただろう。ちがうのは、当時は未来についての予測だったために実用的価値もあって、現実の場面で実際に役立ったかもしれない、という点だけだ。

わたしたちの監視システム（モデル）は明らかに優秀だった。わたしたちが用いたゲーム理論のロジックは、企業が正直な行動をとりやすくなっているときと不正を犯しやすくなっているときを予測することができた。個々の企業の危険度が高い年と低い年を正確に選別することさえできた。たとえば、われらがモデルは、ライト・エイドが年次報告書で真実を語っていそうなときと、いなそうでないときを、前もって（つまりアウト・オブ・サンプル・テストに基づいて）示すことができた。ゼロックス、ウエイスト・マネージメント、エンロン、その他この表には載っていない多くの企業についても、同じことができた。

　したがってわたしたちは、非常に高いリスクをかかえているアンダーセンの顧客（同事務所の会計監査を受けている会社）と、非常に低いリスクしかない非顧客（同事務所の会計監査を受けていない会社）を特定できた。後者はアンダーセンが積極的に働きかけて顧客とするべき会社ということになる。実は、そうしたことを知ることこそ、アーサー・アンダーセンから依頼されたこの試験的研究《パイロット・スタディー》の目的だった。アンダーセンはまず、わたしたちが見つけた情報を各社に関する最新データとして利用できる。そして、モデルが未来のリスクを予測できれば、アンダーセンはそれを考慮して会計監査のやりかたを調整できる。

無知を求めるインセンティブ

　で、実際にアーサー・アンダーセンはこうした情報を有効に利用したのか？　残念ながら、そうしなかった。弁護士や、エンゲージメント・パートナー（会計監査を監督し、監査報告書にサインする関与社員）と相談した結果、それぞれの企業の危険度を知らないほうが賢明であると判断し、結局わたしたちのモデルを利用しないことにしたのだ。そして、問題のある会社の会計監査をつづけ、破綻してしまった。

では、有効な監視システムを本気でつくりあげようとせず、近い将来業績が悪化して問題行動をとると予測される顧客を切り捨てるのに失敗した、というのは世間にあまりない珍しいことなのか？　わたしの知るかぎり、そうではない。こうした有効な監視システムをつくる気がないということが、組織の問題に取り組むゲーム理論の最大の関心事のひとつになっている。なにしろ、これから見るように、企業が問題について知ろうという強いインセンティブを持たないことがあまりにも多いのだ。この監視する気がないという姿勢は、合理的なものなのか？　つまり、その選択に利得はあるのか？　それがあるのだ、残念ながら！　たとえ最終的にアーサー・アンダーセンを解散させることになるとしても！

ゲーム理論の思考法によってわたしは、アンダーセンはしっかり監視することをしないだろうと見抜いていたが、アンダーセンの最高経営幹部たちは本当のところ、自分たちが負うことになるリスクを理解していなかったようだと言わざるをえない。

アーサー・アンダーセンでは、パートナーは六二歳までに退職する決まりになっていた。ところが多くの者が五七歳で退職していた。この数字のひらきは、なぜ会計監査のリスクに注意しようというインセンティブが弱いのかを説明するのに大いに役立つ。最大規模の会計監査の仕事は、長いあいだその地位にあるシニア・エンゲージメント・パートナーがとってきた。わたしがアンダーセンの経営幹部のひとりに指摘したように、シニア・エンゲージメント・パートナーは、大企業の顧客がかかえるリスクをあまり詮索しないようにしようというインセンティブを持っていた。退職後の年金額が、在職中に自分がもたらした収益に左右されるからである。エンロンのような大企業の会計監査は、ふつう何百万ドルもの収入をもたらした。なぜパートナーは、訴訟にまで発展する大きなリスクを企業がかかえているかどうかを徹底的にチェックしようとせずに、そっぽを向いてしまったのか？——その理由はわたしには明白だった。

あるエンゲージメント・パートナーが会計監査時に五〇代の前半か半ばだったとしよう。モデルが二年後の不正行為を予測すれば、そのパートナーにも、不正が行われる危険性が高いことがわかり、アンダーセン（あるいはその企業の会計監査を担当している別の会計事務所）が莫大な費用のかかる訴訟に巻き込まれるおそれがきわめて大きいということも理解できる。訴訟費用は年間の資金から支払われるので、それだけパートナーの収入が減ることになる。

だがもちろん、この出費は、告訴される可能性がでてきて、弁護士が雇われ、弁護活動が開始されるまでは発生しない。そして、帳簿をごまかした会計監査依頼主はふつう、問題の不正行為から三年ほどたってやっと告訴される。ということはつまり、モデルが不正を予測してから五年後に告訴というこどだ（モデルが予測するのは二年後の不正）。不正の嫌疑をかけられると、すぐさま訴訟ということになって莫大な費用がかかるようになるが、最終的に決着がつくまでにはさらに五年から八年は必要となる。つまり、すべてが終わるのは、モデルによる最初のリスク予測から一〇年ほどあとになる。

そのころにはもう、五〇代の前半か半ばで会計監査の仕事をとってきたエンゲージメント・パートナーは退職して、年金生活を楽しんでいる。一〇年から一五年も前に予測されていたリスクを知らなければ、それとわかって〝嘘つき企業〟の会計監査をしたわけではないことになる。したがって、訴訟が進行しても、原告や判事から個人的に責任をとらされる心配はまずない。責任をとらされるのは（あるいは、責任があると主張されるのは）、アーサー・アンダーセン（または会計監査を担当した別の会計事務所）だ。会計事務所なら充分な資金があるし、訴訟のターゲットとしてきわめて自然である。だが、実際に弁護費用を負担するのは、一〇年かそこいら前に問題の会計監査に係わったパートナーではなく、訴訟が行われている現在のパートナーたちだ。ゆえに、リスクを知ろうとする金銭的インセンティブはとてつもなく弱くなってしまう。

インセンティブ・システムがこのように倒錯してしまっていることを、わたしはアンダーセンのある経営幹部に指摘した。すると彼は、思ったことをそのまま口にした。「きみは頭がいかれてしまったようだな」と言ったのだ。のちに不正行為で告訴される顧客は、退職間近のシニア・パートナーではなく、経験の浅いジュニア・パートナーの監査を受けたにちがいない、と彼は考えていたのだ。そこでわたしは、データを調べて確認してみてください、と彼に言った。データ追跡なら会計事務所が得意とするものだ。それこそ彼らの仕事なのである。

案の定その経営幹部は、大きな訴訟に係わる会計監査の多くがシニア・パートナーによるものであることを知り、愕然としてしまった。当時、大手の会計事務所はみな同じ状態だったにちがいないし、それは今もって変わっていないとわたしは確信している。さて、これで、アンダーセンの経営幹部だけでなく読者も、なぜパートナーが帳簿をごまかす可能性の高い会社の会計監査を自分がしようとしているということを知りたがらないか、おわかりいただけたと思う。

では、なぜ経営幹部はそうした事実をそれまで知らなかったのか？　検証すべき問題はそこにある。もし彼らがインセンティブについてもっと注意深く真剣に考えていたら、おそらくエンロン、サンビーム、その他多くの企業が犯した大規模な粉飾決算からはじまった、恐ろしく費用のかさむ訴訟に巻き込まれずにすんでいたことだろう。もちろん、彼らはゲーム理論の専門家ではなかったから、事務所の（大半の会計事務所の）パートナーたちの頭に組み込まれてしまった倒錯したインセンティブについて、可能なかぎり徹底的に考えるということをしなかった。

たしかに経営幹部のインセンティブは、エンゲージメント・パートナーのそれよりは望ましいものだった。経営幹部たちは事務所の長期的な業績のほうにより関心があるようだった。たぶんそれは〈選択効果〉と呼ばれているもののおかげだろう。事務所の健全な発展を望む人々が、経営幹部候補になりやすかったのではないかということだ。それでも彼らには、同僚が仕事をとってくるのを楽にしようというインセンティブはあった。

つまり、できるだけ多くの会計監査契約をとってこられるようにパートナーを助けたいという気持ちがあった。〝悪い顧客〟に係わって問題に巻き込まれるのはできれば避けたかっただろうが、将来起こりうるトラブルについて知らないほうが、パートナーを喜ばせ、仕事がとれるというのだから、彼らもそれを受け入れようという気になったのではないか。したがって、経営幹部たちのインセンティブも完全に正しいというものではなかった。効果的な監視は彼らにとっては利益のあるものだったが、収入を減らし、とりわけパートナーとの関係を壊す、という大きな犠牲を強いるものでもあったというわけだ。

そこで、このジレンマから抜け出すために、会計事務所の多くの経営幹部たちは、だらけた監視を許容した。〝嘘つき顧客〟のせいでこうむらなければならない最悪なものは、せいぜい訴訟――解散ではなく――だろうと素早くリスク計算したのではないか。そうにちがいない。彼らの立場にあれば、わたしたちの多くも同じことをしていたはずだ。

また、司法省による熱心すぎるとも思える告発がなければ、経営幹部たちのリスク計算どおりになっていた可能性が高い、ということも忘れてはいけない。アーサー・アンダーセンは刑事裁判での有罪判決を受けて二〇〇二年に解散に追い込まれたが、その判決は最高裁でくつがえされたのである。この最高裁の判決は遅すぎてアンダーセンを救えなかった。悲しいことに、職を失った人々の数は八万五〇〇〇人ほどにものぼる。

厳しいルールを敷いて同僚を毎日イラつかせるのは、だれにとっても難しい。そうした同僚が経営幹部を選ぶ権利を有するパートナーである場合はなおさらだ。アーサー・アンダーセンなど大手の会計事務所（や弁護士事務所）のようなパートナー制の組織では、経営幹部は同僚のパートナーによって選出されるのである。そして、マネーをかき集めて事務所を儲けさせるのは、経営幹部ではなく、エンゲージメント・パートナーだ。

不正行為を正確に予測するのを企業に思いとどまらせる倒錯したインセンティブ構造は、会計事務所にだけ見られるものではない。保険会社や金融機関にも同じ問題が見られる。たとえば一九九五年にあなたが、エンロンのような大得意に役員保険を売らないよう、保険業者に指示したとしよう。そして二〇〇一年にSECが、エンロンは一九九七年か九八年ころから証券詐欺をはじめたとの嫌疑をかける。SECが二〇〇一年にそう主張する以前は、エンロンは評判のよい企業だったのである。となると保険業者は、一九九五年から二〇〇一年までのあいだずっと、「収入を奪われた」「エンロンが悪いことをしている証拠はまったくない」「それどころか繁栄を謳歌する優秀企業だ」と抗議の叫びをあげつづけることになる。彼らには、あなたのせいで仕事をライバル会社に奪われた、としか思えない。なにしろ結論がでるのを五年、一〇年、へたすると一五年も待たなければならないケースなので、そう抗議されて反論するのはなかなか難しい。

言うまでもないが、不正を働いた確証が得られる前に、従業員や顧客を罰するというのは、そう簡単にできるものではない。不正を確信できなければ、慎重にならざるをえない。だから、不正の監視と懲罰に真剣に取り組むことがどれほど難しいかは、容易に想像できる。〝嘘つき企業〟を信用してしまうことの代償が大きいのとちょうど同じように、無実の顧客を誤って責めることの代償も大きい。

経営者が「明日の困難を避けるために今日の収入を減らす」という勇気ある行動にでることもあるが、勇気ある人の大半は、結局、職を失ってしまう。だから、勇気の発揮はだれにとっても簡単な選択ではない。たしかにわたしたちはみな、自分や同僚にとって長期的に見てよいことをするべきだという考えに賛成する。だが、それは口先だけのことである。長期的に見てよいことをすれば、短期的には非常に大きな代償を払わざるをえなくなることがあるからだ。「長期的にはわれわれはみな死んでいる（死なないにせよ、退職はしている）」というケインズ卿の言葉は、このケースにぴったりだ。「明日の訴訟を避けるために今日のビジネスを失う」ことが難しいのは、まさにこのためなのだ。

というわけで、ゲーム理論を用いれば、人々が合理的な理由から大きなリスクを負って大失敗してしまうことも予測できる。実際、そういうことはよくあることなのだ。となると、「〝予言〟を生業としているあなたも、さぞやそういう失敗の危険に日々さらされておられるのでしょうな」という読者の声が聞こえてきそうだ。ありがたいことに、わたしの成績はこれまでのところ大変よい。ただ、大失敗も何度か経験してはいる。それに、実を言えば、わたしの方法には危険もいくつかある。それらは、今後〈合理的選択理論〉とモデルをさらに改良するなかで取り除いていかなければならないものだ。次章でそうした問題のいくつかを検証する。

第8章

予期せぬことを予測する

本章で語るのは、わがモデルの限界、わが最悪の〝予言〟の例、そしてプリディクショニアリング（未来予測操作）から発生しうる危険のいくつか。かなりいると思われるわが批判者たちは、ページがよれよれになるまで熱心に本章を読むことになるだろう！

わたしが最悪の予測をしてしまったのは、ビル・クリントンが大統領に当選した数カ月後のことだった。当選したクリントンが包括的な医療保険改革を断行しようとすることは、だれの目にも明らかだった。彼は妻のヒラリーを医療保険制度改革・特別専門委員会の長に任命した。当時わたしは、大手の証券会社に依頼され、どのような法案が議会を通過するか予測する作業に取り組んでいた。証券会社は新たな医療保険制度下の投資戦略をいち早く練りたかったのだ。ヒラリーの委員会は激論を戦わせたが、結局いかなる合意にも至らず、新たな医療保険制度は生まれなかった。改革の試みは惨めに失敗したのである。

そして、新医療保険制度がどのようなものになるかという予測も、わが最悪の予測のひとつになってしまった。それこそ細かな点ひとつひとつに至るまで間違ってしまい、その後の方法を改善する教訓に満ちた予測になってしまった。モデルが失敗するおもな理由には三つある。モデルの論理が、意思決定時に人々の頭のなかで実際に起こることを捉えそこねる。モデルに入力される情報が間違っていて、いわゆる「ゴミを入れればゴミしかでてこない」状態になる。モデルの想定外のことが起こり、それが状況を変え、あらぬ方向へと向けてしまう。以上三つの理由のうちの最後のものが、医療保険改革に関するわが分析に起こってしまった。

一九九三年の前半にわたしは、九三年か九四年に議会を通過する公算が高いのはどういう法案であるかを予測した。その予測はいま述べた三つの限界すべてにさらされてしまったとも言え、モデルの限界を学習するきっかけとなった。だが、最大の問題はやはり、想定外のことが起こってしまったということだ。そのせいで状況が完全に変わってしまい、医療保険制度改革法案がうまく導かれずに議会を通過できなくなってしまったのである。むろん、予期し得ないことを予見できなければ予測とは言えない。太陽が東から昇り、西に沈むというのは、だれにでも予測できる。だが、世の中には予期せぬことというものがあって、それもピンからキリまである。それがどういう意味かは、医療保険改革の試みの顚末《てんまつ》――わたしなりの見方ではあるが――を見ていけば、おわかりいただけると思う。

データ提供を受け持った専門家たちは、包括的な医療保険改革を構成するおびただしい数の要素をあげてくれた。たとえば、長期医療に関する問題点、加入者人口の比率、医薬品の価格、医療保険制度を支える（連邦政府と州政府のあいだの）税負担の配分、雇用主の保険料負担、制度を支えるのに必要な費用の総額、さらには補助的ケアに関する問題点。

そうしたことへの提案は議会で承認されるはずだったが、実際にはひとつとして承認されなかった。

当時イリノイ州選出の有力な下院議員で、歳入委員会の委員長という重要な地位にあったダニエル・ロステンカウスキーが、医療保険改革法案を成立させるキー・パーソン――というのがモデルの分析結果だった。ところが、当のロステンカウスキーは汚職にからむ十七件の重罪容疑で起訴されてしまったのだ。起訴は一九九四年だったが（のちに有罪）、その捜査が最高潮に達したのはまさに、クリントン政権の医療保険改革の試みが本格的になった一九九三年だったのである。

もちろん、ロステンカウスキーの医療保険改革への重視度は急降下した。それどころではなくなったのだ。重視度はまず、起訴されるおそれがでて急落し、次いで、自分の評判を救って下院での指導者の地位を維持し、収監を避けようと奮闘せざるをえなくなって、さらに落ちこんだ。だが彼は結局、奮闘むなしく、すべての訴因で有罪になり、改革を支持する彼の活躍に頼っていたわが予測も、的を大きくはずすことになってしまった。

ロステンカウスキーの起訴は、モデルが予測していた状況を粉砕した。なぜそれほどの衝撃力があったのかをいまから説明する。基本的な状況は医療保険改革をめぐる交渉・取引の期間中ずっと変わらない、というのがモデルの分析だったが、それは間違っていた。わがクライアントは、わたしが完全に的をはずしたことで、にがりきった。むろん、こちらとて同じ思いだったが、わたしには少なくとも重要な教訓を学ぶことができたという利益があった。

ロステンカウスキーをデータから排除して分析を繰り返してみると、完全に正しい答えを得ることができたが、それを知ってもほとんど慰めにはならなかった。ともかく、ロステンカウスキーを除いたデータを与えるとモデルは、下院ではいかなる合意もなされないという分析結果を出した。ということは、包括的な医療保険改革はいっさい行われないということ。ただ、もちろん、この分析は後知恵でしかなく、クライアントをいかなる形でも助けられない。

言うまでもないが、クライアントはとりたてて物分りがよいわけでも寛容でもなかったので、新たに別の仕事をわたしに依頼することはなかった。それは実に残念なことだった。なぜならわたしは、モデルによる分析の価値を彼らに証明する機会をなんとかつかみたいと思い、無料でそれをするつもりだったからだ。だが、彼らはこの話に乗ってこなかった。まあ、当然のことかもしれない。彼らは金だけでなく貴重な時間をもわたしの分析に注ぎこんだのだ。それなのに、役立つ成果を何ひとつ得られなかったのだから。

最悪の失敗はこうして起こった

では、その失敗に終わったわが分析は何を見つけ、なぜそれを見つけたのか? 〈ロステンカウスキー分析調査〉(いまではそう命名している)のプレーヤーはおびただしい数にのぼった。数人の議員、ヒラリー・クリントンその人、介護施設専門アドバイザー、ＡＡＲＰ(全米退職者協会)、製薬会社、あらゆる規模・タイプの雇用主(企業・組織)……といった具合。多くの問題が、交渉や方針表明や情報交換をたくさん重ねたすえに安定した結果――つまり、下院と上院を通過できる妥協点――に落ち着くというもので、モデルだけのロジックで解決するのは比較的難しかった。さらなる妥協が必要なキー・プレーヤーがいることも明らかだった。分析調査が少なくとも二つの異なる段階(四つになる可能性もあった)を経る必要があることも明白だった。

第一段階は、立法関連の分析ではよくあるように、各プレーヤーがロビー活動などで有利な立場に立とうと画策する期間に焦点を合わせるもの。この段階では、自分に有利な結果にしたいと思っているすべてのプレーヤーが分析対象となる。そうしたプレーヤーのなかには、下院と上院での投票時や、法案可決後の大統領による署名または拒否権行使のときにはもう、結果に影響をおよぼせない利害関係者も多く含まれている。クリントン改革に大反対のブルークロス・ブルーシールド（医療保険会社連合）、アメリカ医師会（AMA）といった組織や、大賛成の労働組合指導部や地方自治体の利害関係者は、このロビー活動段階でゲームに参加し、政策決定者たちとともにプレーする。そしてロビー活動ゲームが終わると（そうモデルが判断した時点で）、分析は次の段階に移る。

そのときにはもう、ロビー活動期間の働きかけによって、多くのプレーヤーがポジションを変えているはずである。妥協の提案や強制や期待に応える者が多くいるということだ。だから第一ゲームが終わると、政策決定者たちは次の段階に進むが、そのときには、医療保険改革の個々の問題に対する彼らの立場は最初のままではない。彼らは、モデルがロビー活動ゲーム終了時のポジションと予測したところへと移動している。

次の第二段階は、政策決定者たちが互いに戦うゲームとなる。労働組合指導部、AMA、メディア、ブルークロス・ブルーシールド、地方自治体、州政府、そしてヒラリー・ローダム・クリントンは、もはや登場しない。たしかにロビー活動段階では彼女も影響力を行使できたが、議会での投票権はもたない。モデルの分析によれば、彼女とクリントン大統領のあいだでいかなる会話が囁きかわされようとも、それはロビー活動段階で終わる。大統領や他の者たちが、彼女の主張に屈するにせよ、調整するにせよ、抵抗するにせよ、そうした機会は第一段階でたっぷりあったはずである。

第二段階でモデルがしたのは、包括法案の下院および上院通過の予測。議会で可決される法案は、ヒラリー・クリントンがめざした法律とはかなり違ったものになっているにもかかわらず、クリントン大統領はそれにためらうことなく署名することになるだろう、というのがモデルの予測だった。したがって、このケースでは、さらに分析を進める必要はほとんどなかった。つまり、法案の細かい内容をめぐる下院と上院の指導者たちの交渉まで分析する必要はなかった。また、大統領が拒否権を発動するリスクと、それをくつがえせる見込みについての詳細な分析も必要なかった。拒否権発動が問題になることはなかったからだ。

コンピューター・モデルが数値化されたデータを処理して、四つの分析結果をはじきだした。それらは医療保険改革の行方を見通すうえで極めて重要なものだった。その第一の分析結果は、ヒラリー・クリントンは特異な利害関係者であるというもので、理由はファーストレディーだからというのではなく、しくじってもいいから自分の原則にしがみつくという特徴を示しているからというものだった。あらゆる方面から圧力がかかったにもかかわらずヒラリーは、わたしが検証したすべての問題で、最初から最後までほぼ不動の状態をたもった。これは民主政治ではめったに見られない特徴と言ってよい（ただし、ジョージ・W・ブッシュの威圧的な交渉方法もそうしたものだったと考える人は多い）。

わたしは他の分析でも、自分のポジションに頑なにしがみつく人々に遭遇してきた。たとえば、ナイジェリアの故サニ・アバチャ将軍（といっても、ヒラリー・クリントンやジョージ・W・ブッシュの実際の行動をアバチャ将軍のそれと比較するつもりはまったくない――ただ交渉スタイルという点では三人は似ていることもあったというだけのこと）。ともかく、アバチャ将軍を重要な焦点とする分析をわたしはたくさんしたことがある。彼はほとんどポジションを変えない人間だった。それはまあ、変える必要がなかったからではあったが。つまり、独裁者だったので好きなようにやれたということだ。

ヒラリー・クリントンもほとんどポジションを変えなかった。ところが彼女の場合は、実利的観点からポジションを変える必要があった。彼女はその後、いつ力を誇示し、いつ柔軟性を発揮すればよいかをわきまえる抜け目なさを獲得するが、それは夫の大統領任期終了後に上院議員として活躍したさいに身につけたものにちがいない。彼女にとっては、それがいまおおいに役立っているはずだ。だが当時のモデルの分析結果は、ヒラリーは力を誇示することしか知らない、だった。

当時の言葉を使えば、ヒラリー・クリントンは〝政治音痴〟だった。それも致し方なかったのかもしれない。選挙に立候補したことも、政治家であったことも、一度もなかったのだから。だがそのせいで、あくまでも自分の考えを押し通して、燦然《さんぜん》たる栄光に包まれたいという硬直した意欲に囚われてしまったため、失敗するしかなく、議論に参加できずに不満を抱いていた人々との妥協のチャンスを逸してしまった。たとえば、アメリカ医師会など極めて重要な利益団体、大半の製薬会社、そのほか利害関係のある有力組織から、たとえしぶしぶの支持でももらえれば、医療保険改革をはるかに容易に推進できていたはずなのだ。

実は、クリントンの医療保険制度改革・特別専門委員会が正しい対応のしかたをすれば、アメリカ医師会は多数の医療問題に対して一般に考えられているよりもずっと柔軟な姿勢をとるだろう、とモデルも予測していた。上手に対応していれば、医師会に議会での可決が可能な法案を支持させることもできたはずなのである。

第二の注目すべき分析結果は、モデルのロジックが捉えたビル・クリントンの交渉スタイルだ。勝利のポジションへと進む戦術には二つある。ひとつは相手を説得して自分の考えに同意させるという方法。もうひとつは相手の考えを受け入れるという方法。ビル・クリントンは——実際に何をしていたかはわからないが、少なくともモデルのロジックによれば——後者のタイプだった。これはおそらく、モデルに入力するデータを提供してくれた専門家たちが、医療問題の大半に対するビル・クリントンの重視度を低めに、そしてポジションをやや右寄り（保守的）でさえあるほぼ中道に、設定したためだろう。

クリントン大統領は、最強の連合が成立する場所を嗅ぎだし、そこへ向かって移動する、というのがモデルの予測だった。つまり、舐めた指をかざして風向きを知ろうとする人のように行動する、というわけだ。もし当時のヒラリー・クリントンの信条が「何があろうと信念を曲げるな」と表現できるとしたら、ビル・クリントンのほうのそれはさしずめ「勝利せよ、その勝利がどんなものであろうと」となる。一五年後のいまだから言えることだが、モデルの分析結果は、ビル・クリントンの施政スタイルと多くの者が考えるようになったものに符合するとわたしには思える。

第三の重要な分析結果は、ヒラリー・クリントンの特別専門委員会の委員たちの多くが自説に拘泥《こうでい》して視点をうまく変えられない状態になっている、ということだった。彼らはヒラリーよりは妥協を受け入れる気持ちがあるが、彼女にさからいたくはない。だから、相手の考えを受け入れることを避け、勝利への足がかりをつくることができない。モデルの分析をそのまま披露すると、「自分たちにはヒラリーの考えを変える力が思ったよりあるということに気づかずに、彼らは彼女に屈する」

そして第四の分析結果こそ、「ダン・ロステンカウスキー（国の収支をつかさどる下院歳入委員会の委員長、つまり国の収支をコントロールできる人物）にはそうした能力の限界は一切ない」という、最も注目すべき極めて重要なものだった。彼は実に巧みに策をめぐらせ、立ち回れるのだ――ここでも念のため言っておくが、わたしはモデルの分析結果をそのまま披露しているだけ。これから述べるのも、実際に行われたことではなく、当時モデルがこうなると予測したことにすぎない。ロステンカウスキーは議会の他のプレーヤーたちの考えを変えるにはどうすればよいかを知っていた。大統領の考えや、特別専門委員会の委員の多くの視点を変えるにはどうすればよいかも知っていた。さらに、医療保険改革に反対するロビイストや利益団体を巧みに操ることもできた。

モデルが見つけた、クリントン夫妻や他のプレーヤーになくてロステンカウスキーにあるものとは、何だったのか？　医療保険改革を実現するとなると、当然ながら資金が必要になる。それこそダン・ロステンカウスキーが最大の影響力を行使できる領域だった。むろん専門家のデータでも、彼は医療保険改革の資金問題にとほうもない影響力をおよぼせると評価されていた。そしてロステンカウスキーは、この問題にはすこしばかり保守的な姿勢をとり、資金の大半を連邦予算以外のところから調達したいと思っていた。ビル・クリントンは、この医療保険改革の資金問題では、ロステンカウスキーよりもさらに保守的なポジションをとろうとすると思われた。だからロステンカウスキーはクリントンよりは穏健と見なされ、医療保険改革に大統領と同じくらいの影響力をおよぼせると判断された。

ロステンカウスキーは、揺ぎない巨大な山のような力に支えられている位置に立っていた。この改革への重視度も高く、影響力を行使して人々を動かそうとする意欲もあった（ただし過剰なこだわりがあるようには見えなかった）。ロステンカウスキーのまわりにはさまざまなポジションの者たちがいて、影響力を持つ小さな群れをつくってはいたが、どれもこれも彼の圧力に耐える力はたいしてなさそうだった。

そうした状況下で（モデルのロジックによれば）、彼は人々を自分のポジションへ引き込むことができるし、実際に引き込む指導者となる。彼は正しい論拠を探しだし、正しい機会をとらえ、正しいターゲットを見つけて丸めこんだり強要したりできるので、勝利のポジションは自分が望む位置の近くになる。つまり自分が勝利のポジションまで赴くのではなく、それを自分のところまで引っぱってくるのだ。つまり、医療保険改革に係わる個々の問題について、ロステンカウスキーはその資金調達に絶大な影響力をおよぼせるがゆえに、自分のほぼ望みどおりの結果を得ることができる。

ああ、しかし、一七の重罪容疑で告発されてしまった。それさえなければ、モデルの予測どおりに事は展開したはずなのだ。告発・起訴はわが分析の想定外のこと、まさに予期せぬ事態で、状況を一変させてしまった。この重罪の嫌疑は外因性の衝撃――つまり、外部からもたらされたもの、医療保険改革問題とは無関係の吟味対象外の力――だった。

〝地震〟を起こしてモデルに〝衝撃〟を加える

政治もビジネスも、予期せぬ衝撃には弱い。この〝ロステンカウスキー衝撃〟を体験してわたしは、予期不能なことまで考慮できるように、予測できないことを予測する方法を見つける必要があることを悟った。しかし、いったいぜんたい予測できないことをどうやって予測するというのか？　たしかに、予測できない展開を予測するなんて不可能だ。だが、予測の崩壊に要する〝地震〟の規模を予測するのは可能である。正確な震源地の特定はできないにしても、崩壊の規模を予測する方法なら、すでに考え出した。それをどのようにして実際の仕事に組み入れてきたかを次に説明しよう。

わたしがその進化しつづける解決法を思いついた経緯そのものが、たいへん興味深い物語と言える。ダン・ロステンカウスキーのトラブルのせいで〝予期せぬ偶然の衝撃〟についても考えざるをえなくなったころ、わたしはたまたま、世界的に有名な歴史家であるジョン・ルイス・ガディス教授――当時オハイオ大学、現在イェール大学――に招かれて、彼や学生たちと一週間過ごすことになった。

ガディスは一九九二年に「一九九一年の湾岸戦争もソ連崩壊も冷戦の終結も予測できなかったのだから国際関係理論は役立たず」という趣旨の論文を発表していて、それに対して二人の著名な政治学者――イェール大学のブルース・ラセットとバンダービルト大学のジェームズ・レイ――が「ガディスはブエノ・デ・メスキータの合理的選択理論による予測を考慮すべきだ」という反応を示した。わたしの一連の仕事は、結果がわかってからデータをそれに合わせるような単なる事後作業ではなく、厳密な科学的理論と見なされるべきものだ、と二人の政治学者は主張してくれたのである。

ガディスは、関連するわが研究を見落としているという、このラセットとレイの主張に注目した。そこで、わたしを招いて、自分の学生ともども一週間ほど過ごしてみようと考えたのだ。彼は疑り深い人で、それを隠そうともしなかった。ガディスは南部紳士ではあったが、疑いを実に礼儀正しい表現で口にした。それでもわたしは、彼と学生たちがわがモデリングを〝手品〟のようなものと世間に紹介してくれることを期待して、オハイオ州のアセンズまで出かけていくことにした。

どんな政治的問題でもいい、そちらが選んだ問題で自分の方法を試してみせる、とわたしはガディスと学生たちに言った。ただし、条件を二つつけた。ひとつは、彼らがその問題について充分に知っていて、モデルが必要とするデータを提供できること。わたしがその問題についての専門知識を充分に持ち合わせているとは思えなかったし、そもそも疑っている者たちのデータを使うのがベストだったからだ。そしてもうひとつの条件は、数カ月から一、二年のうちに結果がわかる問題であること。わがモデルのロジックが正しかったのか間違っていたのか、いつまでたってもわからないのでは意味がない。あるていど短期間のうちに答えが出る問題でなければテストにならない。お互い関心のある問題ならなおいい。

結局、わたしに分析させるために彼らが選んだのは、一九九四年の大リーグのストライキはどうなるか、という問題だった。そしてわたしが予測した具体的なことは、「ストライキは起こるのか？（モデルの答えはイエス）」「その年のワールドシリーズは行われるのか？（モデルの答えはノー）」「危機感を覚えたクリントン大統領の介入で（モデルは介入を予測）ストライキは終わるのか？（これへの答えもノー）」といったことだった。わたしは、野球の〝専門家〟である二、三人の学生にクラス内インタビューを実施しただけで、全学生の目の前でコンピューター・モデルを動かし、その場でそれぞれの問いに対する答えを披露した。したがって、予測に使われたのはクラス内で得られたデータとモデルのロジックだけ、ということが学生たちにもわかった。そしてのちに予測はみな正解だったことがわかる。

わたしがアセンズを去るすこし前、ガディス教授が、モデルを冷戦終結に応用して論文を書いてみないかと持ちかけた。具体的に言うと、第二次世界大戦直後に政策決定者たちが知りえた情報のみに基づいて、モデルは果たしてアメリカが冷戦に勝つことを正確に予測できるか？　それを調べてみてはどうか、ということだ。つまり彼は、わたしが〝不正行為モデル〟の有効性を実証するさいにやったような一種のアウト・オブ・サンプル・テストを求めたのである。

わたしのほうも、ダン・ロステンカウスキーで大失敗を経験し、大リーグのストライキの予測をした直後ということで、冷戦終結の分析をするモチベーションはあったし、分析方法の枠組みもすでにできていたと言ってよい。というわけで、一九四八年に知りえた情報だけを使って、冷戦終結についての分析をおこなえば、外部からもたらされる予期せぬ衝撃をも考慮する仕組みをモデル内に組み入れ、それをテストすることもできるというわけだった。

こうしてわたしは、大失敗の経験とガディスの提案を利用して、本質的に予測できない出来事の結果をどうすれば予測できるのか、とことん考えることになった。まずは、冷戦の終結——または継続——へと至るさまざまな選択肢をモデルに精査させるのに必要となるデータ・セットを集めた。利害関係者のポジションに関するデータは、一九四八年当時の各国のアメリカまたはソ連との安全保障上の利益共有の度合いによるもので、この共有利益の評価に用いた手法は、わたしが一九七〇年代半ばに専門誌に発表した方法にもとづく。そしてその手法はどういうものかというと、二国の組み合わせのそれぞれについて、各年の軍事同盟の内容が他の組み合わせのそれとどれほど似ているか——ちがっているか——を調べるというもの。たとえば、同じ国々と同様の同盟関係を結ぶ傾向がある国同士は、安全保障上の利益を共有していると解釈した。一方、同盟の仕方がたいへんちがう国同士（たとえばアメリカとソ連）は、互いの安全保障の政策・利益がちがい、おそらく敵対する関係にある、と解釈した。

次に、そうした一九四八年の同盟関係パターンに、当時各国が有していた影響力の情報を組み合わせた。そしてこの影響力評価に用いたのは、ミシガン大学を本拠としていた〈戦争相関性プロジェクト《コレレーツ・オブ・ウオー》〉が収集・整理した標準データ群である。それらのデータや、わたしの〝安全保障上の利益共有の基準〟に興味がある人は、ＥＵＧｅｎｅというウェブサイトを訪ねるとよい。だれでも無料でデータをダウンロードできる。そのウェブサイトをつくったのは、戦争に関するわたしの研究のいくつかを複製・紹介することに意味があると考えた二人の政治学教授である。

それぞれの国の安全保障への重視度は、第二次世界大戦直後のその問題の緊急性を考慮して、最大限に設定した（データを単純にし、他の人々による再現を容易にするために、個々の政策決定者ではなく国に焦点を合わせた）。こうしたデータにさらに、安全保障政策の変更による利益・損失の推定値を加えて、あらゆる二国の組み合わせについて、それぞれ一〇〇回ずつモデルに分析させた。五〇の〝交渉期〟に分けての分析であり、一期を一年としたので、だいたい一九四八年から世紀末までの冷戦状況の予測ということになった。

各国の重視度は、四段階に分けてそれを毎年ランダムに変化させた。国の安全保障に対する方向性が大きく動いても、この設定で充分に捉えられると思うが、変動の幅が比較的短期間に国内および国際的に生じやすい変化の通常の枠を越えるような状況までは充分にカバーできない。言うまでもないが、どのていど急激な変動まで考慮するかは、設定の匙《さじ》かげんで決まる。つまり「〝衝撃〟を四段階に分けてそれを毎年ランダムに変化させる」という選択は、個人的な判断でしかない。

各国の重視度の変化はすべて、安全保障問題が政策立案を支配する度合いや、国の将来を左右する他の内政問題が浮上する度合いの変化と考えてもよいものだ。要するに重視度データは、一九四八年以降に発生する可能性のある政治的〝地震〟のマグニチュードと範囲を捉えられるように「衝撃を加えられている」のである。これが、医療保険改革に関する予測の大失敗とオハイオ大学訪問から生まれた、わがモデルの改良点だ。それからもわたしは、重視度だけでなく、影響力やポジション（姿勢・主張）の数値、さらには利害関係者がゲームを続行するか下りるかということまで、ランダムに変化させる方法を組み込む工夫を加えつづけ、たえず新しいモデルを開発してきたし、いまも開発中である。

安全保障上の利益共有の度合いを測るのに利用した同盟内容データも、影響力データも、一九四八年以降に実際に起こった出来事を考慮して更新することはしなかった。同盟内容の数値は、ランダムな〝衝撃〟を加えられた重視度をも加算したモデルの分析によってのみ変えられた。そして、そうしたすべての国の同盟関係の変化が、ソ連とアメリカの一方が勝利するのか、あるいは二国が相変わらず世界の支配権をめぐって争いつづけるのか、ということを示すインジケーターとなった。

以上がわたしの考案した〝予測できないことを予測する〟仕組みだった。つまり「予測できないこと」とは「それぞれの国の政治のなかで安全保障政策がどれほど重視され、その重視度はどのように変動するのか？」ということだった。ランダムに変化する〝衝撃〟を加えてモデルに分析を充分に繰り返させれば（当時はコンピューターの処理速度が遅かったので一〇〇〇回しか繰り返させなかったが、いまならたぶん一〇〇〇〇回はさせていただろう）、安全保障という領域で起こりうることを予測できるというわけである。そしてそれができれば、冷戦の三つのシナリオがそれぞれ起こりうる可能性も予測できるはずだ。三つのシナリオとは次のa、b、c。（a）シミュレートした五〇年のうちにアメリカが完勝して冷戦は終結する。（b）同期間のうちにソ連が完勝して冷戦は終結する。（c）ソ連もアメリカも完勝せず、冷戦はつづく。

で、わたしが見つけたことは？　重視度の数値にランダムな〝衝撃〟を加えてモデルに繰り返させたシミュレーションの七八％で、「アメリカが平和裏に冷戦に勝利する」という結果がでた。その時期については「一九五〇年代の前半から半ばまでに」となることもあったが、「一九八〇年代後半から一九九〇年代前半」となることのほうが多かった。そしてシミュレーションの一一％で「ソ連が冷戦に勝利する」という結果になり、残りの一一％で「冷戦は調査対象期間を超えて存続する」という結果になった。要するに、わたしが見つけたのは「一九四八年当時の各国の政策利得のからまり具合がすでに、アメリカのソ連に対する勝利を予想させるものだった」ということだった。

ガディスならこれを〈創発特性〉と言うだろう。〈個々の関係性によって生じる、部分の単純な総和にとどまらない全体として現れる性質〉と言うだろう。一九四八年にはまだＮＡＴＯもワルシャワ条約機構も形成されていなかったにもかかわらず、ほぼすべてのシミュレーションで、モデルのロジックにしたがって毎回変化する各国のポジションから二大軍事同盟が浮かびあがってきて、アメリカ勝利を予想させる特性が現れたというわけだ。

一九四八年時点の情報しか使わないという条件のため、この分析はとりわけ難しいものになった。というのも、その時点ではまだ、西ヨーロッパの多数の国が社会主義国家になる心配があったし、共産主義が資本主義に、権威主義が民主主義に勝利するのが歴史の必然、と考える人も多数いたからだ。むろん未来操作という点では、すべてが遅すぎて、出来事のコースを変えるなどということは何ひとつできなかった。

それでも、モデルはこの方面でもきわめて挑発的で、冷戦をもっと早く終結させる機会を西側が逃したことを示した。スターリンの死（もちろん、この情報はモデルに入力されたデータには組み込まれていなかった）も、そのような機会のひとつで、現実の政策決定者たちもそれを利用することを実際に考えたことが判明している。彼らは、スターリンの死を、ソ連と同盟関係にあった東欧諸国を力ずくで西側に組み入れるチャンスではないかと考えたのだ。わがモデルも同じことを考えた。だが、アメリカの政策決定者たちはその可能性を追求しようとはしなかった。ソ連との戦争になりかねないと危惧したからだ。

わがモデルはこれについては意見を異にし、「その時期ソ連は国内問題に没頭せざるをえず、東欧諸国が離反していくのを、間違いなく残念がりはするが、結局はなすすべなく見守るしかない」と予測した。もちろん、どちらの判断が正しかったかは知りようがない。ただわたしたちは知っている、「東欧諸国の西側への組み入れ」こそ、数十年後の一九八九年から九一年までのあいだに西側の政策決定者たちがやったことであることを。

というわけでわたしは、ダン・ロステンカウスキーとジョン・ガディスの教え子たちの助けを借りて、冷戦では初めからアメリカに大いに勝算があったことを示すことができた。先に紹介した企業の不正行為に関する分析と同様、この冷戦の分析も、予測というものは過去をのぞく場合にも未来をのぞく場合とほぼ同じくらいの成果をもたらしてくれる、ということを教えてくれる。ジョン・ガディスはゲーム理論によるモデリングが重要問題の解決に役立つ可能性があることを認めてくれたが、だれもが彼ほど寛大だったわけではないし、寛大であるべきでもない（寛大であってくれたほうがいいに決まっているが）。批判者はいるべきだし、つねにいる。

動的モデルで不測の事態もカバーできる

モデリングという手法を認めない、あるいは疑う理由のなかには、もっともだと思えるものも、また見当違いだと思えるものもたくさんある。たしかにわたしのモデルには、技術的な不具合もあるし、明白な限界もある。言うまでもないが、モデルは現実ではなく単なるモデルにすぎない、という限界はどんなモデルにもつきまとう。モデルは単純化した視線で現実をながめるもの。モデルの真価は、その論理から得られる命題（判断）を精査し、そうした命題と現実との一致の度合いを評価することによってのみ、見極めることができる。

残念なことに、たくさんの方程式を見て「生身の人間にこんな複雑な計算ができるはずがないから、現実の人間はこういうふうには考えない」と思ってしまう者たちもいる。わたしは毎学期、自分が教えるひとつかふたつのクラスで、かならずこういう意見を耳にする。そういうときは「真実はその反対だよ」と言い、こう説明することにしている。

たしかに生身の人間はモデルに組み込まれているような厄介な数学・計算をすることはできないかもしれない。しかし、だからといって、もっとずっと複雑な計算を頭のなかでしていないというわけではない。人間というのは、その分析的思考を数学的にどう表現すればよいか知らないだけで、実は頭のなかできわめて複雑な計算をしているのさ。

たとえば、相手コートのコーナーめがけてトップスピンでボールを打って、球速一五〇キロでラインぎりぎりに落とす方程式を、プロ・テニスプレーヤーに示してどうなるというのか？　きっとプレーヤーは〝何だ、こりゃ！〟という顔をして方程式を見つめるにちがいない。それでもプロ・テニスプレーヤーは、いま書いたようなボールを打とうとするときにはかならず、まるでそうした計算をしているかのように体を動かす。腕を振るスピード、足の位置、ラケットヘッドの角度などを一瞬のうちに決定しなければならないが、一流のプレーヤーならほとんどの場合、思い通りにボールを打て、同時に相手から返ってくるボールの速度、角度、スピンを計算してしまうにちがいない。

モデルは現実を簡略化したものだから、改良の余地はつねにある。だが、複雑なものにすれば処理しにくくなるし、処理しやすい状態を保とうとすれば、あまり複雑なものにはできない。複雑化するメリットがあるのは、複雑にすることによるマイナス面よりも、正確さや信頼性の改善というプラス面のほうが大きくなる場合のみだ。言うまでもなく、これは有名な〈思考節約の原理〉（必要以上に複雑化しない）である。

わたしは何年にもわたって自分のゲーム理論モデルに大小さまざまな改善をほどこしてきた。最初の予測モデルは静的なものだった。できるのは、あるひとつの問題に関する一回の情報交換で起こることの予測だった。だから、予測という面ではすぐれていたが、未来操作という面ではたいして役立たなかった。その静的モデルをいじって、人々のリスクもいとわぬ挑戦意欲の評価や、一対一の対決での勝ち負けの予測を改善しようとしていたとき、わたしはどうすればその評価や予測のプロセスを動的なものにできるのか、ということも考えた。現実の人間は結局、たえず動く動的なものだからである。考えを変え、問題に対する姿勢・主張も変え、取引をし、そしてもちろん、ハッタリをかませ、約束を破る。

静的なモデルをつくってから一〇年後、わたしはようやく満足のいく動的モデルを開発することができた。本書でわたしが語っているのは、だいたいこのモデルである。ここ数年は、第三章で紹介したものよりもニュアンスに富むゲームをシミュレートできる、まったく新しい方法を開発することに力をそそいできた。予備テストで、この新モデルが、より正確な予測ができるばかりでなく、ゲームのダイナミックな動きをより忠実に捉えられることも判明した。また、問題間の、そしてそれぞれの問題のなかの要素間の〝一方を立てると他方が立たない〟関係をも査定することができる、というオマケもついてきた。

さらに新モデルは、各プレーヤーの重視度と影響力が交渉ごとにどう変化するかを予測する機会も提供してくれる。わたしは最後の二章で、この新モデルを現在進行中の危機的状況の外交問題や地球温暖化問題に応用するつもりだ。だからそれは、わが新モデルによってわたしが恥をさらす機会にもなりかねない〝お披露目〟でもある。

発見のプロセスに終わりはない。こうした研究——論理と証拠を使って現実の問題を解く手伝いをする方法をたえず改善すること——は、やりがいがあると同時にワクワクする仕事だ。しかし、だれもがこの種の発見をする努力に情熱を燃やせるわけではない。

人間の行動を予測することに反対する者たちもいる。政府や企業がそうした予測を乱用することを心配しているのだ。人間を方程式にしてしまうなんて倫理に反すると考えているのである。こうした反対論はわたしには奇妙としか思えない。そもそも、そういうふうに反対するのは、政府の政策決定の質や企業の行動に不満をおぼえている人々である場合がほとんどであるのだから、なおさらである。わが同僚である学者のなかには、情報機関——〝邪悪な〟ＣＩＡ——に手を貸すということにとりわけ反対する者たちもいる。政府は最良の選択をするための最良のツールを自由に使えるようになるべきではない、と彼らは考えているのだろうか？　もしそうだとしたら、わたしはその考えに与《くみ》しない。よりよい政策決定を望むなら、それを実現できるように進んで政府に手を貸すべきだ。

たしかに、どんなツールも乱用される危険がつねにある。しかし、科学というのは、世界がどのように動くかを理解すること、それ以上でも以下でもない。どうすれば世界をよりよい場所にできるかという見解は人によってちがうし、情報の非道徳的使用を取り締まり、ふせぐのは、当局者のみならず市民の仕事でもある。それに、自分の専門知識が世界――あるいはそのほんの一部――を悪くすることに利用されると思えたときは、それを与えないようにしないといけない。それはわれわれ各人の義務である。

わたしも、相手の目標達成を助けたくないときは、協力を拒否する。たとえば、かなり前のことだが、リビア政府の代表だと主張する者が接触してきたことがある。その人物の望みは、アンワル・サダトが率いていた当時のエジプト政府の転覆をうながす方策だった。わたしはスイスのジュネーブに飛ぶようにうながされた。そこならアメリカや他の国の政府の手もとどくまい、という読みだったのだろう。つまり、その人物は、当時まだ非常に原始的だったわたしのモデリングの結果を提出命令によって奪われたくなかったのだ。その厄介な仕事の報酬として提示された金額は一〇〇万ドルだった。それが本物かいたずらかを知るすべはまったくなかったが、わたしには本物としか思えなかった。わたしはこの依頼をはねつけ、ただちにアメリカ政府に連絡して事の次第を伝えた。

その数年後、またしても感心できない依頼をしてきた者がいた。今度はザイール(一九六五年にコンゴから改名)のモブツ・セセ・セコ大統領の代理人と名乗る人物だった。当時モブツの権力はすでに衰退してしまっていた。ザイールの経済は相変わらず貧相で、兵士たちは動揺し、モブツの忠実な支持者たちも揺れはじめていた。それもこれもみな、モブツが末期癌におかされているせいだった。だから特権層は、モブツ亡きあと誰が自分たちを護《まも》り、金銭をもたらしてくれるのかと、不安に駆られたようだ。接触してきた人物は、モブツのザイール支配を立て直す方法を考えてくれないかと言ってきたのだ。そして、成功報酬としてモブツのオフショア財産の一〇%を提示した。まさか、と思われるかもしれない。だが事実なのだ。これは、あざといナイジェリア人たちがあの悪名高いインターネット銀行詐欺（ナイジェリア詐欺）を思いつく前の話である。

当時モブツの財産は六〇億ドルから二〇〇億ドルと言われていた。もしこれがほんとうで、わたしが喜んで依頼に応えて、未来操作を上手にこなし、病死するか引退するまでモブツを権力の座にすわらせることに成功していたら、信じられないほどの大金がわたしのふところに転がりこんでいたことになる。しかし、たとえ大金を手にできると確信できていたとしても、答えは変わらなかったはずだ。リビア政府と思われるところから依頼されたときと同様、わたしは一瞬のためらいもなくノーと言った。モブツが直面していた問題をモデリングによって解決する自信はあったが、いくら金を積まれてもモブツ派を助ける気にはなれなかった。わたしのことを知ってほしくない人々のレーダー・スクリーンに自分が捉えられてしまうというのが、大きな悩みの種だった。このときもわたしは、アメリカ政府に通報して注意を喚起した。

もちろん、依頼人を選択するわたしの基準は、ほかの人のそれとはちがうかもしれない。サダト政権転覆の手助けをする正当な理由をわたしは見出すことができなかった。アンワル・サダトは、命を賭して（結局、暗殺によって命を奪われる）平和の推進に真摯に努力し、それに成功した男だ。モブツのケースはもうすこし（ほんのすこしだけ）複雑と考えられなくもない。充分とはとても言えなかったし、わたしにも魅力的とは思えなかったが、モブツを擁護できる倫理的理由があったことはあったのだ。それは、モブツのあと権力の座につく者はもっと悪いやつかもしれない、というものである。当時も、また、モブツが権力を委譲した直後でさえ、ザイールがよい方向へ向かうかどうかは明確ではなかった。それでも、わたしの答えははっきりしていた。果たしてほかの者たちはどう考えるのか？　――わたしの立場だったら、科学的洞察を応用して、モブツのような独裁者を助けたり邪魔したりすることの、プラス面とマイナス面をどう評価しただろうか？

ゲーム理論を利用して、訴訟で有利な和解ができるように大企業を助けるべきではない、とくに民事訴訟の原告が同等の助けを得られない（あるいは、得ようとしない）ときは――と考えるかたが読者のなかにもおられるかもしれない。原告を助ける充分な努力をしていないと、わたしを責めるかたもおられるのではないか（わが社は原告の手助けも喜んでやらせてもらうが、そういう依頼はあまり多くない）。その他いろいろご不満もあろうかと思う。それでもなお、「だれしも弁護人が与えうる最高の弁護を受ける権利を有している」という弁護士の格言に賛同される人もおられるのではないか。わたしたちはみなそれぞれ、自分の知識や技術をどう使い、使わないかという個人的な基準をもっている。それはそれでよく、そうあるべきなのである。

結局のところ「科学的知識の進歩はほぼ例外なく人間の状態を改善する」とわたしは信じている。ラッダイト（産業革命時代に機械を生活苦や失業の原因として集団で打ち壊した手工業者たち）になったところで、知識をもつことの有利さが他人に移るだけ。思い出していただきたい――カトリック教会がガリレオを迫害したのち、イタリアにおける物理学が何世紀にもわたって停滞し、たぶん二〇世紀はじめにエンリコ・フェルミが登場するまで復活しなかったということを。むろんイタリアで停滞したからといって、全世界の物理学研究がストップしてしまったわけではない。物理学研究は北のプロテスタント諸国へと移り、イタリアが取り残されただけだ。

中国でも同様のことが起こった。中国もかつては科学的な知識と発見という点では世界一の先進国だったのに、科学の発展をはばんでしまったために、科学的後進国になりさがってしまった。中国の皇帝たちは、臣民に天空の星々よりも自己の内部を観察させることを選んでしまったのである。中国はみずから招いたその欠損を克服するのにいまだに苦闘している。わたしはわが国に同じ誤りをおかしてほしくない。そしてわたしはどうかといえば、人間の戦略的行動の相互作用をよりよく理解できる方法を相変わらず探しつづけている。過去の失敗から熱心に学びつづけるのも、たえず方法の改善をめざしているためである。

前の章でも述べたし、この章でも見たように、過去の予測も未来のそれと同じくらい有益で、実際に起こったことだけでなく、起こりえたことまで深く理解することを可能にする鋭い洞察をもたらしてくれる。そこで次章では、すこし歴史に分け入って楽しんでみたい。

具体的には次のようなことを考えてみるつもりだ。第一次および第二次世界大戦はどうすれば避けることができたのか？　ペロポネソス戦争で見事な勝利をおさめたスパルタの衰亡を阻止するにはどうすればよかったのか？　また、なぜスペインがコロンブスを援助することになったのかも考えてみたい。コロンブスが一九四二年に大西洋に出帆したことはだれでも知っているが、彼の航海にはある興味深い取引問題がからんでいたことを知る者はあまりいない。その取引の結果こそ、なぜスペインがコロンブスの援助に対してイエスと言い、（よりによって）ポルトガルがノーと言ったのかを説明するものであり、歴史の進路を永遠に変えてしまう原因となったものだ。

ともかく、ゲーム理論の顕微鏡で過去をのぞくと、わたしたちが知っている歴史の背後にある論理を把握できるようになり、歴史の必然なるものなどないという感覚も得られるはずだ。さらに、戦略的選択の機会を逸したことで歴史のコースが決まってしまい、悲劇が起こることもありうる、ということも理解できるようになる。

第9章

第一次世界大戦は回避できたか?

まずは、歴史上の四つの大事件に関する問いと、それへの答え。

スパルタはなぜ、ペロポネソス戦争に勝利してわずか三三年で、古代ギリシャでの覇権を失ってしまったのか?――それはスパルタ人が国よりも馬を愛したから。

スペインのイサベル女王とフェルナンド王はなぜコロンブスに資金援助することにしたのか?――それはコロンブスが安く働くことに同意したから。

第一次世界大戦はどうすれば回避できたのか?――イギリスの兵隊がアドリア海にサマー・クルーズすれば回避できた。

第二次世界大戦はどうすればふせげたのか?――ドイツの社会民主党がローマ教皇に愛想よく振舞えばふせげた。

もしスパルタ人があれほど競馬好きでなかったら、いまわたしたちはみな、ギリシャ語を話しているかもしれない。一九一四年にイギリスがもうすこし外交に長けていたら、いまオーストリア人とドイツ人は英語を話しているかもしれない（彼らの多くはいま実際に英語を話しはするが、それは別の理由からだ）。その場合たぶん、ロシア革命は起こらなかっただろうし、アドルフ・ヒトラーは絵描きで終わっただろう。第二次世界大戦も起こらず、冷戦もなく、ウィンストン・チャーチル――わたしたちが知っているようなチャーチル――も現れなかっただろう。そしてたぶん、大英帝国はいまだに「日の沈むことのない帝国」のままだったのではないか。

むろん、ほんとうにそうなのかどうかを知るすべはない。しかし、スパルタの馬があれほど頻繁にレースに出場させられなければ、起こっていたかもしれないことを推測することはできる。同様に、一九一四年にイギリスの外交官が兵隊をアドリア海に送りこんでいれば、また、一九三三年にドイツの社会民主党がカトリック教会にもっと柔軟に対応していれば、起こっていたかもしれないことも推測できる。

過去の政策決定者に対する評価もフェアにやらないといけない。彼らも今日の政策決定者と同じように、難しい選択、複雑なインセンティブ、先を見通せない事情に邪魔されていたのだ。当時すでにステルス爆撃機、核抑止力、高速コンピューターといったものがあれば、彼らももっと巧みに行動できたのかもしれない。だが、そんなものはなかった。ということは、やるべきことはわかっていたのにやれなかった、ということか？　ある意味ではそうだ。技術的・科学的ツールがあれば、彼らはもっとずっと巧みにやれたにちがいない。

だが、その一方、当時の条件下でもやれたことがあったはずだ。それを軽視してはいけない。彼らにも行動の論理はあった。そして論理というのはまさに論理であって、その基本は一〇〇〇年前もいまも変わっていない。たとえ大昔でも、おびただしい数の人々を一箇所に座らせて算盤《そろばん》をパチパチはじかせ、計算結果を砂に書かせれば、わがモデルのようなもの、いや、さらに優れたモデルを考え出せていたかもしれない。

わたしはこの章で、こうした問題をすべて検討し、答えを出すつもりだ。しかし、そうする前に、世界を変えるということについて現実的にどう考えればよいのかという点について、もうすこし説明しておかなければならない。たしかに「ワーテルローの戦いでナポレオンがステルス爆撃機を使っていたら、どうなっていたか？」（おそらく機関銃が数基あったほうがより有利に戦いを進められたのではないか）というゲームをして遊ぶこともできる――だが、ナポレオンは使わなかったし、使えなかった。わたしはもっと現実的なゲームをしたい。これからするのもそれだ。

わたしたちがこれから考えるのは「現実的な代替戦略がとられていたら、歴史上の大事件はどのような〝ちがう結果〟になっていたか？」ということである。では、どうすればその「そうなっていたかもしれないこと」を知ることができるのか？　それへの答えは「彼らがやろうと思えばやれたのに、そうすることを選ばなかったこと」について考え、「なぜ選ばなかったのか」を探る、である。

知人に、おもに政治がらみの宗教史を研究している者がいる。彼がとりわけ興味があるのは、ロシア宗教史、とくにソ連時代の七〇年にわたる〝国家無神論〟強制期間における宗教のサバイバル。その彼があるとき、ちょっと戸惑いながらも面白がって、「きみが歴史家とちがうのは、時間の九五％を起こらなかったことを考えることに費やしているという点だね」と指摘してくれた。たぶん彼の言うとおりなのだろう。多くの歴史家の考えでは、ものごとの結果というのは、必然的なものであるか、それとはまったく逆の、どちらに転んでもおかしくなかった偶然の産物である。

わたしは〝歴史の必然〟なるものの大ファンではない。もし歴史が必然的なものであれば、政治的戦略やプリディクショニアリング（未来予測操作）に何の意味もないことになる。「歴史は劇であり、わたしたち人間は台本どおりに演じているにすぎず、選択の自由はほとんどない」という考えは、よくても愚か、最悪の場合は害悪しかもたらさない、と思える。だれがどんな恐ろしいことをやろうと、歴史の必然で片づけられてしまいかねないからだ。この考えは「劇作家を責めろ、役者を責めるな」と言っているようなものである。では、劇作家はだれになるというのか？　そこまで思い切って考える気はわたしにはない。

「歴史上の出来事は偶然の重なりと言ってよい」というまったく逆の考えも、わたしには同様に奇妙に思える。もしすべてが偶然によって生起し、人間は何もできずに、ただ粒子のように飛び回っているだけだとしたら、なぜわたしたちは激論を戦わせたり、政権担当者を選んだり、軍隊を増強したり、研究に資金を提供したり、識字率を高めたり、芸術を創ったり、歴史を書いたりするのか？　わたしたちはほとんど何をするにも、みずから戦略的行動をとり、他の人々の戦略的行動とぶつかる。だから戦略的行動とその結果を否定するなんてとてもできやしない。

たしかに、わたしたちの知っている世界には、どちらに転ぶかわからない要素もある。だから過去も未来も必然の道を歩むわけではない。ただ、どちらに転ぶかわからないという偶然の要素がつねにありはするが、そうしたものが未来を決定することはまれである。第二次世界大戦でのドイツ軍によるソ連侵攻の失敗に、悪天候が重要な役割を演じたことは事実であるかもしれないが、ヒトラーがユーゴスラビアの問題に気をとられて侵攻を遅らせたことが〝予測できた危険〟であったことは間違いない。ヒトラーはのちに侵攻の遅延を悔やんでいる。いずれにせよ、侵攻を遅らせればドイツ軍が悪天候に直面する確率が高まることをヒトラーは知っていた。

二〇〇三年一二月二六日にイランのバムで起こったマグニチュード六・六の地震は、だれにもどうすることもできなかった出来事である。死者数は二万六〇〇〇人を超えた。地域の人口は一四万二〇〇〇人ほどだったから、そのほぼ二〇％にあたる人々が亡くなったわけだ。ところが興味深いことに、そのわずか数日前に、マグニチュード六・五の地震が南カリフォルニアのカンブリアという町を襲ったが、二五万にのぼる地域住民のうち亡くなったのは三人だった。一九八九年のロマ・プリータ地震では、五〇〇万人を超える人口をかかえる大都市部サンフランシスコ―オークランド地域で亡くなったのは六八人だった。地震の規模はバムの五倍もあったが、死者数は地域人口の〇・〇〇一％ほどでしかなかった（といっても悲劇であることに変わりない）。これに比べたらバムの死者数はギョッとするほど多い。

カリフォルニアとイランの死者数のこのとんでもない開きは、単なる偶然だったのか？　必然だったのか？　それとも戦略的選択の違いのせいだったのか？

当時の報道機関の答えは「バムの人々は泥と石の家に住んでいたが、カリフォルニアの人々はそうではなかった」というものだった。しかし、わたしたちはこう問わなければならない。膨大な石油埋蔵量を有する金持ち国家の国民が、なぜ泥の家に住んでいるのか？　天災（地震、洪水、かんばつ、飢饉《ききん》）ということで――世界にはひどく不運なところもあるということで――事を片づけてしまいたくもなる。恐ろしい天災はたしかに存在する。だが、それらはほんとうに自然災害なのだろうか？

たしかにそうした恐ろしい災害は政治や社会の動向とは無関係にランダムに起こる。その原因をコントロールすることは人知をはるかに超えている。少なくともいまの科学レベルでは、地震、ハリケーン、かんばつ、津波はコントロールできない。しかし、それらがもたらす被害についてはどうだろう？

大自然災害の死者数は、民主国家より独裁国家のほうが比較にならないほど多くなる。民主国家は天災に備えて、建造物を規制し、地震などが起こった場合の生き残るチャンスを増大させ、被災者の衣食住に必要なものを備蓄する。なぜか？　国民に選ばれた政府というのは大体において、国民に対して責任ある行動をとるからである。ところが、軍隊や、貴族や、聖職者や、唯一の合法政党に選ばれた政府は、ごく少数の人々にしか責任をもたない。彼らが護《まも》るのは、その少数の人々であり、多数の国民ではない。権力を維持するには、その少数の人々を喜ばせばいいからである。そう、だから、偶然の出来事でさえ、おもに偶然によって起こる結果をもたらすことはまれなのだ。自然が主犯のように見えるときでさえ、陰で戦略的選択が勝敗や生死を分けているのである。

では、いくつかの歴史の重要な転換点に注目し、戦略的思考がどのようにして結果に影響をおよぼし、歴史を必然や偶然（予測不能）の牢獄から救い出せるのかを見てみよう。戦略的モデリング（シミュレーション）が、歴史の方向をどのように変えたかもしれないかを、これから見ていきたいと思う。古代ギリシャならスタート地点としてふさわしい。

スパルタの急速な衰退

ご存じのようにスパルタは、ペロポネソス戦争（BC四三一年―四〇四年）でアテネを打ち破り、ギリシャの、いやおそらく世界の、覇権をにぎった。だが、そのわずか三三年後には、レウクトラの戦いでテーベにあっけなく敗れてしまう。つまり、スパルタは当時の世界大戦とも言える戦いに勝利したにもかかわらず、一世代ちょっとのあいだに覇権を失い、二度と立ち直れなかったのである。いったいなぜスパルタは、わずか一世紀の三分の一のあいだに、栄光の絶頂から負け犬に転落してしまったのか？　その答えは「スパルタ人が国よりも馬を愛したから」。

ピタゴラスはスパルタがアテネを破る約三世代前に死んだ。なぜこんなことを言うかというと、基礎数学の基本的部分――とくに幾何学（確率論はまだ誕生していない）――は教養のあるスパルタ人が簡単に知ることができるものだったという事実に、いちおう注意をうながしておきたかったからである。スパルタの統治システムは、教育を重視するものだった。ただし、今日〝本から学んだ知識〟とも呼ばれるものより武勇にずっと重点がおかれた。それでもスパルタは、その気なら、数学者や政治コンサルタントからなるチームをつくって、行く手に横たわるリスクを予見させることはできたはずだ。

つまり、ＢＣ四〇四年のペロポネソス戦争大勝利から、その約三〇年後のレウクトラの戦いでテーベに決定的な大敗を喫するまでの道のりに内在する危険を、その気なら知りえたはずなのである。具体的に言ってしまえば、軍事的勝利そのものがスパルタを危険にさらした。なぜかといえば、それが有権者の資格を、ということは誰が統治するかということを、変えてしまったからである。知ってのとおり、選挙のルールが変われば、政治も根本的に変わりうる。スパルタでは政治が実際に根本的に変わってしまったのだ。

それを理解するには、スパルタの統治システムを簡単に見ておく必要がある。彼らの統治形態は奇妙で複雑なものだった。成人男子に限られたスパルタ市民（ホモイオイ）は、人口のほんの一部でしかなく、その数はＢＣ四一八年までにピーク時の九〇〇〇人から三六〇〇人くらいにまで落ちこんでしまった。圧倒的多数の奴隷をも含めたスパルタの総人口は、約二二万五〇〇〇人だったから、三六〇〇人というのはあまりにも少ない。BC三七一年にレウクトラの戦いで敗北すると、スパルタ市民の数はさらに減って一〇〇〇人にも満たなくなり、それはなおも減りつづける。事を取り仕切る男たちの数が激減しつづけたのは、ペロポネソス戦争での勝利に直接関係する理由からだった。第三章ですでに見たように、変化は変化を生じさせるのである。

成人男子であるスパルタ市民が指導者を選出する方法は、いちばん望ましい候補者に対して最大の叫び声をあげる、というものだった。それぞれの候補者への叫び声の大きさの判定は、カーテンのうしろの（あるいは近くの小屋のなかの）――したがって、集まった市民の声は聞こえるが姿は見えない――審査員たちがおこなったので、彼らには誰が誰を選んだのかわからなかった。この方法でスパルタ市民は、二人の王を選んだ（二王並立――統治形態が奇妙で複雑というのはこういうところ）。さらに市民は同じ方法で、六〇歳以上の男を候補者とする終身制の長老会（ゲルーシア）メンバーと、任期一年の監督官（エフォロス）を選出した。

王が担当したのは軍事と国家安全保障。長老会は政治日程を組み、議案提出にたずさわり、監督官は財政、司法を担当し、監督・管理権を有した。監督官には王を監視・監督する権限さえあり、長老会には全市民参加の民会での決定に対する拒否権があった。要するにスパルタはチェック・アンド・バランスを効かせたシステムをとっていたわけであり、監督官は王を、長老会は監督官を、それぞれチェックでき、抑えこむことも可能だった。だから、市民に選ばれた王、長老会、監督官のいずれにとっても、スパルタの政治を力で完全にコントロールすることは難しかった。

男子市民には軍人になって国を敵から護るという特権・名誉が与えられた。これが市民生活の原動力であり、スパルタであることに必要な大原則だった。スパルタ市民はおのれの都市国家に身を捧げ、市民とその社会を護る準備を、敵対するどのポリスよりも整えていなければならなかった。スパルタの戦士は、戦場で死ぬか（遺体は自分の盾に乗せられて帰国）、生きて自分の盾を持って帰国するか（おそらく凱旋）のどちらかだった。盾を持たずに帰国したスパルタ市民は、のちにどれほど武勲をあげようとも、永遠に臆病者とそしられた。

兵役に加えてスパルタ市民は、月にいちど、自分が所属する一五人集団（シュシティオン）の晩餐会の費用を納めなければならなかった。一五人集団と晩餐会を維持するための公平な分担費用を納めないと、市民権を剥奪された。いまでもスパルタといえば質実剛健、そのイメージどおりに、晩餐会といっても贅沢なものではなかった。それは、ともに同じものを食べて、市民全員が平等であることを確認する、団結を強めるために周到に計算された場であった。また、晩餐会の残りものは、市民にはなれない貧しい大衆に与えられた。

だが、ペロポネソス戦争に勝利したことで、莫大な富を蓄える新たな方法が生まれる。とりわけ財をなしたのは、征服地を治める任にあたった軍人たちだ。スパルタの領土が拡大するにつれ、植民地を治めるスパルタ人と、市民間の平等へのこだわりを弱めようとはしなかった人々のあいだの、富の不公平な分配も拡大した。これがたちまち、二つの破滅的な結果をもたらした。

そのひとつは、新たな富によって晩餐会の贅沢度が増したということ。ディナーのメニューをめぐって製薬会社の合併が流れてしまったという話を前にしたが、古代ギリシャのスパルタでも、晩餐会のメニューが未来のコースを変えることになったのである。ただ、スパルタの場合、儲けるチャンスを逸した現代の企業などよりもずっと大きな代価を支払わねばならなかった。贅沢なメニューになったせいで、歴史のコースが大きく変わってしまったと言えるのだ。

出席しなければならない晩餐会の費用が上昇するにつれ、多くの市民が一五人集団から脱退せざるをえなくなってしまった。費用を払うことができなくなったからである。費用を払えないということは市民権を失うということだ。だから指導者を選ぶときがきても、市民権を失って選挙に参加できない元市民がいることになる。高額になった晩餐会費を払わなければ選挙権を維持できないというルールになっていたため、スパルタの支配権は比較的多数（数千人）から少数の最富裕市民（千単位ではなく百単位）へ移ってしまった。

もうひとつの破滅的な結果は、市民権を維持する費用が高額になったために、スパルタ人の人生設計がねじれ、祖国にとどまろうとする意志が弱まり、政治構造がひっくり返ってしまったということだ。スパルタ本国である都市国家にとどまるより、外の支配地域に軍人として赴くことを選ぶ若者の数がどんどん増えていったのである。彼らはなんとかして植民地のポストにつこうとした。それが富と権力への道だったからだ。有利な地位につこうとする競争がまた、スパルタのシステムをさらに腐敗させた。そうした儲かる仕事は、本人の能力や功績ではなくコネや贔屓《ひいき》によって得られたからである。

こうして、四〇〇年前にリュクルゴスがめざした質実剛健をむねとするスパルタの軍国主義社会――いわゆるスパルタ式システム――は崩壊した。「武勇のみが威信の源」という時代は終わり、富がものを言うようになったのだ。大成功した少数の軍人に富が集まるようになると、彼らは市民権を保持するのに必要な費用を押しあげ、少数有力者による寡頭政治を確立した。晩餐会の費用の上昇が、それまで公共の利益に身を捧げていたスパルタ市民を利己的にしたのである。強欲に囚われなかった人々や、単に要領が悪くて金持ちになれなかった人々は、晩餐会の費用を払えなくなり、市民権を保持できなくなっていった。

その結果、スパルタ建国の価値観に忠実な市民の数は減った。市民権を保持できた人々は、さらに強欲に、自己中心的になった。この新たな舞台でプレーヤーとして生き残るためには、そうなる必要があったのだ。スパルタの市民権を手に入れるには、強欲と利己主義が必要になったのである。「ゲーム理論は人間性を厳しく〝私利追求〟と設定する」ということを思い出していただきたい。で、ここでもその厳しい見方どおりのことが起こったために、大成功していた社会が次第に無力なものへと変貌していった、というわけだ。

しかし、これと馬や競馬にどんな関係があるというのか、と読者は思われるかもしれない。いや、そもそもテーベに敗れたことと関係があるのか？　実は、この背景情報を得てはじめて、わたしたちはそうした問いに答えることができるのであり、どうすればゲーム理論を利用して哀れなスパルタ人に自分たちの行く末を見せることができるのかもわかるのだ。そして、あらゆる場面で私利私欲のせいで公共の利益がそこなわれる、と予測することさえできる。

古代ギリシャの軍人・歴史家・著述家であるクセノフォンが、レウクトラの戦いでスパルタに何が起こったのか説明している。たとえば兵力のうえでは、エパメイノンダス将軍率いるテーベ軍（ボイオティア同盟軍）は、クレオンブロトス王率いるスパルタ軍（ペロポネソス同盟軍）にかなり劣っていた。スパルタ側の一万一〇〇〇人に対して、テーベ側はわずか六〇〇〇人の兵力だったのである。これだけ見ればスパルタが圧倒的に有利で、勝利は比較的容易と思える。なにしろスパルタは伝統的に、歩兵はもちろん騎兵の質でもテーベにまさっていたからだ。それに驚異的な戦勝の記録もあった。

では、レウクトラの戦い当時、伝統的にきわめて優秀だったスパルタの騎兵の状態はどうだったのか？

クセノフォンは敵対する両軍の騎兵について、次にように書いている（騎兵に関してはテーベ軍のほうが数的に優位だった）。

オルコメノスとの、さらにテスピアイとの戦争のおかげで、テーベの馬はよく訓練され、きわめて効率よく動ける状態にあった。だがラケダイモーン（スパルタ）の馬のほうは、そのとき最悪の状態にあった。馬は裕福な市民によって飼育され、所有されていたが、招集がかかると、兵士があらわれて馬を受けとり、差し出される武器を何でもとって、ただちに出征した。そしてそうした兵士もまた、身体的に最悪の状態にあった。ただ馬にまたがっているだけの新兵で、軍人らしい功名心にまったく欠けていた。テーベとスパルタの騎兵の状態はそれほど違っていた。

（『ヘレニカ（ギリシャ史）』）

少数になってしまったスパルタ市民――クセノフォンの表現では「裕福な市民」――は、最高の馬と騎手を失いたくなかったので、戦場に送りださなかったのだ。競馬で走らせるためにとっておいたほうがいいと考えたのである。なにしろ競馬は大博打であり、大儲けできるのである。だから、もはや少数でしかない自己中心的で強欲なスパルタ市民は、いちばん悪い馬と最も経験が浅い騎手を戦場に送り出し、最高の馬と騎手を自分たちの利益のためにとっておいたのだ。祖国を犠牲にして、競馬での個人的利益を護ろうとしたのである。すでに述べたとおり、どうもスパルタ人は国よりも馬を愛したようなのだ――これは、名高い都市国家の活力を消耗させつつある病《やまい》の明白な症状だった。

わたしはこの特殊なアングルからスパルタの衰退を見つめ、簡単なデータ・セットをつくってモデル（予測用コンピューター・プログラム）に入力した。長老会と王に関しては「個人的な犠牲を強いられようとも、最初からスパルタの安全を護ろうと努力する」という予測結果がでた。監督官たちについては、実際にそうであったと考えられているように「金儲けを優先しはじめる」という結果がでるにちがいないと、わたしは思っていた。ところがモデルは「すぐにスパルタを護るために個人的な富（馬など）を犠牲にするようになる」という点を指摘した。だが、植民地の司令官やスパルタ国内にとどまっていた最富裕層はどうか？　彼らこそ軍の中核であり、自分たちの最高の所有物をスパルタのために差し出すかどうか――馬なら、騎兵隊に提供するか、それとも競馬のためにとっておくか――を決める最も重要な人々なのだ。モデルによると彼らは「政府、王、監督官、長老会からの圧力にはまったく影響されない」。スパルタの政治システムのチェック・アンド・バランスも、共益への献身の歴史も、〝いまそこにある脅威〟もすべて、こうした市民に「国にとって最良のことをしよう」という気を起こさせることはできなかった。

スパルタ社会が新たに見つけた富と、それによって変化した人々の価値観が、彼らの行動を変えたのである。コンゴとベルギーでのレオポルド二世の振舞いに大きな違いがあったことはすでに何度も述べたが、それとちょうど同じことが、このときスパルタで起こったと言ってもよい。つまり、スパルタの状況が変化しはじめたことによって、市民の行動の変化がうながされ、それがスパルタの未来を変えることになった、というわけだ。もしも賢いスパルタ人がこうしたデータを事前に見ることができていたら、新たな〝ゲーム〟が招く祖国衰亡の危機に彼らも気づいていたのではないだろうか。

そしてたぶん、あくまでもたぶんだが、スパルタ人は長期的なことをもっと考えていたのではないか。

ともかくこうしてスパルタは、強大な力を急速に失って、弱体国家になってしまう。ゲーム・モデルによれば、スパルタを救う方法はまったくない。ペロポネソス戦争でのアテネへの勝利がまさに、スパルタ滅亡の種をまいたのである。

このことから、もっと大きな教訓を学ぶこともできる。それは〝帝国〟の拡大によって生じることが多い危険なゲームについての教訓だ。民主主義を広め、〝ならず者〟国家を転覆させようとするアメリカの努力は、スパルタを衰退させたような支配層の強欲とエゴイズムを生じさせ、結局はやぶへびになりはしないか？　それとも、そうした努力は、よその国の強欲な政府による最悪の人民虐待を抑えこみ、暴虐に苦しむ哀れな人々を救うことができるのか？　こうした問題は熟考する価値がある。歴史から学べることはたくさんあるはずだ。

スパルタの敗北は古代ギリシャ人の考えかたを根本的に変え、アテネの復活を可能にした。アテネは（今日の基準に照らして）スパルタよりも民主的な、つまり一般市民をも主権者とする政治システムをとっていたため、たとえ戦争に負けても、それにうまく対応できた。必要な変革をして、好機を待ち、国力を回復させ、スパルタがつまずいて力を失ったときにはギリシャのリーダーシップをとりもどした。一方、スパルタのほうは、寡頭政治の度をどんどん増していったために、空前の敗北に見舞われたとき、頼るものがほとんどなかった。たぶん、スパルタ人が馬を愛しすぎたというのは、わたしたちにとっては幸運だった、と言うべきなのだろう。彼らがあれほど馬を愛さなかったら、古代ギリシャにおける民主制の実験はみじめな失敗に終わっていたはずで、その地球上で最も有益な政治体制はすぐに消えてなくなり、二〇〇〇年後にそれを復活させようと思う者などひとりもいなかったにちがいない。

スパルタ人の馬への愛で、ジーン・オートリーの『バック・イン・ザ・サドル・アゲイン（ふたたび鞍にまたがって）』という有名なカントリーソングを思い出した。それでは歌詞にあるように――「友が友であるところへもどる」ことにしよう。いまわたしの頭のなかにある友情は、ルイス・デ・サンタンヘル（この人物についてはすぐあとで説明する）がスペインのフェルナンド王とイサベル女王から頂戴したものだ。そして、この友情がクリストファー・コロンブスにおよぼした影響にも、わたしはいま思いを馳せている。いや実は、いま本書を読んでおられる西半球（いわゆる新世界）に住むかたがただって、その友情のおかげをこうむっているのだ。

サンタンヘルは次のゲームの〝縁の下の力持ち〟である。彼のことを考えるとわたしは、「ゲーム理論入門2」の章に登場したフランスの銀行家たちを思い出す。彼らもまた、サンタンヘルと同様に、要求しすぎると何も得られないことを理解していたのだ。フランスの銀行家がドイツ人幹部社員たちにハイデルベルクにとどまることを許して合併をうまく成し遂げたように、ルイス・デ・サンタンヘルは、スペイン王国の利得とコロンブスのそれを巧みに重ね合わせる方法を考え出したのである。

では、紀元前から一五世紀末まで一気に時を進めよう。今度はいわゆる「地理上の発見」の時代だ。この時代にも、支配的な政治秩序への新たな挑戦がなされた。スパルタは裕福になったことで苦しんだが、スペインの場合は、ポルトガルやカトリック教会といった強大な国や組織と比較して、貧しいがゆえに苦しんでいた。ところが、サンタンヘルの助けを借りて、コロンブスがそうした状況を一変させてしまう。そして、少なくとも一世紀ほどはその新秩序がつづく。ただコロンブスは、それを成し遂げるために、受け入れがたいことを受け入れて取引をしなければならなかった。

なぜスペインはアメリカを〝発見〟したのか？

一四九二年、コロンブスは大海原へと出帆した。それなら、わたしもあなたも知っている。ところが面白いことに、それまでポルトガル王室に雇われていたイタリア出身の海洋探検家コロンブスが、なぜスペインの旗をつけて航海することになったのか、その理由をきちんと知っている者はほとんどいない。スペインのフェルナンド王とイサベル女王がコロンブス支援の決定を下すまでには、何かの拍子に支援拒否へ転びかねなかった危ういプロセスがあった。

言うまでもないが、たとえコロンブスがいなくても、だれかが〝新世界〟を発見していた。だがそのときは、ヨーロッパとアメリカの歴史はまったく違うものになっていただろう。スペイン王国の繁栄もなかっただろうし、イギリスを敗北させるためのスペイン艦隊もつくられなかったにちがいない。おそらく、ウォルター・ローリーはイングランド植民地を築きはしなかっただろうし、モンロー・ドクトリンも生まれなかったはずだ。ファン・ペロンとエバ（エビータ）がアルゼンチンで権力をにぎることもなかっただろうし、その他、文字どおり数え切れない差異が生じていたにちがいない。（コロンブスの重要性について私事にわたって述べることをお許しいただければ、彼の活躍がなかったら、わがブエノ・デ・メスキータ家も存在しなかったのではないかと思われる。なにしろ彼らは当時——よりによって——カリブ海の海賊《パイレーツ・オブ・カリビアン》として、ジャマイカのコロンブス家の領地を荒らしまわって名をあげていたのである）

コロンブスは初め、西回りでアジアに達するプランを、当時世界最大の海軍国だったポルトガル王国にもちこんだ。カナリア諸島から西へ向かって日本に達する、というのが彼の案だった。推算により、アジアまでの距離は二四〇〇海里ほど、と彼は考えていた。未知の島にいくらか出遭うことは予想していたが、行く手に大陸が横たわっていようとは思っていなかった。カナリア諸島出航後は、乗組員用の飲み水と食料を得る機会はもうないかもしれない。その危険があることはコロンブスにもよくわかっていた。だが彼はあまり心配しなかった。それほど長い航海にはならないと思っていたので、飲み水も食料も充分だと信じていたのだ。何のトラブルもなく目的地に着き、無事帰ってこられる、とコロンブスは思っていた。そこで、ポルトガルのジョアン二世に資金援助を申し出た――だが、きっぱりと断られてしまう。

コロンブスのポルトガルへの売り込みには不利な事情がいろいろあった。エンリケ航海王子が描いた構想のおかげで、ポルトガルはすでに北アフリカの海岸にそって、富をもたらす貿易航路を切り拓き、植民地を拡大していて、大西洋を西へ遠く九〇〇海里ほども行ったところにあるアゾレス諸島まで手に入れていたのである。さらに、コロンブスがちょうど自分の計画を売り込んでいたころ、バルトロメウ・ディアスがアフリカ最南端の喜望峰を発見した（ということは、アフリカの東側を北上してアジアへといたる航路を発見したのも同然）。ディアスの航海はポルトガルに委託されたもので、一四八〇年代後半までに彼は東回りのインド航路を事実上発見した。その航路のおかげで、アフリカの東海岸にそって基地が築かれ、行き交う帆船が再補給をかなり楽に受けられるようになった。

最後にもうひとつ、コロンブスにとって不利な成り行きがあった。ポルトガルの科学者たちが、日本までの距離をたったの二四〇〇海里としたコロンブスの推算に異議を唱えたのである。ポルトガルから西回りで日本へいたる距離は、アフリカ南端を回って東からそこへ達する距離とたいして違わない、と彼らは考えたのだ。彼らの計算では、カナリア諸島から日本までの距離はおよそ一万海里（実際には約一万六〇〇海里）。リスボンから日本までの距離となると、それにリスボン―カナリア諸島間の距離を足さなければならない。

この距離に関する見解の相違は決定的だった。ポルトガル側の考えでは、西回りでアジアに到達できる可能性はほぼゼロだった。どこの港にも立ち寄らず、食料と飲み水をいちども補給することなく、一万海里を航海できる帆船など、あるはずがなかったからである。当然ポルトガルは、そんな無謀な航海は失敗するに決まっている、と考えた。ポルトガルにとってコロンブスの計画は無意味と言ってもよいものだった。

がっかりしてコロンブスはよその国に支援を求めた。弟のバルトロメがフランスとイングランドの国王を引き込もうとしたが、当時どちらの王も国内問題で身動きできない状態で、まったく関心を示さなかった。一四八六年、コロンブスはスペインに話をもちこんだ。弟がフランスとイングランドで失敗していたので、スペインでもあまり希望はもてなかった。スペイン王国はいろいろと問題を抱えていて、コロンブスの提案を真剣に検討する余裕はなかった。イベリア半島に居残るイスラム教徒（ムーア人）と敵対していたし、ローマ教皇とも、とくにアヴィニョンの教皇を支持して以来、対立の度を深めていた（一三七八年から一四一七年までローマとアヴィニョンの双方に教皇が並立する教会大分裂があった）。

だがコロンブスはほかに行くべきところがなく、その後六年間スペインにとどまり、何度も決定を引き延ばされて失望を味わわされながらも、提案を検討する諮問委員会の判定を待った。スペインが国内問題のいくつかを解決するまでは――とりわけイスラム教徒の拠点グラナダとの戦争に勝つまでは――はっきりした決定を下すことはできない、とコロンブスは言われた。一四九二年にグラナダがついに陥落し、イスラム教徒との戦いに決着がついた。実際、この一四九二年という年は、スペインにとって大きな転換点となる。一月のグラナダ陥落は、スペインの重要な王国すべてがフェルナンドとイサベルの下に統一されたということを意味した。やっとスペインにもコロンブスの提案をきちんと検討する余裕が生まれた。コロンブスが待ちに待ったときがついに来たのだ。だが状況はあまり有利とは言えなかった。コロンブスにもそれはわかっていた。

一四九〇年にすでにタラヴェラ諮問委員会が、コロンブスの航海計画は問題があり、支援は控えたほうが賢明、という報告をイサベル女王にしていたのである。ポルトガルと同様、スペインのタラヴェラ諮問委員会の委員たちも、コロンブスはスペインから日本までの距離をはなはだしく過少に計算していると考えた。ただコロンブスのほうも、自分の推算の正しさを証明できる〝事実〟を指摘することができた。ときどき岸に打ち上げられる死体と未知の木々の腐り具合は、自分が推算した距離に合致する、と彼は主張したのだ。たしかに、ヨーロッパの西に横たわる巨大な大陸までの距離については正しかった。ただそれはアジアではなく、アメリカだったのだ。が、むろんコロンブスにはそこまでわからない――わかるはずがないではないか。

コロンブスは待つことにうんざりし、イエスかノーかの選択を迫った。成功の可能性は薄いとの報告があるうえに、コロンブスが前払い金を要求していたこともあって、彼の提案はふたたび拒絶されること必至という状況になった。とくにフェルナンド王が、コロンブスの提案を採用することを渋った。そこでコロンブスは荷物をまとめて町をあとにした。だが、まさにそのとき、ルイス・デ・サンタンヘルの介入があって、スペインとアメリカの歴史のコースが確定してしまう。

サンタンヘルは、今日のアメリカで言えば財務長官にあたる王室手元金管理人だった。彼はコロンブスの計画にひそむ利益を見通すことができただけでなく、これが最も重要なのだが、コスト削減によってリスクを負いやすくする方法も知っていた。サンタンヘルは、コロンブスがサンタフェを発ったまさにその日、イサベル女王に謁見し、コロンブスの条件を呑むよう強く進言した。コロンブスがこの航海計画をスペインの競争相手に売ってしまうことをサンタンヘルは恐れたのである（実際には杞憂だったのだろうが）。

夫のフェルナンド王よりはコロンブスに好意的だった女王は、結局は説得されて、航海を支援することにした。ただし、資金集めはサンタンヘルがする、という条件付きだった。つまるところ航海が実現するかどうかは〝価格〟次第ということになっていた。コロンブスは初め、自分への報酬を含めた航海費用をすべて前払いするようスペイン王室に要求していた。王室はその条件を呑む気になれなかった。

そこでコロンブスは〝価格〟を引き下げ、帆船三隻、食料、乗組員にかかるコストのみを前払いするよう求めた。さらに、報酬については、自分の発見から得られる富全体の一〇％を、本人および遺産相続人に対してスペインは払いつづける、ということで合意した。ということは、前払い金が少なくなるということであり、コロンブスと水夫たちがリスクの大半を負うということだった。

もちろん、コロンブスがこの探検航海に成功すれば、スペインは計り知れない富を得ることになる。富を生む貿易航路を支配し――現実にそうなったように――ヨーロッパの、いや世界の、経済大国になれるのである。だが、このまま何もしなければ、いつまでたってもインドへの到達手段を得ることはできない。ポルトガルが航海用海図を秘密にしていたので、アフリカ南端を越える東回りの航路はわからないのだ。陸上の隊商路による利益は、イタリア人やアラブ人らがせっせと集めていて、そこに入りこむ余地はない。

しかしコロンブスが失敗すれば大変なことになる、というのもまた事実だった。その場合、もし費用を国庫から支払っていれば、貴族の反乱が起こる可能性が大いにある。つい四半世紀前にも、同じ貴族たちがイサベルの父王を退位させようと画策したことがあった。だから貴族たちの脅しはただの空脅しではない。だからこそ、資金集めを個人的にやるというサンタンヘルの決心には、フェルナンドの考えを変えさせる力があった。サンタンヘルはスペイン貴族による反乱の脅威を取り除いたことになる。成功の見込みがほとんどない計画に投入する資金のために税を課せられていたら、貴族たちは憤慨し、反乱を起こしかねなかった。コロンブスに対する現代の評価がどうであろうと、わたしたちはルイス・デ・サンタンヘルによくぞやってくれたと感謝し、万歳三唱しなければいけないほどだ。

スペインの決定は、プレーヤーがわずか四人のゲームの結果と考えることができる。四人のプレーヤーとは、フェルナンド王、イサベル女王、サンタンヘル、それにコロンブスだ。契約や買収の交渉にはよくあるように、ここでも価格が大問題となっている。コロンブスは計画をできるだけ高く売りつけたい。フェルナンドはさしあたって一銭も払いたくない。〝ダメもと〟でいきたい。イサベルはフェルナンドほど否定的ではなく、サンタンヘルは提案された探検航海を支持しているが、自分で集められる資金しか提供できない。

言うまでもないが、この問題を最も重視しているのはコロンブスだ。重視度の高さでは、次にサンタンヘル、そしてイサベルという順番になる。コロンブスの提案に対する重視度がいちばん低いのはフェルナンド。彼にとっては、ローマ教皇との関係改善や、統一したばかりの国の統治・運営のほう

利害関係者	影響力	価格	重視度
フェルナンド	100	0	40
イサベル	70	25	60
サンタンヘル	60	55	75
コロンブス	20	100	90

がずっと大事だ。影響力は、王のフェルナンドがいちばんあるが、女王のイサベルもずいぶんあり、サンタンヘルだってかなりある。コロンブスには他人を説得する能力があまりなかったのではないかと思われる。なにしろ六年間、だれひとり説得できなかった。というわけで、次のようなデータ・セットをつくってみた。

予備的予測の結果は、25（加重中位投票者）と37（加重平均投票者）のあいだである。こうした数値は読者もこのデータ・セットから計算できる。モデルが交渉プロセスとその動きをシミュレートして最終的に出した予測結果は、「サンタンヘルがイサベルよりもよけいに払えるということであれば、その金額で合意され、契約が成立する」というものだ。もしイサベルの価格以下の金額しかサンタンヘルが払えないとしたら、いかなる取引もなされず、世界史はかなり違ったものになっていたにちがいない。だが、サンタンヘルも馬鹿ではなかった。彼は熟達した戦略家で、説得のしかたも、だれを説得しなければならないかも、心得ていた。

モデルのロジックによれば、彼はまずイサベルを説得し、ついでフェルナンドを説得する――ふところが痛むようなことはない、と言って。そしてそのあと、コロンブスと交渉する。これは実際に起こったことにきわめて近いようだ。むろんわたしたちは、サンタンヘルがいくらまで払う気になっていたかは知らない。わかっているのは彼が実際に払った金額だけだ。

相手が払ってもよいと思っている最高金額は、わたしの〝自動車購入テクニック〟なら見つけられるだろう。ただ、そのテクニックは〝入札者〟が複数いないと使えない。航海計画を買ってくれそうな人はほかにいないことを、コロンブスは知っていた——そしておそらく、サンタンヘル、イサベル、フェルナンドは知らなかった。だからコロンブスはたぶん、最高の価格で売ることができたわけではない。残念ながら彼はプリディクショニア（未来予測操作者）の助けを借りることができなかった。プリディクショニアがいれば、もっと有利な取引ができていただろう。だが、重要なことは、取引が成立したということだ。

コロンブスの成功がもたらしたものは、新世界に住むわたしたちには明白きわまりないものだが、ヨーロッパにも遠い未来にまでおよぶ影響をもたらした。実は、次に検討する第一次世界大戦もまた、コロンブスの成功とつながるものと言えるのだ。ご存じのとおり、フェルナンドとイサベルの係累に当たるフェリペ二世は、一五二七年にバリャドリードで生まれ、一五五六年にスペイン王になった。一五八八年にいわゆるアルマダの海戦でスペインの無敵艦隊がイングランドに敗れたときの王である。イングランドはこの海戦に勝利したことをきっかけに、スペイン帝国に対抗しうる大国となっていく。フェリペ二世は神聖ローマ帝国皇帝でもあり、その権力は絶大だった。スペインとアメリカ大陸のかなりの部分を支配していただけでなく（コロンブス、サンタンヘル、およびフェルナンドとイサベルのおかげ）、オーストリア、フランシュ・コンテ（ブルゴーニュ）、ミラノ、ナポリ、ネーデルランド、シチリア島をも統治していた。

だから、ルイス・デ・サンタンヘルの巧妙な根回しによる成功があったからこそ、一世代後にスペインとオーストリアは同じ王の支配下に入ったと言える。また、フランスのヴァロア＝ブルゴーニュ家と、フェリペ二世もその一員であるオーストリアやその他のハプスブルク家との、いつまでもつづいた対立もまた、サンタンヘルの成功がもたらしたものと言うことができる。アルマダの海戦によるフェリペ二世の家系とイングランドとの緊張関係についてもしかり。というわけで実は、フェルナンドとイサベルの時代がすでに、一九一四年に勃発する「すべての戦争を終わらせる戦争」を起こす基盤をつくりあげていた、と言えるわけだ。むろん、コロンブスの探検航海の成功と第一次世界大戦は、数多くの出来事をへてつながっているのである。

では、オーストリア＝ハンガリー帝国の皇位継承者、フランツ・フェルディナント大公の暗殺がもたらした結果を、見てみよう。第一次世界大戦（ヨーロッパ君主制の最後のあがき）は不可避なものだったのか、それとも避けえたものだったのかを、大公の暗殺によって加速した危機の歴史を使って考えてみたい。そしてもし避けられるものだったのなら、どうすれば避けえたのか？　新しい予測モデルを使って、こうした問題に取り組んでみよう。

第一次世界大戦を回避する

第一次世界大戦はなんとも悲惨な出来事だった。戦争というものは、ほぼ例外なく、最初にどういう結果になるか知りえたなら、ただそれだけで避けられるものである。戦闘がはじまる前に取引をすることは、だいたいどのような場合でも可能で、そのほうが双方にとって戦中・戦後に取引するよりもずっとよい。その理由は実に単純、「各国が最初に、戦争の終わりに出される結論と同じものに合意していれば、参戦国が戦闘によって支払わなければならない代償をすべて避けることができるから」というものだ。

むろん問題は、双方とも戦争をする前には、どういう結果になるのか見通せないという点である。どの国もできるだけ有利な取引をしようと、国力についてハッタリをかませ、不屈の意志を見せる。そうした策略が功を奏することは多い。戦争は、とくに大戦は、まれにしか起こらない。しかし、ときとしてハッタリがとてつもなく高くつくことがある。それは、真実を暴露せずにハッタリを押し通し、戦争を選んでしまう場合だ。その戦争はできれば避けたかったもの、あるいは、あとになって避けるべきだったとわかるものである。

戦争の危機にさらされている国がプリディクショニアリング（未来予測操作）を利用すれば、シミュレーションによって事前に起こりそうなことを予測でき、戦争そのものの回避も可能になって、たぶんその結果、何百万という罪なき人々の命も救われることになる。

わがゲーム理論の最新モデルによると（この分析がまさに正真正銘のお披露目）、第一次世界大戦を回避する方法はいくつかある。一千万もの人々が命を失ったのは、一握りの外交官がなんともお粗末なゲームをしたからだ。それは近代版〝スパルタの悲劇〟と言ってもよい。戦争の回避方法の検討に入る前に、大戦へといたる当時の状況・背景を簡単に見ておこう。

たいへん大雑把な見方をすると、一八世紀および一九世紀は、まずオランダ、イギリス、次いでフランスといった、より民主的な政治体制をとり、より資本主義的経済システムを採用した国々が、急増しつづける世界の富を享受し、大きな影響力を獲得した時代だった。君主制は衰退の途上にあった。

一九世紀後半にズームインすると、ヨーロッパの運命を決定づけようとするさまざまな〝あがき〟

が見えてくる。いまあるようなドイツは一九世紀のほとんどの期間、存在しなかった。当時のドイツは多くの君主国――プロイセン、ザクセン、バーデン、ウッテンベルク、その他多数――が分立する状態だった。そしてそうしたドイツ地域を支配していたのがオーストリア。

だが、オットー・フォン・ビスマルクがプロイセン王国の首相（ドイツ語では〝大臣大統領《ミニスター・プレジデント》〟というすっきりしない肩書き）になると、これが一変することに。ビスマルクは小国を統一してドイツという強国をつくりあげるのである。まず彼がやったのは、いくつかの小さな君主国のプロイセンへの併合。そしてそれを実現できたのは、一八六六年に〝七週間戦争〟とも呼ばれる普墺《ふおう》戦争で、迅速かつ簡単にオーストリアを打ち負かし、ヨーロッパのほとんどの指導者を驚かせたため。半世紀ほど前に、当時のヨーロッパ列強（オーストリア、イギリス、フランス、プロイセン、ロシア）のあいだの軋轢をなくし、新たな〝ナポレオン〟の台頭をふせぐために作りあげられた、抑制と均衡によるポストナポレオン・ヨーロッパ協調体制は、この普墺戦争で完全に崩壊してしまった。

普墺戦争によって、オーストリアが大国とはとても言えないほど弱体化していたことが暴かれてしまった。そこでオーストリアは、なんとか列強の地位にとどまろうと必死になり、ハンガリーとの合併に同意する。こうしてオーストリア＝ハンガリー帝国が誕生することになった。実は一八六六年の敗北の直前にも、同じ合併話が持ち上がっていたのだが、そのときにはオーストリアは拒絶している。ともかく、このオーストリア＝ハンガリー帝国の誕生で、オーストリアはどうにか列強の一員として踏みとどまった。だがそれも、衰退のスピードをゆるめられただけで、オーストリアの政治的地位を回復させることはできなかった。

そのわずか四年後ビスマルクは、今度はフランスと戦争をはじめ、普仏戦争（一八七〇年―七一年）でナポレオン三世を打ち破った。それにより、残っていた君主国の併合にも成功、ついに今日のドイツをつくりあげた。オーストリアは一八六六年以前のドイツ地域をいちおう支配していたが、いまやそこから排除され、およそ六〇年後にアドルフ・ヒトラー（オーストリア生まれ）が権力をにぎるまでドイツと再統合されることはなかった。一九七一年までにビスマルクは、ドイツをヨーロッパの新興大国にまでし、フランスをも衰退国としてオーストリア（オーストリア＝ハンガリー帝国）の仲間入りをさせた。こうして第一次世界大戦の舞台がととのった。

君主制と寡頭政治に対する革命が、世界のいたるところで噴き上がった。一九〇五年にはロシアで第一次革命（血の日曜日事件）が、一九一〇年にはメキシコ革命が、一九一一年には中国で辛亥革命が起こった。オーストリア＝ハンガリー帝国から見ると、自国の君主制に対する最大の脅威は、バルカン半島で台頭しつつあった民族主義であった。オーストリア＝ハンガリー帝国は、弱体化が進むオスマン帝国におのれの崩壊の予兆を見ざるをえなかった。

当時、セルビア王国はバルカン戦争（一九一二年――一三年）の結果、領土を三倍に拡大し、セルビア民族主義者を磁石のように引きつけつつあった。民族主義者たちの望みは、セルビア全域をオーストリア＝ハンガリーから奪い取ることだった。一九一四年六月二八日、こうした緊張が一気に表面化する。オーストリア＝ハンガリーの皇位継承者、フランツ・フェルディナント大公が、現在のボスニア・ヘルツェゴビナの首都サラエボで暗殺されたのだ。

オーストリア＝ハンガリー帝国はセルビア王国に最後通牒をつきつけた。「主権を放棄せよ、さもなくば戦争だ」というわけである。セルビアにも味方がいないわけではなかった。それにもちろんセルビアだって、苦労して得た独立をそう簡単には手放したくない。オーストリア＝ハンガリーはこれを読んでいたようだ。いまではわたしたちにも閲覧できる当時の外交記録を見ると、オーストリア＝ハンガリーはセルビアにはとても受け入れられない要求をわざとつきつけた、ということがよくわかる。どうやらオーストリア＝ハンガリーの指導者たちは、セルビアと軽く一戦交えて名をあげようと考えたようだ。

ところがヨーロッパの列強がこの争いにこぞって参加する。ロシアはセルビア側についた。三国協商（英・仏・露の対独外交軍事体制）により、フランスとイギリスもセルビア側についた。そしてロシアの決定が、当時オーストリア＝ハンガリーと同盟関係にあったドイツを動かす。同盟の条項にしたがって、ドイツはオーストリア＝ハンガリーを支持した。この二国にはさらに同盟関係があって、ルーマニア、トルコ（オスマン帝国）、そしてとくにイタリアからも、ほぼ確実に支持を得られるはずだった。オーストリア＝ハンガリーとドイツの二国同盟は、一八八二年に新興大国イタリアを引き入れて、三国同盟と呼ばれるものに拡大されていた。

ロシアはドイツがオーストリア＝ハンガリー防衛のために侵攻を開始することを恐れ、総動員令を発した。ゲーム理論的に言えば「わが国はセルビアを護《まも》るぞ」というシグナルを送ろうとしたわけだ。ところが、これでドイツも同様の動員令を下すことになる。ここでは前に検討した〈囚人のジレンマ〉ゲームとかなり似た状況が生まれている。双方とも、戦争より和解のほうがよいとわかっているが、敵を信用して和解を進めようとするのは危険であることもわかっている、というわけだ。

そこで双方とも、〈囚人のジレンマ〉のロジックがもたらす結論にしか到達できず、調停ではなく戦争を選ぶ。こうしてセルビアをめぐる紛争は、ほんの数週間のうちに、ヨーロッパのすべての列強を巻き込む大戦争になってしまった。第一次世界大戦がはじまったのだ。オーストリア＝ハンガリーは名をあげようとセルビアと軽く一戦交えるつもりだったのだが、その望みは叶えられなかったというわけである。

　ではそろそろ、わが最新モデルを使って、「もしも英・仏・露の三国同盟が一九一四年にもっと力があったら、さらに言えば、もしもオーストリア＝ハンガリーとドイツの二国同盟がもっと巧みに行動できていたら、どういうことになっていたか？」ということを探ってみることにしよう。まずは、分析に必要な計算をこなせる数学者の大集団を一九一四年に雇えたと仮定する。彼らが後知恵に頼ることなく予測できることは何か？　その問いにこれから答えてみたい。

　一九一四年の危機（念のため言っておくが、戦争そのものではなく、戦争へといたる外交交渉期間）に取り組むにあたって、わたしがコンピューター・プログラムに入力するために組み立てたデータ・セットは、ヨーロッパ各国および、アメリカ、日本など重要な非欧州諸国が、一九一四年におけるセルビアまたはオーストリア＝ハンガリーの外交政策をどれほど支持していたかを示すものである。重視度は、専門家の判定と〝オーストリア・セルビア危機〟への地理的近接度に基づいて数値化した。影響力は、ミシガン大学が関係する〈戦争相関性《コレレーツ・オブ・ウォー》プロジェクト〉が収集・整理した標準データ群に基づく。利用したデータを具体的に言うと、一八一六年からほぼ現代までの年ごとの世界各国の「国力」を示す標準データで、実際に用いたのはもちろん、そのなかの一九一四年のものだ。

　今回使うのは最新モデルなので、必要と思われる新たな変数が加えられている。それは、各プレーヤーが自分のとったポジションにどこまでこだわるかを示す数値である。つまり、交渉が決裂するのも恐れず、あくまで自分の主張を押し通そうとするのか、それとも逆に、なんとか合意に達したいので、交渉にあたってはかなりの柔軟性を示すつもりなのか、ということだ。

医療保険改革問題を検討したさいに見つけたことを援用すれば、こういう言いかたもできる――要するに最新モデルは、各プレーヤーの交渉スタイルはビル・クリントン型（目盛り上では100）とヒラリー・クリントン型（目盛り上では0）のあいだのどこに位置するか、というデータも用いるというわけである。この〝こだわり〟変数の数値は、第一次世界大戦にいたる期間の歴史資料からわたしが判断して設定した。一九一四年当時の利害関係のある政策決定者はみな、その気なら、ここで用いる情報をすべて知りえた。だから彼らも、わたしの方程式を知っていたら、これから紹介するものとまったく同じ分析ができていたはずである。

オーストリア゠ハンガリー、ドイツ、ルーマニア、イタリアは、フランツ・フェルディナントの暗殺のあとのオーストリアの対セルビア政策を全面的に支持することを意味する100のポジションからスタートする。セルビアとギリシャは、セルビアに主権の放棄を求めるオーストリアの要求に全面的に反対することを意味する0からスタートする。残りのヨーロッパ諸国は、親セルビア・反オーストリアに傾きはするが断固たるポジションをとらないので、だいたい33から45までのあいだに入る。

図表9・1を見ればわかるように、一九一四年に髭づらの数学者の大集団がせっせと計算に励んでいれば、戦争を予測できたことになる。また、計算をある程度つづけるだけで、つまり戦争に向けて突進するのではなく外交交渉を粘り強くつづけることを考えるだけで、戦争は避けられることが見えてくる。さらに、図表をよく見ると、モデルが一九一四年の八月中に戦争が起こることを予測しているのがわかる。モデルの論理によれば、武力に訴えずに紛争を解決しようとする外交努力が終わるのは八月ということだ。

図表を見てもわかるように、モデルは「交渉をつづける」ことによる予想利益をたえず測定し、同

■図表9・1　1914年危機の交渉失敗の予測

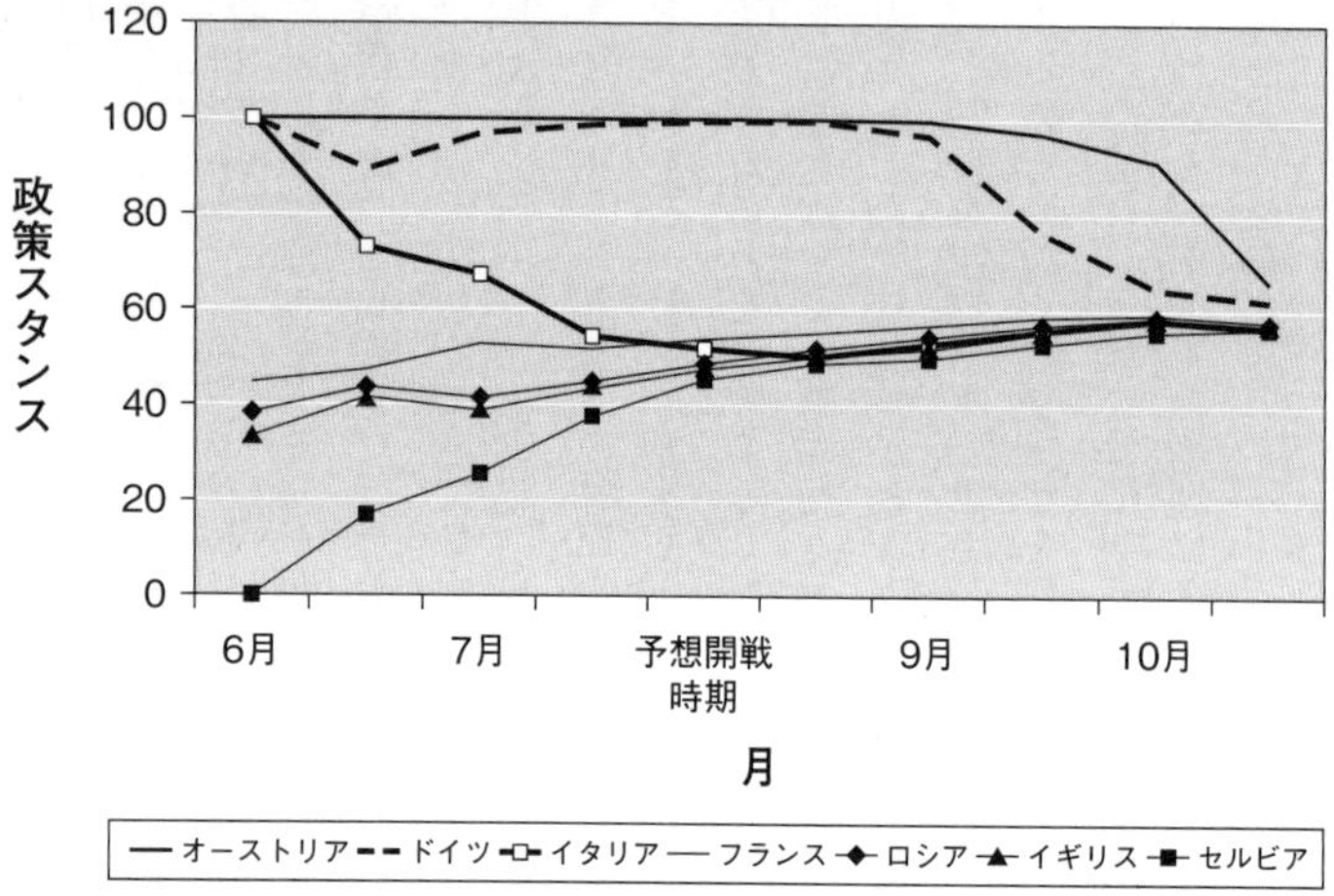

時に「外交による解決を求めつづける」ことによる予想損失をも計算して、両者を天秤にかける。モデルによれば、プレーヤーたちは結局、合意に達することができず、このまま合意を求めつづけても無駄で、努力に見合うものを得ることができないと断定してしまう。簡単に言うと、モデルのアルゴリズム（特定の目的を達成するための処理手順）は、プレーヤーたちが譲歩を明日引き出すことにどれほどの価値を見出しているのかを判断する。

つまり、同じ譲歩を今日引き出せないことをどれだけ辛抱できるか、ということだ。同じ利益なら、早く得るほうがいいに決まっている。で、この場合は、交渉ゲームが終了する（戦争が起こる）とモデルが予測したのは、おおよそ八月前半から半ばまでの期間中となったわけだ。そしてそうモデルが判断したのは、オーストリアの要求とセルビアの譲歩とのあいだのギャップを埋める交渉がまったくと言ってよいほど進展しないからだ。

ゲームが終わると予測された八月の時点では、敵対するおもなプレーヤーたちのあいだで合意がなされるということは一切ない。だから、モデルによれば、そこから新たなゲームがはじまる。プレーヤーが外交官から将軍に代わるのだ。

この時点までオーストリアは（ドイツの支持を得て）最後通牒の要求内容の実行をかたくなに求めつづける。一方、この間セルビアは態度を徐々に軟化させ、オーストリアの要求の多くを受け入れる方向へと進む。ただし、セルビアはなお、オーストリアの望むとおりの最後通牒の受け入れを渋る。セルビアがとるのは、イギリス、フランス、ロシアが強く勧める譲歩と一致する、ほどよく融和的なポジションだ。英、仏、露の三国は、モデルのシミュレーションによれば、調停による事態の収拾を強く望んでいると判断できる。そのため、オーストリアとドイツは、現実でもシミュレーションでも、それら三国協商の敵対国がセルビアの味方をして参戦するとは考えない。

では、この危機のあいだ、三国同盟の一員であるイタリアは何をしていたか？　現実には、一九一四年七月二八日、わずか五日前に出されたオーストリア＝ハンガリーの最後通牒を支持できないことを明かした。差し迫る戦争の臭いを嗅ぎとって、イタリアは中立を宣言したのである。そして、オーストリア＝ハンガリーは自国防衛ではなく他国侵略をしようとしているという理由で、イタリアは三国同盟からの脱退を決意する。

モデルの分析では、イタリアは初め、三国同盟の一員にふさわしく、オーストリア、ドイツと同じポジションからスタートする。ところが、図表を見ればわかるように、七月半ばまでに三国同盟から離脱して中立のポジションをとる。目盛りの50あたりをうろつくのである。したがってモデルは、現実に起こったよりも一、二週間早くイタリアは動くと見たわけだが、それでも中立ポジションへの移動をしっかり予測した。つまりイタリアは、モデルのロジックでも現実でも、事態がオーストリアとセルビアとの小戦争よりもはるかに大きなものに発展してしまうことに気づくや、オーストリア、ドイツの側に立つ意欲を失ってしまう。

モデルによれば、危機の最初の数週間、オーストリア＝ハンガリーとドイツはセルビアと戦争になると考え、セルビアのほうもそうなると考える。現実では、オーストリアは七月の末にセルビアに宣戦を布告するものの、他の国々とは戦争するつもりはないと明言した。モデルの予測によると、八月の初めまでに、セルビアの役割はかなり小さくなって、事態はオーストリアとドイツにも処理できないほど進展してしまう。現実には、八月一日にドイツがロシアに宣戦し、モデルのロジックが予測した戦争が実際にはじまった。

戦争は不可避だったのか？　いや、そんなことはない！　この問いへの答えは、断固としてノーだ！　図表を見てまずわかるのは、「敵対する諸国が交渉を一、二カ月引き延ばして開戦決定を遅らせていれば、ドイツは危険な全体状況をもっとしっかりと理解できていたはず」ということ。その場合、ドイツは（モデルの予測ロジックによれば）オーストリアとの結束を乱し、イギリスおよびその同盟国と合意に達する。オーストリアは、一九一四年九月か一〇月にならば達成される可能性があるとモデルが予測する合意のもとに、望んでいたことの大部分を得る。

もちろん、それには外交官が相変わらず主役を演じつづけ、将軍に決定権をわたさない、ということが必要になる。合意事項に「セルビアの主権放棄」は含まれない。だが、ゲームのシミュレーションによれば、こうしたことはすべて起こらない。残念ながら、外交官たちが初秋まで交渉をつづけることはないと、モデルが正しく予測するからである。九月前に外交ゲームは終わり、新たなゲームである戦争がはじまる。

モデルの長所は、「もしも〜だったら？」という問いをたくさん発する自由を与えてくれるところだ。第一次世界大戦前の外交ゲームでも、第六章の訴訟ゲームでやったように、各プレーヤーの取り組みかたを変えながら、ゲームをリプレーすることができるのである。もしもこのプレーヤーが、あのプレーヤーが、もっと巧みにゲームに取り組み、自分たちにとってより好ましい結果をつくりだせていたら、どうなっていたか？　それを見ていくことができるのである。

では、イギリスの外交官たちに現実にそうだったよりも巧妙に——だが、彼らに可能な範囲内で巧妙に——振る舞ってもらい、一九一四年の危機をリプレーしてみよう。モデルが推測したドイツとオーストリアの政策決定者たちの思考プロセスを、イギリスの外交官たちにのぞかせるのである。つまり、わたしのためにコンピューターがやる計算をやってくれる一群の数学者を彼らが抱えていると仮定するわけだ。これでイギリスも、優柔不断にならずにすみ、思慮深いはっきりとした態度をとることが容易になる。

歴史家のナイオール・ファーガソンは、オーストリアとドイツがイギリスの意図をはっきり読み取れなかったことが大戦の大要因であり、それはイギリスの煮え切らない態度のせいだった、と主張した。それまではイギリスも長いあいだ巧みに振る舞って危機を乗り切ってきたと言えるのに、一九一四年の戦略はいただけない。イギリスはほんとうにセルビアを護るつもりだったのか？　それとも単に護るふりをしただけなのか？　当時のイギリスの言動に、「セルビア防衛はイギリスにとってきわめて重要である」とオーストリアとドイツに確信させるようなものは一切なかった。これはイギリス側の重大な不手際であり、その点はもっと調べる価値がある。

わたしが担当した訴訟問題を検討したときのことを思い出していただきたい。「実際よりも強硬な姿勢をかたくなにとるふりをするように」というわたしのアドバイスをクライアントが受け入れたあと、どういうことが起こったか？　そのようなハッタリは危険で、大きな代償を払わざるをえなくなるときもある。相手が――正しく――強硬姿勢はポーズにすぎないと思えば、ハッタリはばれてしまう。あの訴訟では、そうなっていたら手痛い結果になる確率が高まっていたことだろう。クライアントは大重罪を科される危機に直面していたはずだ。法廷で容疑を晴らせていたかもしれないが、裁判というのはそもそも、すでに見たように、何が起こるかわからないリスキーなものである。ハッタリをかませなければ、最初から同じ大重罪を科されていたのだから、ともかくハッタリをかませたほうが得と思えた（そして実際に得だったわけだ）。

では、一九一四年のイギリスにとってのハッタリは、訴訟に巻き込まれたわがクライアントにとってのそれよりも、どれほど危険で、どれほど高くつく可能性があったのか？　一九一四年の〝八月の砲声〟は現実には四年以上もやまなかったことをわたしたちは知っている。そして戦争が終わったときには――イギリスでもフランスでもドイツでもロシアでもなく――アメリカが世界最強の国になっていたし、オーストリア＝ハンガリー帝国は存在さえしていなかった。だが、開戦か否かの決定を下さなければならなかったとき、そうしたことを知っていた者はひとりもいなかった。

自国が妥協を強く求めるところを見せたら、あるいは強硬姿勢を断固として貫くところを見せたら、状況はどのようなものになるか、ということをイギリスは考える必要があった。結局イギリスは妥協を求め、惨劇が引き起こされた。モデルの予測では、イギリスがセルビアを断固として護るふりをしていたら、どうなっていたのか？　どうすればそういう強硬姿勢を貫くことができたのか？

イギリスは奇妙なポジションにあった。彼らは自分たちの気持ちがどれほど固いかもわからなかったようなのだ。イギリスは他国だけでなく自国の気持ちをもきちんと読めていなかったようなのである。どうするべきなのかも、どうするつもりなのかも、はっきり把握していなかった。だからオーストリアとドイツには、「セルビアを本気で護るぞ」というシグナルをイギリスが出しているとは思えなかったのだろう。

わたしたちはまた、ロシアが――すぐにでも攻撃を受けるおそれがあると考えて――総動員令を発し、それが同じことをドイツにさせることになり、戦争がはじまったことを知っている。ロシアの総動員令はたしかに断固たる姿勢をとるぞというシグナルではあるが、交渉による合意をうながす状況をつくるのにまったく役立たなかった。ロシアの総動員令は非常に高くつく《コストリー》〈コストリー・シグナル〉（コストをかけたシグナル）になってしまったのだ。イギリスが動員令を発しても、同じ危険な状況が生まれていたのだろうか？　それとも行き詰まりを打破できたのか？

モデルにインプットされたデータでは、イギリスは「両サイドが受け入れ可能な条件を見つけようと懸命になっている」とされた。〈宥和《ゆうわ》度／本気度〉は１００点満点中の90だった。その具体的な内容は「戦争を回避するために、あくまでも交渉し、大きな妥協をする用意がある」。わたしはその一点だけを変えて、一九一四年危機のシミュレーションを繰り返してみた。イギリスの妥協への本気度（宥和度）を90から50に落としてシミュレーションをやりなおしてみたのである。50という数値はバランスのとれたアプローチを意味する。つまり、妥協・合意を積極的に求めはするが、望ましい結果からかけ離れた取引はしないという断固たるところもある、ということだ。イギリスを50のポジションにおくことによってわたしは、「イギリスの曖昧な態度が戦争を引き起こす要因になった」とするナイオール・ファーガソン（や他の歴史家たち）の洞察をテストしようとした、と言ってよい。要するに、当時のイギリスの指導者たちがたぶん「状況をかき乱して戦争回避の取引をしやすくするためのハッタリ」と考えたであろう手法をシミュレートしてみたのだ。

では具体的にイギリスは「われわれはセルビアの主権を本気で護るぞ」というメッセージを送るのにどういう行動をとればよいのか？　軍事の専門家でない人は、これ以上考えを進めることはできない。だが、軍事専門家や、第一次世界大戦直前の英国の政策を研究する歴史家なら、イギリスが正しいメッセージを送る方法をたくさん見つけることができるはずだ。たとえば次のような。

イギリスは当時、世界最大の海軍国だった（むろん当時のドイツはこれに異議を唱えるだろう）。だからイギリスは、数千人の兵隊を数隻の海軍艦船に乗せて、セルビアとは目と鼻の先のアドリア海へ向けて送ることもできたはずである。さらに他の艦船数隻をボスポラス海峡に送って、内陸国のセルビアの両側面を軽く護って見せようとすることもできたのではないか。こうしておけば交渉を進めるうえでいろいろと有利になっていたはずなのである。これはまさにゲーム理論で言う〈コストリー・シグナル〉だ。艦隊を実際に予想戦闘ゾーンに向けて送るのは、口で言うだけの〈チープ・トーク〉とはちがい、行動というコストをかけるわけで、真剣さが相手に伝わり、それなりの効果がある。これでドイツとオーストリアも、イギリスは真剣だと思わざるをえなくなったのではないか。あとで見るように、モデルが予測したのはこれだけのことである。それに補足すれば、この種の海軍の動員は、ロシアの地上軍の動員とはちがって、重大な危険をもたらすものではない。動員されたロシアの地上軍は、たちまち国境を越えてドイツに攻め入る危険性がある。だからドイツがびくついたのもよく理解できる。ところが、兵隊を乗せたイギリスの艦船のほうは、戦闘位置につくまでにかなりの時間を要する。さらに、戦闘がはじまると予想される場所へ直接おもむくわけではない。したがって兵隊を乗せたイギリスの艦船は、大慌ての直接的軍事行動ではなく、まさに「次にどうでるか」を知らせるシグナルでしかない。現実には、戦争勃発の数日後、イギリスの艦船はフランスの指揮下にアドリア海へ向かった。これでは手遅れもいいところだ。

イギリスに90の宥和度を与えて第一次世界大戦直前の一九一四年危機をモデルにシミュレートさせたときは、「オーストリアとドイツはイギリスのほんとうの意図をまったくつかめない」という答えがでた。だが、その数値を50に替えただけで、モデルは「オーストリアとドイツはイギリスの参戦を確信する」と予測した。もっと正確に言うと、オーストリア＝ハンガリーとイギリスの相互作用のパターンが変わる、というわけだ。イギリスが断固たる姿勢をすこしも示さなければ、オーストリア＝ハンガリーは強引にイギリスを譲歩させて自国の望みどおりに事を運べると考える。イギリスが断固としたところも見せ、極端な強硬路線ではなく、ほどよい〈宥和度／真剣度〉50でのぞめば、オーストリアはイギリスとの交渉による妥協を求める。イギリスを先に行動させてしまえば戦争になる、とも考える。念のため言っておくが、オーストリアが望んでいるのはセルビアとの小戦争だ。大戦争はどの国も望んでいない。

図表9・2を見ていただきたい。そこに示されているのは、イギリスの姿勢がほどよく断固たるものになった（90から50になった）場合のシナリオだ。イギリスがより強硬なシグナルを送ったときのシミュレーションでわかるのは、現実世界のスパイが得られたとしても一生に一度というくらい貴重な、敵が考えていることに関する情報である。要するに、「もしも危機がはじまってすぐ、開戦のずっと前に、兵隊を乗せたイギリスの艦船がアドリア海に向けて出発していたら、オーストリア＝ハン

■図表９・２　未来操作で成功に導かれる1914年危機の交渉

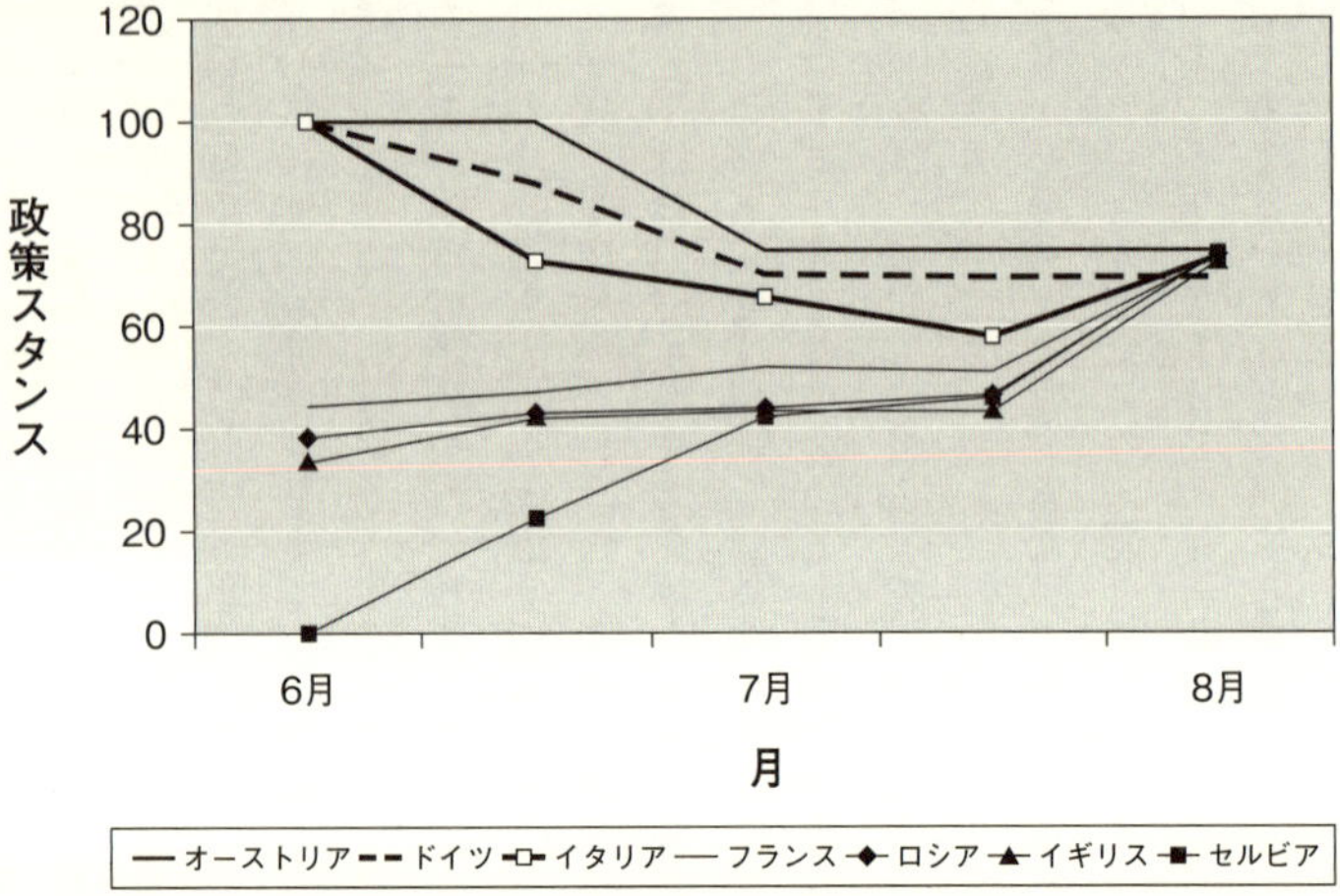

ガリーもドイツもイギリスも、これなら早いところ意見の違いを調整して合意に達することができる、と思ったにちがいない」ということだ。

現実と同じ状況でのシミュレーションでは、オーストリアとドイツはそうした見通しをまったくもてなかった（そもそもそう見通す理由を見出せなかった）。ところが、イギリスがもうすこし断固たる姿勢を示すだけで、戦略的状況は大きく変化する。オーストリアとドイツは危機発生の数日後には「イギリスと取引できるし、するべきだ」と思う。

モデルの分析によれば、オーストリアとドイツは、セルビアの完全降伏を要求しつづけるべきではないと気づく。で、二国はこの機会を利用して、オーストリアがセルビアの外交政策を（支配するのではなく）監督することを、三国協商加盟国（英・仏・露）に認めさせることもできると考える。

もちろん、変化は変化を生じさせる。三国協商加盟国は、イギリスがただちに海軍艦船をアドリア海へ送っていれば議題となっていた（とモデルのロジックが推測する）このオーストリアとドイツからの新提案を、ただちに受け入れるということはしない。ただ英・仏・露の外交官たちは、その提案に屈しはしないものの、関心をもってオーストリアとドイツの話に耳をかたむける。外交官たちがなおも主役を務め、将軍たちを舞台にのぼらせない。イギリス、フランス、ロシアは、オーストリアからさらなる譲歩を引き出せると考えて、交渉をさらに数週間つづけるが、八月の初旬までに、オーストリアとドイツにこれ以上の譲歩をさせるのは無理ということに気づく（これらはすべてモデルのシミュレーションの結果であり、一九一四年に実際に起こったことではないので、お間違いないよう）。

そこで、100ポイントの目盛り上の75ポイントあたりで取引が成立する。それは現実の一九一四年危機で提案されたものよりも多くのものをオーストリアにもたらすが、そこにセルビアの主権放棄は含まれず、妥協案はずっと穏やかなものになる。要するに、イギリスの立場とオーストリアの要求の中ほどに落ち着いて、両国は妥協する。そして、この状況下でのシミュレーションでは、フランスとロシアはすぐにこの妥協に同意する。こうして「すべての戦争を終わらせる戦争」は回避される。

ただし、もしも一九一四年六月のロンドンに、せっせと計算をして分析に励む一千人の数学者がいて、第一次世界大戦を回避してしまったら、たぶん本章の最後の問いを発する必要もなくなっていたのではないか。その問いとはもちろん、「プリディクショニアのスキルを賢く利用すれば第二次世界大戦もふせげたのか？」というものだ。

ノーモア・ヒトラー

アドルフ・ヒトラーの権力掌握は、恐ろしくも奇妙な物語であり、それを蕾《つぼみ》のうちに摘み取ることは、一九三二年一一月から三三年三月までのあいだのどこかで可能だったはずである（それよりも早い時期では無理だったにせよ）。ともかくそれについては注意深く調べてみる価値がある。ヒトラーをけなすのはいくらでもできるが、彼が自分の意図については正直で隠し立てしなかったという点は認めざるをえない。ヒトラーは一九二五年に出版された自伝『我が闘争』で、狂気のたわごとを堂々と世界に向けて開陳しただけでなく、一九三二年の遊説でもそれを演説のたびに繰り返した。一九二三年にはミュンヘン一揆（ビヤホール一揆）と呼ばれるクーデター未遂事件を起こして権力奪取に失敗したが（警察、デモ隊双方に死者がでて、ゲーリングも重傷を負った）、その後は合法的手段で独裁者になろうと心に決めたのである。こうして当分のあいだ、投票箱が銃弾に取って代わる。

ヒトラーは飛行機を利用して広大な地域を遊説してまわったドイツ最初の政治家で、一日に数カ所での演説をこなし、話せばかならず「政権をとったあかつきには、他の政党を禁止し、ライヒスターク（議会）の機能を停止させる」と明言してはばからなかった。さて、選挙候補者が平和と繁栄など、だれもが価値を認める議論の余地のないことを約束する場合は、彼らが具体的に何をしようとしているのか、わたしたちにはさっぱりわからない。ただ、希望だ、変革だ、可能性のきら星だ、と言ったところで、何の意味も伝わらない。

ところが、政治家が民主主義を打倒すると約束した場合は、それとはまったくちがったことになる。

平和と繁栄を約束しても票を失いはしない。「選択の自由を否定される」ことに魅かれる人もいるとは思うが、それはすべての人ではむろんなく、たぶん少数にとどまるはずだ。だから、そんなとんでもないことを宣言する政治家がいたら、わたしたちは「彼の真意は何なのか？」と問わざるをえない。そしてその答えは「彼は本気でそう言っているのだ」となるにちがいない。ヒトラーもまさに本気だった。

もちろん、常軌を逸したことを平気で言う、取るに足りない政治団体にいちいち注意を払う必要など、ふつうはない。だが、一九三二年までにナチ党は、取るに足りない政治団体ではなくなっていた。一九三〇年の国会議員選挙では（当時ドイツでは驚くほど頻繁に選挙が行われた）、五七七議席中一〇七議席を獲得したし、一九三二年七月の選挙では、二三〇議席をとって第一党に踊りでた。そのときにはもう、思慮深い者はヒトラーの〝公約〟を軽視することはできなくなっていた。発言内容が異様なだけに、演説に耳をかたむけたことのある者はみな、ヒトラーが本気でそう言っていることを理解できたはずである。ヒトラーはまさに根っからの独裁者、完璧な独裁者だったのだ。

ナチ党は一九三二年一一月の選挙では議席数をいくらか減らして一九六議席とするが、なお第一党の地位を維持した。そして一九三三年一月、第一次世界大戦の英雄で、国民の敬愛を集めていた高齢なヴァイマル共和国大統領パウル・フォン・ヒンデンブルクが、圧力を受けてついに折れ、ヒトラーを首相に指名する。こうしてヒトラーの独裁者になるという野望への扉が、大きく開けはなたれた。

一九三三年三月初め、またもや選挙が行われたが、その直前に国会議事堂放火事件が起こる。ヒトラーはすぐさまこれを共産党の仕業と決めつけ、それを口実にして共産党を非合法化してしまう。ヒトラーは共産党の指導者を全員その夜のうちに処刑することを望んだが（ついに本性をあらわしたのだ)、ヒンデンブルクはそこまでやることを拒否した。

　三月の選挙はナチ党にとって勝利とも敗北とも言えるものだった。議席を一九六から二八八に増やしたという点では勝利だったが、過半数をとれなかったという点では敗北だ。ということは、ヒトラーはなお、他の党との取引を必要とするということである。つまり、まだ完全な支配権を手にしていないということ。国会で他党に強力な連合をつくられて反対されたら、思いどおりに事を運べないということである。だが、他党はそういうことをしなかった。悲劇と言うしかない。

　三月五日の選挙から間もない、一九三三年三月二三日、ヒトラーはうまいこと根回しして議会の三分の二の票を集め、憲法に拘束されない政府による立法を可能にする――彼を独裁者とする――全権委任法という法律を成立させてしまう。要するにそれは、議会に与えられていた立法権をも含む、あらゆる政治権力を首相であるヒトラーに集中させる法律で、これによって彼は議会の承認を必要とせずに政策変更を独りで自由にできるようになった。全権委任法はヒトラーを独裁者にし、選挙さえ不要にした。こうして彼は、先の選挙運動中に公約したことを次々に実行しはじめた。

　全権委任法が成立してしまえば、破滅的なコースに乗ってしまったヒトラーをとめられるものは、もはや軍の反乱か外国の軍事的干渉くらいしかない。では、一九三二年十一月から一九三三年三月までのあいだならどうか？　すでに述べたように、その期間すでにヒトラーの意図は秘密でも何でもなく明瞭だった。国会議事堂放火事件の前にヒトラーを阻止することは可能か？　放火事件が起こってしまえば、共産党が罪を着せられ、一二〇あった同党の議席は剝奪されてしまい、ヒトラーにとって三分の二の票を集めるのはずっとたやすくなる。全権委任法が成立する前は、ヒトラーもいちおうは合法的に動かざるをえない。三分の二の票を集めるのは、彼にしても確実にできるというものではなかった。ヒトラーの成功——失敗——の鍵をにぎっていたのは、カトリック中央党だった。

まずはそのゲームの状況を整理し、まとめておこう。当時ドイツ議会には主要政党が四つあった。ナチ党（国家社会主義ドイツ労働者党）、カトリック中央党、ドイツ社会民主党、共産党の四つだ。社会民主党と共産党はヒトラーに反対するのがふつうで、全権委任法にも当然反対するはずだ（もちろん共産党は、放火事件後であれば、その罪を着せられて議席を剝奪されているので、投票にからむことはできない）。

一方、カトリック中央党は、全権委任法を支持するかどうかで意見が割れていた。党首のルートヴィヒ・カースはヒトラーの熱烈な支持者でも何でもなかった。ただ、カトリックの聖職者でもあったカースは、「支持すれば内外の教会の利益は護られる」という確約を求めてヒトラーと交渉していた。カースはまた、ヒトラーにローマ教皇庁との政教条約（コンコルダート）締結をも求めていたようだ。そしてヒトラーは、カトリック中央党と一時的に妥協する必要があることを理解し、カースが出した条件をすべて吞んだ。

カトリック中央党との取引は、ヒトラーにとってきわめて重要なものだった。なにしろそのおかげでナチ党は全権委任法の成立に必要な三分の二の票を確保できたのである。共産党は非合法化されて議席を失っていたので、法案に反対するのは社会民主党のみとなったのだ。だから、当然ヒトラーはこのゲームに勝利する。だが、もしもカトリック中央党が反対にまわったら？　その場合は、全権委任法は否決され、ヒトラーは独裁者になれず、おそらく世界史はまったく違うコースをたどっていたことだろう。

ヒトラーを打ち負かすのは容易なことではなかった。彼は議会ゲームでも、だれよりも優れたベスト・プレーヤーだったと、わたしたちは認めざるをえない。政敵は彼を甘く見るか（それが致命的結果をもたらした）、それとも単に巧妙さの点で太刀打ちできないか、そのどちらかであった。と言っても、勝利への道が完全に閉ざされていたわけではない。

どうすればカトリック中央党にヒトラーとの協調をやめさせられるのか？　それができるのは何なのか？　だれなのか？　どうすればナチ党以外の者をドイツの新たな民主的指導者とすることができるのか？　どんな戦略をとればそれが可能になるのか、あなたはおわかりか？

わたしはこの問題を予測モデルで解くべく、議会に議席をもつ政党とヒンデンブルクを利害関係者とするデータ・セットを組み立てた。プレーヤーの力は保有する議席数に比例するが、もちろん、議席をもたないヒンデンブルクの力は、この方法で数値化するわけにはいかない。しかしながら、ヒンデンブルク個人には絶大な威信と人気があったため、彼の影響力は大きく、ヒトラーやナチ党のそれを凌いでさえいた。

思い出していただきたい、ヒトラーがヒンデンブルクの（非公開の）承認を得られずに共産党幹部を処刑できなかったことを。それゆえわたしは、ヒンデンブルクの影響力をナチ党のそれよりも六七％も大きく設定した。各プレーヤーの全権委任法に対する姿勢は、当時もよくわかっていた。共産党と社会民主党は全面的反対、ナチ党は全面的賛成。ヒンデンブルクは法案賛成にかたむき、カトリック中央党も同様だったが、そのかたむきかげんは極めてわずかなものだった。そして残りの政党は大賛成。

一九三三年一一月の選挙直後、ヒトラーが首相になろうと画策しているあいだに、（わがモデルによれば）社会民主党と共産党はその気なら、カトリック中央党と取引して、法案成立に必要となる三分の二の票がヒトラーに回らないようにすることも可能だった。ただし、そうするためには、もっと状況を的確に理解してカトリック中央党の望む方向へと動く必要があった。おそらく、カトリック中央党の党首をヒトラーの代わりに首相の座に据えるくらいのことまでする必要があっただろう。つまり、社会民主党と共産党は、何カ月かあとにヒトラーがカトリック(中央党)に抜け目なく与えた利益の確約と同程度のものを同党に与えなければならない、ということだ。

モデルによれば、社会民主党と共産党はそういう取引は不可能だと思いこんでいた。カトリック中央党に取引を持ちかけても聞いてはもらえないと思いこみ、拒否されるのを恐れて、実際に試みるということをしなかったのだ(あるいは、強く働きかけなかった)。だが、モデルの分析では、この判断は間違っていた。過去にもどれれば、この取引が成立しないかどうかテストすることもできるのだろうが、実に残念なことにそれは不可能だ。

実は、カトリック中央党首のルートヴィヒ・カースは、一九二〇年代には当時の社会民主党首フリードリヒ・エーベルトと良好な関係を築いていた。だから、こうした危機的状況でカースが社会民主党の提案に応えないというのは、まず考えられないことなのである。社会民主党がカースを次期首相に担ぎだすつもりならなおさらのことだ(ゲーム理論の人間観を思い出していただきたい――それが権力や影響力を獲得または維持しようとする人々にとってどういうことを意味するかを)。

モデルによれば、カースは結局、社会民主党および共産党と取引をする。言うまでもないが、共産党は無神論者の集団であり、カトリック中央党にとっても社会民主党にとっても苦々しい敵である。むろん共産党にとっても、この取引は苦渋の選択であろう。だが、容易に予想がつく全権委任法成立後の自分たちの運命にくらべたら、苦い取引をしたほうがずっとよいのだ。現実では、多くの共産党員が殺害され、残りの者は強制収容所送りになったのである。

国会議事堂放火事件のあとでさえ、社会民主党はなお、カトリック中央党と取引するチャンスがあったのに、そうしなかった（ただし、この段階でヒトラーの行く手をはばめたかどうかは疑問）。たしかにヒトラーに三分の二の票が回らないようにはできただろう。だが、共産党が排除されてしまったあとでは、どうにかこうにか、すれすれの阻止だ。それに、すでに指摘したように、ヒトラーは実に効果的に戦略カードを切ってくる。

しかし、一九三二年の一一月、一二月なら、いやたぶん三三年の一月でも、ナチ党を打ち負かして歴史のゴミ箱にほうりこむチャンスはかなりあったのだ。たとえこの段階でヒトラーがクーデターを起こしても、たぶん失敗していたはずである。ドイツの保安機関はカトリック中央党政権のもとに集結していたにちがいない。軍の最高幹部たちもアドルフ・ヒトラーやナチ突撃隊員が嫌いだったし、ヒトラー自身まだ〝文句なしの国民の代表〟になるはるか手前にいたのである。思い出していただきたい、一九三二年一一月の選挙でナチ党は議席を三〇近く失っているのである。ドイツの民心はまだ、ヒトラーとその党を完全には支持していなかったのだ。

ヒトラーが独裁者になれなければ、民主的な資本主義世界と、ヨシフ・スターリン率いる全体主義的な共産主義世界は、冷戦を経験することもなく、一九三〇年代に衝突していたかもしれない。その場合、第二次世界大戦と同じくらい凄惨な戦争になっていたかもしれないし、なっていなかったかもしれない。スターリンのソ連は国境を護るのには成功していたかもしれないが、ヒトラーの再軍備したドイツほどの他国侵略能力を有することは、たぶんまったくなかっただろう。

断るまでもないが、こうしたことはすべて、単なる推測にすぎない。だが、本章で検討したこの件でも、また他の件でも、モデルの正確さについて疑う理由はほとんどないように思える。なにしろ、このモデルにはおびただしい数の実績があるのだ。そして、いま第一次および第二次世界大戦でやったように、このモデルで過去を正確にリプレーでき、さらにそれを改善することもできるというのなら、現在を早送りし、それを望ましい方向へと導く方法を見つけることも、間違いなくできるはずだ。それこそが、この未来予測・未来操作の目的なのである。

次章では現代の大問題をいくつかとりあげ、それをゲームとして分析してみる。わが最新のモデルを使って、現在進行形の予測をしてみるつもりだ。だから、その正確さについては、読者自身でチェックすることができる。

第10章 パキスタンとイラン・イラクの未来を予言する

「もし〜だったら？」と考えて、こうしたほうがよかったと、過去を書きなおすのは、いつだって面白いし、気楽にできる。だが、歴史を書きなおす方策を考えるのと、未来のシナリオを書く方策を考えるのは、まったく別のことだ。起こったことがわかっているのだから、過去を正すのはいともたやすい。現実にはそうならなかった〝もうひとつの過去〟を検証するのは楽しいし有益でもあるが、では、それでほんとうにスパルタの敗北を阻止できたのか、ヒトラーの野望を打ち砕けたのか、ということになると、結局わかりはしない。たしかに七、八〇年前の問題を解くのはわくわくすることだ。だが、つまるところ、それがもたらしてくれる利益は、ゲームのプロセスについて教えてくれる、ということくらいのものである。

それに反して、現在進行中の問題、たとえば「どうすればアルカイダを壊滅できるか？」という問題が解ければ、それはもうたいへんな利益があることになる。だからこそ、有能なプリディクショニア（未来予測操作者）はみな、〝予言〟にいそしみ、恥をかく——的をはずす——リスクを進んでおかさなければならない。

この章では、わたしがこれを書いている時点（「イラン・イラク関係」については二〇〇九年四月、「パキスタン問題」については二〇〇八年六月）から一、二年後のことを予測する。まさに現実の場面で試してみる、ということだ。具体的には、「アメリカ政府はどうすれば、パキスタンでのテロと反乱の脅威を減少させられるのか？」「オバマ大統領がイラクからアメリカ軍を完全撤退させるか、それとも二〇一〇年八月以降も五万人の兵力を残留させるかで、イラク・イラン関係はどうなるか？」という二つの問題を、これから検証しようというのである。


二〇〇八年の春と、二〇〇九年の春にもういちど、わたしはニューヨーク大学で学部生を対象にしたゼミナールを開講し、それぞれ二〇人の優秀な学生たちにわたしの最新予測モデルを使ってもらった。これはわたしにとっては、効果的な政治操作をする方法を、その種の経験がない人々に教えるのは、どれほど難しいのか――簡単なのか――を知る大チャンスだった（学生たちにとっても素晴らしい機会であったことを願う）。ありがたいことに、学生たちは喜んでモルモットになってくれ、しかも見事な仕事をしてくれた。

ニューヨーク大学・アレクサンダー・ハミルトン政治経済学センターがスポンサーになってくれた、このゼミの第一目的は、急を要する政策問題を論理と証拠だけで解決する方法を探すということだった。それはつまり同センターの職務でもある。ということは、党派心、イデオロギー、意見、裏話、個人的期待などはいっさい排除して、解決法を考え出すということだ。ゲーム理論モデルなら、その職務を遂行できる。そこでわたしは、興味をそそられる外交政策問題を何でもいいからひとつ選ぶよう、学生たちに指示した。彼らは自分たちでグループに分かれて、パキスタン、イスラエル・パレスチナ紛争、地球温暖化、核拡散、キューバ・アメリカ関係、ロシア・ウクライナ関係など、多数の重要政策問題に取り組みはじめた。

学生ひとりひとりが、ほんとうに関心がある問題の解決法を探った。彼らはゼミに参加するにあたって、「ゲーム理論を使って未来の展開を予測し、特定のプレーヤーの立場から未来を改善するのに必要なシナリオを書く」という作業をさせられることを知っていた。これまでこの種のことをした経験がほとんどない者ばかりだった。専門家との接触を制限されたので、彼らはインターネットとおもな報道機関に頼ってデータを組み立てた。学生たちがやったことは何ら特別なことではない。やる気のある勤勉な者ならだれでもこなせたことだと、ここではっきり言っておきたい。とはいえ、学生たちはわたしの最新モデルを使ったのであり、わたしは彼らの分析結果を審査してもいる。したがって、ミスがあれば、それはすべて、モデルとわたしの責任である。

さてそれでは、彼らが考え出した解決法を見ていくことにするが、最初のゼミは二〇〇八年一月にはじまり二〇〇八年五月五日に終わり、第二のゼミは二〇〇九年一月後半にはじまり二〇〇九年五月の第一週に終わった、ということを頭に入れておいていただきたい。これからお見せするのはすべて、それらの期間に考えられ、分析されたことであり、いかなる情報も、その後の展開を考慮して変えられたりアップデートされたりしていない。学生たちのなかに、わたしの旧予測モデルや、それとはまったくちがう高性能最新モデルをあつかった経験のある者は、ひとりもいなかった。ゼミは週一で、一コマ二時間半。学生たちは毎週プレゼンテーションをおこない、意見や評価をたくさんもらい、加えてかなりの時間をわたしの研究室で過ごして、最新モデルがだす分析結果の解釈法を学んだ。さらに、問題の立てかたや問いの発しかたの理解、データ集め、毎週のプレゼンテーションと最終論文の準備にもずいぶんと時間を注ぎこんだ。では、彼らが実際に見つけたものを見ることにしよう。

パキスタン——プレーヤーたちの未来を予測する

二〇〇八年にパキスタン問題に取り組むことに決めたグループが関心をもち、調査分析して答えを見つけたいと思ったことは、以下の三つである。「パキスタン政府は、アルカイダ、パキスタン・タリバン、アフガニスタン・タリバンなど、パキスタン国内および周辺で活動する武装勢力をどこまで本気で追いつめるつもりなのか？」「パキスタン政府は、アメリカ軍にパキスタン領内を利用した武装勢力への攻撃を許すか？」「アメリカのパキスタンへの援助レベルは今後どうなるのか？ 援助の増減でパキスタン政府指導部の武装勢力追跡のやりかたに違いがでるのか？」

これら三つの問いは、パキスタンにおけるアメリカの利益の核心に係わるものだ。学生たちがこれらの問いに答えられれば、なんとかしなければならない他の多数の重要問題をも解決できることになる。

学生たちがこのプロジェクトを開始したとき、パキスタンは危機の真っただ中にあったという背景を思い出すことも、やはり大事である。ベナジル・ブット元首相が、二〇〇七年後半に、パルヴェーズ・ムシャラフ大統領との取引の一環として亡命先から帰国した。彼女は二〇〇八年一月八日に予定されていた総選挙後に首相になると予想されていた。ところが二〇〇七年一二月二七日に暗殺されてしまう。

二〇〇八年二月一八日に延期された選挙で、ムシャラフの出身政党は大敗し、ブットの党と、やはり亡命先から帰国したばかりのナワズ・シャリフの党が、国民議会（下院）の主導権をにぎった。だが、ムシャラフは大統領の座にいすわる。亡きブットの夫、アシフ・アリ・ザルダリが、妻の党であるパキスタン人民党（PPP）の新党首となり、ナワズ・シャリフ元首相のパキスタン・イスラム教徒連盟シャリフ派（PML－N）も人民党に合流して連立政権をつくった。

勝利した党はどちらも反ムシャラフだった。ムシャラフは、新政権を承認すればすぐに弾劾されるとわかっているのに承認しないわけにはいかない、という厄介な立場にあった。前年には、自分の大統領再選を違憲と判断しそうな最高裁長官を解任してもいる。新政権はこの最高裁長官を復権させると考えられていたし、すみやかにムシャラフを退陣させると明言してもいた。

ところが新政権はその公約を実行しなかった。この重要問題でPPPの支持を得るのに失敗したシャリフ率いるPML－Nは、二〇〇八年八月二五日に連立を解消した。アルカイダとタリバンへの掃討作戦拠点としてパキスタン領内を利用できるようにしてほしいというアメリカからの圧力が高まるとともに、政府内の深刻な意見の対立もあって、パキスタンはまさに混迷し、未来の方向性がまったく見えてこない情勢となった。

状況はムシャラフにとってだけでなく、アメリカから見ても厳しいと思えるものになった。ムシャラフはいろいろ問題を抱えているものの、アメリカにとっては対テロ戦争の大切な協力者だったのだ。9・11同時多発テロ以後、彼は文字どおり命をかけて、アフガニスタンのタリバン政権を打倒しようとするアメリカに協力したのである。だが、二〇〇七年になると、彼の協力も揺らぎはじめたようだ。ムシャラフは相変わらず武装勢力を追いはしたが、パキスタン軍の役割を小さくし、アフガニスタンとの国境に沿う部族地域の指導者たちに大きな権限を与えた。アメリカから見ると、これでは対テロ戦を成功させつづけるのが危うくなる。

「地元の人間はその土地の事情をどんなよそ者よりもはるかによく知っているし、住民への影響力もあって、ものごとをうまく進めることができる」というのがムシャラフの言い分だった。（これは、アメリカからさらなる経済・軍事援助を引き出そうとするムシャラフの手、つまり「援助をもっとよこさなければ状況は悪化するぞ」という脅しだ、というのがわたしの考えだった。重要な点なので、ここではっきり言っておくが、そのわたしの見解を学生たちはまったく知らなかった。）ムシャラフは自分の思いどおりに行動する男で、アメリカから見ると完璧な友人とはとても言えないが、アルカイダおよびタリバン打倒に力を貸してくれる最良の協力者ではあった。それにひきかえ、新政府のほうは、アメリカ政府がテロリストとする勢力と交渉する道を見つけると公言してはばからなかった。

で、学生たちは何を見つけたのか？　彼らの分析によれば、ＰＰＰが有することになる政策決定への影響力は、ＰＭＬ－Ｎに対する議席数の優位に見合うものよりもさらに大きくなる。つまりＰＰＰは議席数によって得られる力以上の影響力をもつ。これはさして驚くべきことではない（モデルが意外なことばかりを予測したら、むしろ疑ってかからねばならない）。では、なぜ驚くべきことではないのか？　まず、シャリフは二月の選挙にみずからは立候補しなかった。ということは、彼の党であるＰＭＬ－Ｎは国民議会では強力なリーダーシップを欠いたということ。結局シャリフは補欠選挙に出馬することに決めたが、裁判所は彼の被選挙権を認めなかった。首相時代の汚職で有罪になっている、というのがその理由である。そもそも彼が以前、国外追放処分にされたのは、汚職のせいである。

学生の分析のこの部分は、パキスタン・ウォッチャーならだれでも知っていたことの再確認にすぎなかった。シャリフにはブットほどの人気はなく、彼の政党もブットのPPPほどの人気はなかった。ブットが暗殺されると、彼女自身への同情はもとより、彼女の政治運動や未来へのビジョンに対する思いも熱く高まり、PPPはその波頭に乗って影響力をさらに大きくした。

驚くべきこと、そして悲しむべきことは、分析から浮かび上がってきた国家指導力の推移パターンだ。学生たちは、PPPとPML-Nの力関係については世間一般の通念に合致する答えを出しつつも、ある急を要する問題については中身の濃い充実した答えを見つけ出した。国民議会の新たな指導者たちが強硬派（原理主義者たち）と取引する可能性については、多くのパキスタン・ウォッチャーがあれこれ推測をめぐらせたが、わたしの知るかぎり、単なる憶測を超えて、そもそも今後パキスタンの政治権力がだれの手のなかに入り、それが政策決定にどのような影響をおよぼすのかということまで、あえて数値化して考察した者は、ひとりもいない。

ゲーム理論のロジック（モデル）と収集データによって、学生たちが導き出した予測は、以下にかかげる六つの図表に見ることができる。最初の図表は、ムシャラフの〝サバイバル力〟に関するものだ。つまりムシャラフは、強烈な逆風となる選挙結果とその後の状況にどこまで耐え、いつまで大統領の座にとどまることができるか？　この分析が行われた当時、ほとんどの者が「ムシャラフはもうだめだ」と思っていた。その点については間違いないと思う。アメリカがなんとか救いの手を差し伸べるのではないかと考えた者も少数いたが、大半の者がムシャラフは二〇〇八年二月の選挙で〝過去の人〟になると考えていた。ところが学生たちが得た答えは「そんなに早くはない」だった。

図表10・1を見ると、過去と未来のさまざまなストーリーが浮かび上がってくる。たとえば、与党であるザルダリのPPPとシャリフのPML-Nが仲良く一丸となっていれば、まさに政治評論家た

図表10・1　ムシャラフはいつまで大統領でいられるか？

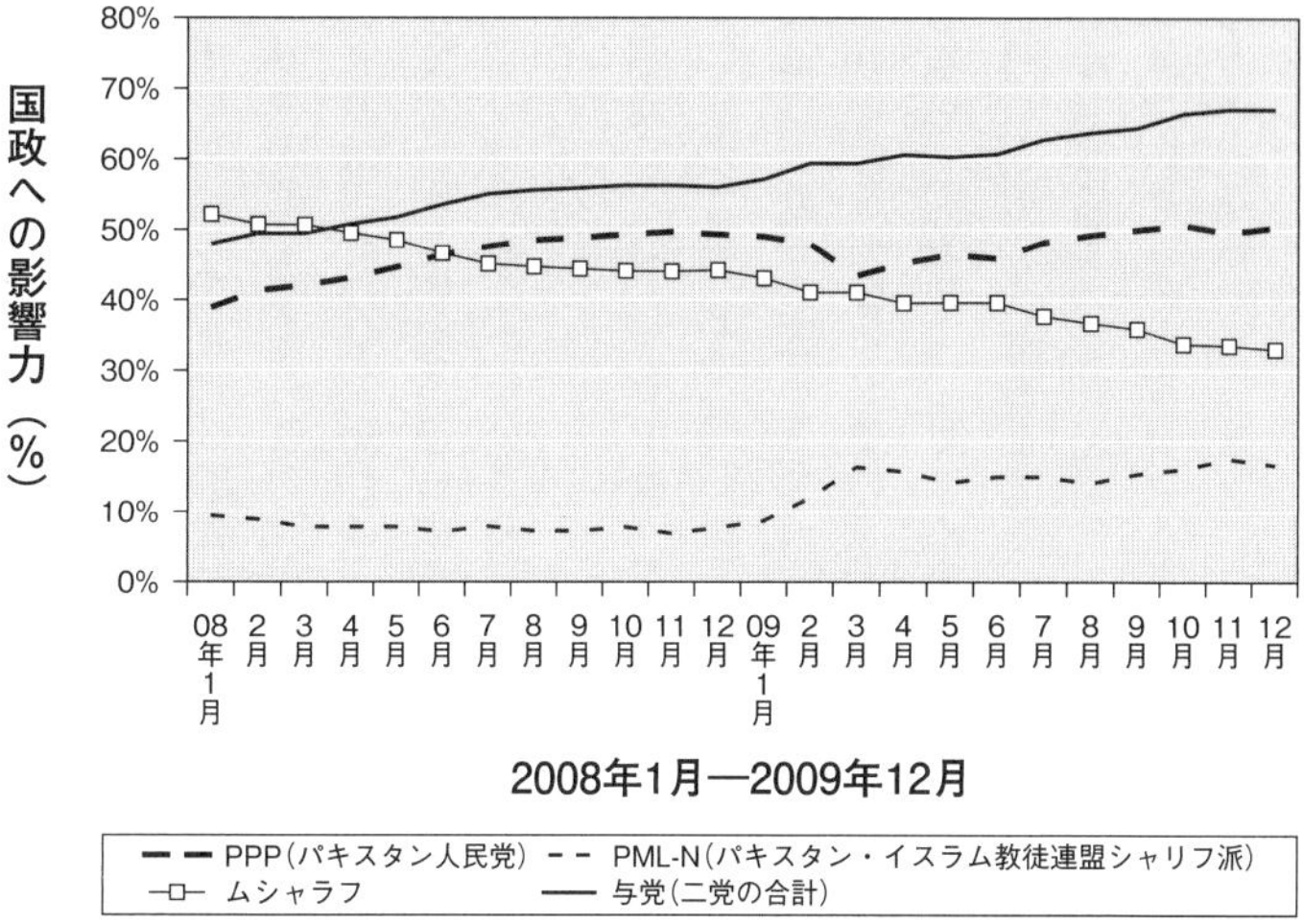

ちが予想したとおり、二〇〇八年三月か四月の時点で、ムシャラフを追放することもできたはずである。与党二党の力の合計（図表10・1の実線）は、三月から四月のあいだにムシャラフの力を追い越すからだ。その機会を捉えていれば、ほとんどのパキスタン・ウォッチャーの予想どおり、ムシャラフを大統領の座から引きずり降ろせていたはずである。

　だがモデルによれば、その期間、PPPとPML－Nは力を合わせようとはしない。シャリフは同期間中ずっと、圧力をかけることでザルダリとPPPを思いどおりに動かせると思いこんでいる。それはシャリフの判断ミスということもモデルは教えてくれる。モデルの分析結果によれば、ザルダリにはシャリフの話に耳をかたむけなければならない理由はない。PPPのほうがシャリフのPML－Nよりもずっと影響力があるからだ。現実には、ザルダリがムシャラフ退陣を積極的に推し進めようとしなかったので、シャリフは協力するどころか、二〇〇八年五月には連立を解消するぞと脅しまでした、ということがいまではわかっている。

だが、図表10・1からは、もっと大きなストーリーも読み取れる。「二〇〇八年の六月か七月になれば、ザルダリのPPP（図表上の破線）は、シャリフの力を借りずとも、一党だけで衰えつづけるムシャラフの力を超えられる」とモデルが予想したことが、図表にはっきり表れている。ここまでくればPPPは、その気になれば、だれの力も借りずにムシャラフを排除できるというわけだ。自分たちだけでそうする影響力を有することになる。（現実に、PPPが二〇〇八年八月にムシャラフを辞任させ、一カ月もたたないうちにザルダリがパキスタン大統領に就任したことを、いまではわたしたちも知っている。）

したがって、ムシャラフは二月に辞任すると世界中のメディアが予想していたときに、学生たちは「PML－NとPPPのあいだで意見の対立が起こるため、ムシャラフはなお半年ほど大統領の座にとどまることができる」という正確な予測をしていたわけである。だが、これとて、モデルによるパキスタンの最重要政策問題のシミュレーションから浮かび上がったビッグ・ストーリーのほんの一部にすぎない。図表10・1は、パキスタンの政治ゲームに参加している多数のプレーヤーのなかの〝三人〟だけの影響力を比較したものにすぎない。そこで次に、非宗教のパキスタン民政にとって大きな脅威となりうるものを加えるとどうなるかを見ることにする。つまり、アルカイダ、パキスタンおよびアフガニスタンのタリバン、さらにパキスタン軍（民政に対するクーデターの長い歴史をもつ）を加えるとどうなるか？

図表10・2を見れば、パキスタンの安定した民主制を期待する者にとって、なんとも悲しいストー

図表10・2　パキスタンで影響力を獲得するのはだれか？

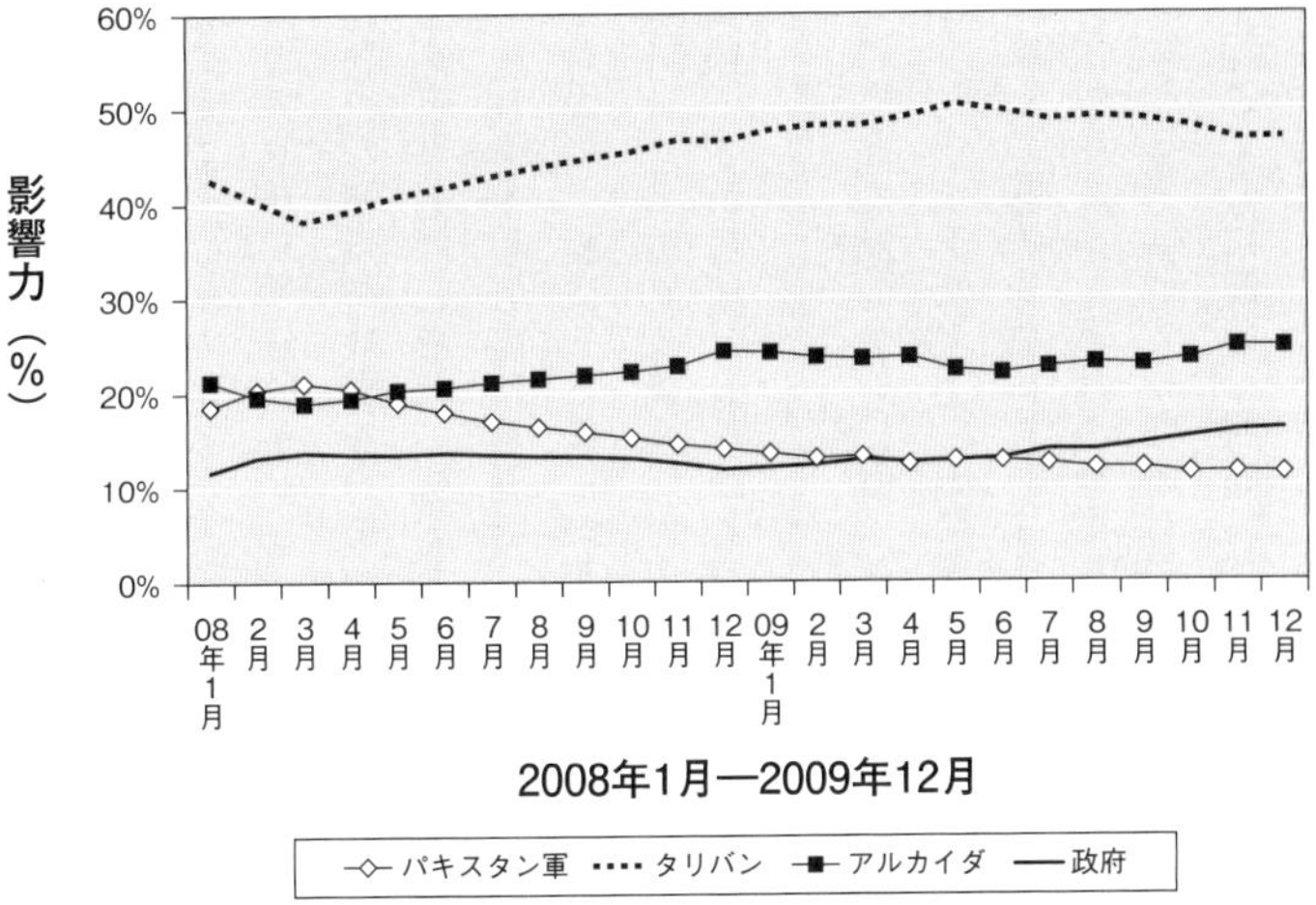

リーが浮かび上がってくる。パキスタンのタリバンとアフガニスタンのタリバンは一心同体のように協力し合っているので、ひとつの勢力であるかのように図示してある。そのような見方をすると、タリバンはパキスタン国内でダントツの影響力を持つことになる。次に大きな影響力を持つのは、モデルによれば、アルカイダだ。彼らの影響力がパキスタン軍のそれを上回ると予測される二〇〇八年四月以降、そうなるということである。そしてアルカイダは以後も力を伸ばしつづける。パキスタンでは、タリバンとアルカイダがいっしょになって他を圧する支配的な影響力を獲得し、それに対抗しうるのはアメリカ、ヨーロッパ諸国など、外部の大国のみとなる。

ここでいまいちど思い出していただきたいのだが、わたしたちが影響力（重視度を加重した政治への影響力）の数値化に利用した情報は二〇〇八年一月に得られたもの（学生による評価・判断も含まれる）で、それ以降にわかったものではない。にもかかわらず、学生の分析の数カ月もあとになる二〇〇八年六月三〇日の《ニューヨーク・タイムズ》紙に「アメリカの政策論争の最中、パキスタンで勢力を伸ばすアルカイダ」という見出しのトップ記事が掲載された。

記事にはこうある。「ブッシュ政権は、アフガニスタンからパキスタン部族地域へ拠点を移すのに成功したアルカイダをどうすることもできぬまま、舞台から降りる公算が濃厚になってきた。アルカイダは新たな拠点で攻撃能力をかなりのていどまで回復し、全世界の過激派組織へのメッセージ発信能力をもとりもどした」。わが学生たちは、これほど厄介な事態になることを、《ニューヨーク・タイムズ》よりも半年も前に予測できたわけだ。いや、もっと前にだって、同じ予測結果を得られていたかもしれない。なにしろ彼らがデータを集めたのは二〇〇八年一月――この〈国際危機解決ゼミ〉の開始時――のみなのである。そして、すぐに分析にとりかかって結果を得た。

図表10・2からは、もうひとつ厄介なことが読み取れる。モデルの分析結果の他の部分に目をやると、「アルカイダとタリバンは、PPPやPML－Nと交渉して協定を結ぼうとする」と判断できるのだ。こうした話し合いには、ザルダリのPPPよりもシャリフのPML－Nのほうが乗りやすい。ともかく、どちらの党も、武装勢力との問題に関しては現状を維持したい。そのあいだに自分たちがにぎっている権力を強固にしようと目論んでいるのだ。

一方、パキスタン軍はゆっくりと、だが着実に、影響力を失いつづける。となると、これに歯止めをかけようと、軍がクーデターを起こして軍政を敷こうとする可能性も浮上する。軍にとってクーデターを起こすのに最適な期間は、二〇〇九年一月から七月までと予測される。それよりも早ければ、軍はその必要性を感じないし、遅ければたぶん力不足になって実行できない。したがってパキスタン

図表10・3　パキスタン政府に武装勢力掃討をうながすのはだれか？

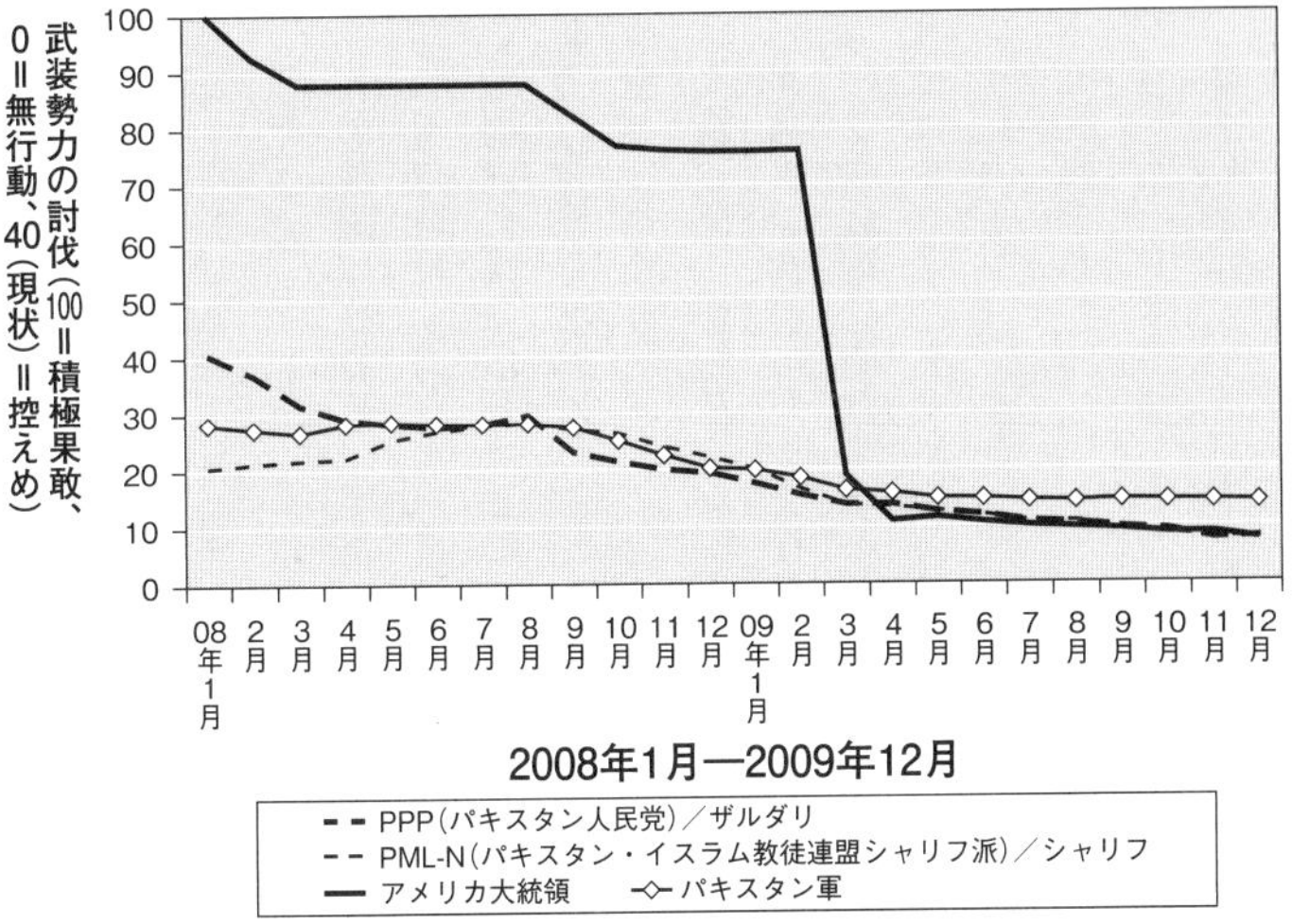

の脆弱な民主制は、非民主的な原理主義体制を打ち立てようとする武装勢力からも、軍政を敷こうとする軍からも、攻撃を受けやすいように思える。

こういう状況はパキスタンの対テロ戦争への貢献にどういう影響をおよぼすのか？　パキスタン政府は、武装勢力の掃討により熱心に取り組むようになるのか？　それとも、影響力を強めると予想されるアルカイダとタリバンに屈服するのか？　この問いへの答えは、読者にも推測できると思う。万が一、推測できなければ、図表10・3を見ていただきたい。そこから答えが読み取れるはずだ。

学生たちがこのプロジェクトをはじめた時点での、アルカイダおよびタリバン掃討へのパキスタン政府の取り組みの現状は、この問題の目盛り上の40のポジションだった。「武装勢力を抑える努力を実際にいくらかはするが、それはアメリカが望む掃討活動とはほど遠いもの」というのが、そのポジションの内容だ。当時アメリカが望んでいたのは、「全力で武装勢力の掃討に取り組む」を意味する100のポジションである。その〝現状〟は、やや目減りするものの、二〇〇八年の夏まではどうにか維持される。つまりアメリカのポジションはそこから大きくブレることはない。一方、0のポジション（この図表には表示されていないアルカイダのポジション）は「武装勢力に対して何もしない」。以上のことを頭に入れて、わたしたちが得た予測結果を見てみよう。

図表10・3の破線はPPP／ザルダリの、点線はPML－N／シャリフの、予想ポジションである。二〇〇八年六月以降は双方とも、武装勢力に対する行動を〝口先だけ〟よりは多少ましという状態にして、本気で掃討に乗り出そうとはしない、と予想される。まさに〝空気が抜ける風船〟のようになる。武装勢力に対する活動はどんどん萎んでいく。そこで、アメリカが武装勢力掃討の責任をすっかり担わざるをえなくなる。

ブッシュ大統領は任期切れになるまで、断固たる姿勢を崩さずに、原理主義武装勢力を討伐しつづけるようパキスタン政府にたえずうながす（が、効果はない）。だが、その彼にしても、二〇〇八年の夏以降は、この戦略に固執することをかなりのていど諦めてしまう。学生たちの分析では、その時点でアメリカはやりかたを変える。アメリカは自国による秘密作戦とパキスタンによる公然作戦を同時におこなうという〝二股戦略〟をやめて、パキスタン領内での自国軍の直接行動（おそらく秘密作戦）に大きく比重を移す。

だが、学生の分析によれば、こうした直接行動戦略も、アメリカの大統領選後まもなくして頓挫してしまう。新大統領は、パキスタン領内でのテロリストの影響力増大について、きちんと対処しない可能性が高い。ともかく、学生たちの予測対象期間が終わる二〇〇九年の末までは。どうやら新大統領の就任後は、パキスタン領内での対テロ戦争は焦点がぼけてしまって、たいした効果をあげられないようだ。（もちろん、いまではその新大統領はバラク・オバマだとわかっているが、二〇〇八年の春の時点では、学生たちもモデルも、大統領選についてはいかなる推測もしていなかった）

兵隊はどこへ行った？

以上、パキスタンについてのおもな予測結果をごく簡単に見てきた。どのようにして、そして、なぜ、そういう結果が得られたのかという点を、もっと詳細に議論することも可能だが、それよりも「では、何をなすべきか？」という問いに答えるほうがもっと興味深い。学生たちは、アメリカの援助と、それがパキスタンの政策に与える影響についても考察したのだ。彼らは二〇〇八会計年度のパキスタンに対するアメリカの経済援助を七億ドルと推算した。これは概算だが、妥当なものだと思う（公開情報に秘密援助額を加えないとほんとうの額はわからない）。次に学生たちは、アメリカ国内とパキスタン国内の圧力を考慮しつつ、この金額へのアメリカの議会と大統領の支持がどのように変わっていくかを予測した。以下、彼らが得た予測結果を紹介しよう。

学生たちの分析によると、アメリカ国内では「パキスタンへの援助を削減せよ」との政治的圧力が増大する可能性が高い。ブッシュ大統領と民主党主導の議会は、少なくとも二〇〇八年の夏までは互いに歩み寄らない（同年一月のデータによる分析であることを、いまいちど思い出していただきたい）。初夏までは、大統領はパキスタンへの年間援助額を七億ドルから九億ドル、一〇億ドルまで引き上げるよう議会に強く要求しつづける。現実に彼はそうしたか？　ブッシュは二〇〇八年の夏に二億三〇〇〇万ドルの追加援助を対テロ資金として処理する提案をしている。モデルの予測によれば、同時期、議会は現状維持をはかり、実際にそうする。

現実には、議会は一貫してパキスタンへの援助額に文句をつけてきた（この点についてはまたすぐあとで検討する）。モデルの分析では、二〇〇八年の夏以降、大統領は議会が支持するよりも多額の援助が必要だと相変わらず主張しつづけるものの、両者の考えはゆっくりと同じところへと落ち着きはじめる。そして結局、大統領も議会も、援助だけではアメリカ政府が望むような政策をパキスタンにとらせることはできない、との結論に達する。

だが、露骨な言いかたをすれば、アメリカのやりかたは「金を払ってパキスタン政府に武装勢力を掃討させる」というものだ。その方法がうまくいかなくなっているのである。二〇〇八年六月には、議会から「パキスタンは援助金を乱用している」という主張があがり、公に議論された。アルカイダやパキスタン・タリバンには空軍力などないはずなのに、パキスタンはブッシュ政権から送られてくる資金を防空関係に投入している、というのだ。防空がパキスタンに役立つとしたら、そう、インドからの脅威に対してだろう。だから、援助がパキスタンの対テロ作戦に与える影響は過小評価されているとブッシュ政権がいくら反論しても、アメリカは金をドブに捨てるようなことをしていると議会は主張して譲らなかった。

オバマ大統領はパキスタンへの援助削減に賛成するよう多大な圧力を受ける、と見通すのはそう難しいことではない。学生たちもそう予測し、次いで自分たちの分析・予測が意味することを解き明かし、絶望的になった。アルカイダとタリバンはどんどん力をつけていき、その傾向はアメリカが援助増額を渋るせいでますます強まる、と学生たちは確信せざるをえなかったのだ。もちろんアメリカは、パキスタンの協力をなんとしてもとりつけ、同国内で活動する武装グループやテロ組織を追いつめ、無力化したい。それは学生たちの分析からも明らかだった。

一方、パキスタン政府の有力者たち（ＰＰＰ、シャリフとそのＰＭＬ－Ｎ、軍部のムシャラフ支持者たち）が、アメリカからもっとずっと多くの援助金を引き出したいと思っていることもまた、明らかだった。結局、学生たちにわかったことは、「当時のアメリカの政策は、アメもムチも充分に提供しないものだったため、パキスタン政府の指導層にリスクを負って武装勢力掃討に努力しようという気を起こさせられなかった」ということだ。

このように考察・観察してから、学生たちは予測を超えて未来操作（あるいは、そのためのシミュレーション）を試みるにはどうすればよいかを考えはじめた。つまり彼らは、パキスタンの指導層にもっと真剣に武装勢力を抑えこむ努力をさせるには、どういう戦略をとればよいのかを考えだしたのだ。彼らが注目したのは、援助金の増額によってパキスタン側の譲歩を引き出せるのではないかということである。パキスタンは援助金がもっと欲しく、アメリカは武装勢力の掃討をもっとしっかりやってほしい、というわけだから、援助と掃討作戦の交換という取引によって、アメリカにとってもパキスタンにとっても状況が改善するのではないか、と彼らは考えたわけである。

援助をすることで相手国にこちらが望む政策をとらせるという戦略は、昔からある資金活用法ではある。ただ、推定七億ドルの経済援助でも、パキスタンでは効を奏していなかったようだ。学生たちは分析によって、パキスタンの指導層がアメリカから援助を受けているにもかかわらず武装勢力掃討を積極的に推し進めない理由をつきとめた。指導層（ムシャラフ、ＰＰＰ、ＰＭＬ－Ｎ）は、積極的な掃討に踏み切ればアルカイダとタリバンからあまりにも大きな反撃を受け、政権が揺さぶられる可能性もあるから、現行の援助レベルでは合わないと考えていたのだ。

そこで学生たちは「もしもアメリカからの援助が予測よりもずっと増えたら、どのような変化が起こりうるか?」という点に焦点を合わせて分析を開始した。図表10・4Aと図表10・4Bは、ブッシュ大統領の任期切れまでは同じ予測を示しているが、それ以後はちがった動きを示す。図表10・4Aが示しているのは、オバマ大統領がブッシュ政権の援助レベルをそのまま踏襲した場合に予測される、アメリカと武装勢力の相対的影響力。そして図表10・4Bが示しているのは、学生たちが勧める、基本的には援助倍増と言ってよい選択(現副大統領のジョセフ・バイデンも同じ考え)を、オバマ大統領がとった場合に予測される動き。

図表を見れば明白なように、従来の援助政策をそのまま つづけるのは敗北への道。二〇〇八年の援助レベルのままでは、オバマの就任一年目にはアメリカは武装勢力に対してほんのわずかな優位しかもてない。そして、その優位も二〇一〇年の初めまでに事実上消滅してしまう。ところが、「援助金を増やす」と「アルカイダおよびタリバン掃討作戦を積極的に展開する」をトレードする取引をアメリカとパキスタンがした場合、状況は一変する。パキスタン指導層は、武装勢力との取引まで考えて"急流"を乗り越えようとせずに、タリバンおよびアルカイダと対決する。資金をもらう代わりに、あえて政治的・物質的リスクを背負いこみ、その代償を支払う。オバマ政権は援助倍増によってパキスタン政府をモチベートでき、武装勢力(アルカイダ、タリバン、パキスタン諜報機関ISI〔軍統合情報局〕内の武装勢力シンパなど)に直接的な打撃を与えることで、パキスタンでの影響力を増大させることができる。

要するに、確実なデータとモデルのロジックによると、「アメリカはパキスタン情勢を根本的に変

援助額倍増によるパキスタン武装勢力の抑えこみ

図表 10・4A　アメリカの新大統領がこれまでの対パキスタン援助政策を続行した場合

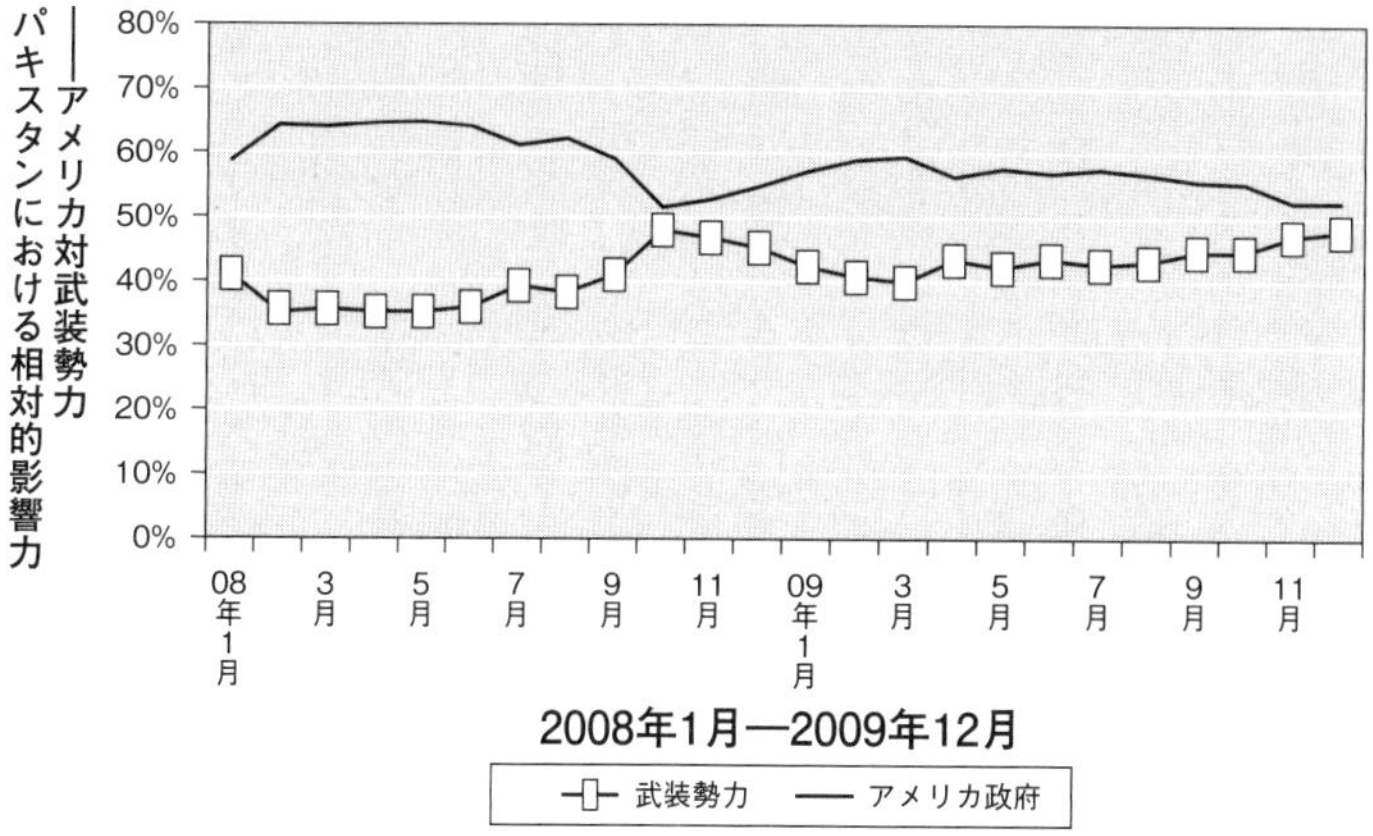

図表 10・4B　アメリカの新大統領が対パキスタン援助を倍増した場合

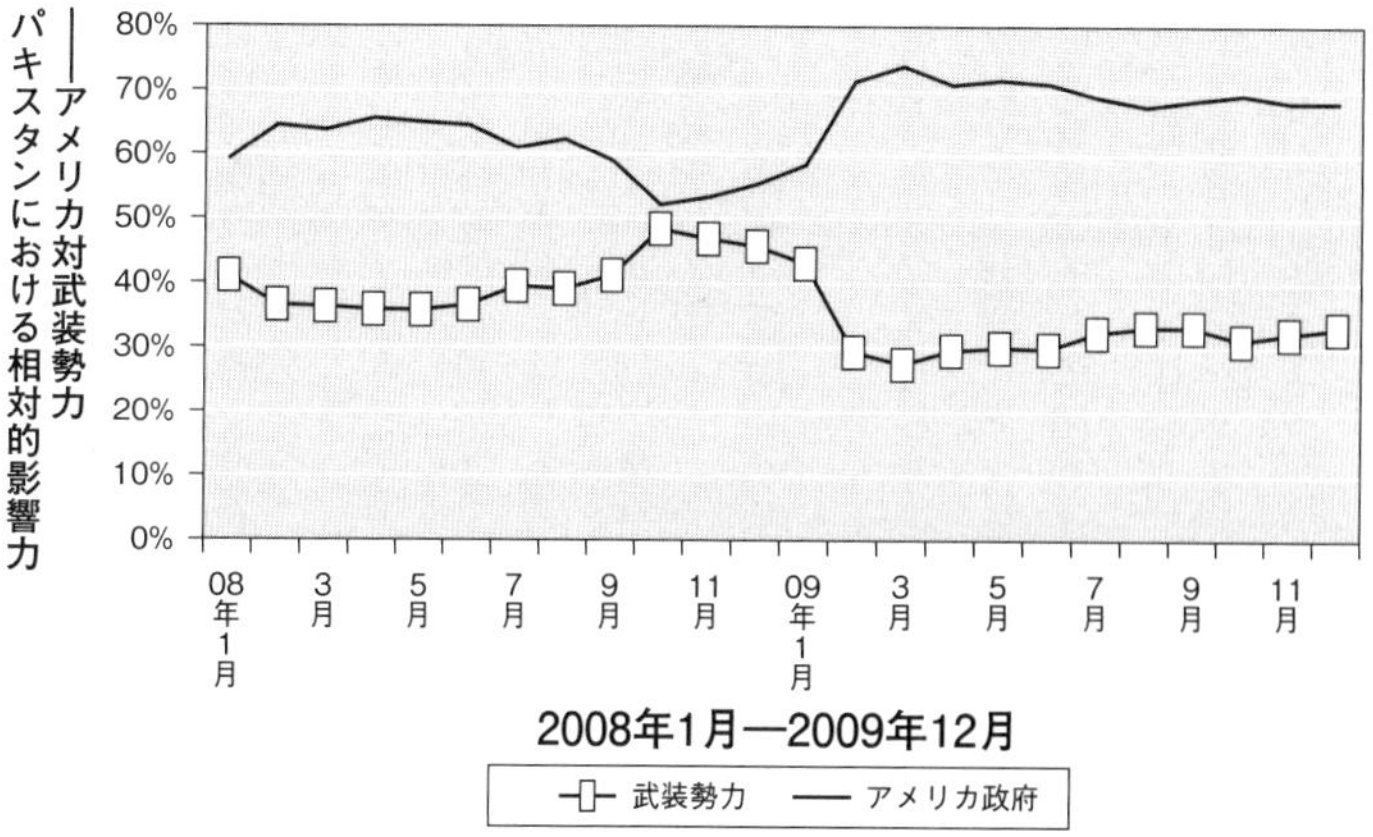

えることができるが、それをするには、もっと援助金が欲しいというザルダリ政権の望みを叶えてやる必要がある」ということだ。援助金の大幅な増加がなければ、彼らは武装勢力に対決しようという気にならない。援助金の一部は腐敗した役人に横領されるにちがいないが、そこが肝心なところだ。彼らは援助金というドルの流入をとめたくないのであり、それはアルカイダおよびタリバン掃討を望むアメリカに協力することによってしか実現できないのである。

学生たちの分析から、武装勢力掃討作戦に力をそそぐ約束をパキスタンからとりつけるには援助額を増大させなければならない、ということはわかった。だが、答えを必要とする問いがなお二つ残る。ひとつは「援助額倍増が最良の取引であるとの結論にどうやって達したのか?」もうひとつは「双方とも、そのような取引・約束を最後まで守りとおし、やるべきことに全力で取り組むか?」学生たちは第一の問いには答えたが、第二の問いへの答えを見つけている時間はなかった。だから、わたしが代わりにその問いに答えることにする。だが、まずは、どうすれば最適な援助レベルがわかるのか?それから説明することにしよう。

「ゲーム理論入門1」でわたしは、互いに食い合う関係にあるものを両立させる方法について、ある特殊な図表を使って考えてみた。わたしは国益という観念を検討して、選挙に勝てる連合をつくる方法がたくさんあることを説明し、自由貿易を支持する集団と保護貿易を望む集団の連合も、国防費の増強を望む集団と削減を支持する集団との連合も、可能であることを明らかにした。いわゆるウィンセット(合意形成可能エリア)を求めるこの分析・考察方法を、学生たちがシミュレーションによって導き出した援助/掃討作戦ゲームの解に応用すれば、アメリカがパキスタン政府から引き出せる〝最大努力〟を推定でき、その実現に必要となる援助額を見積もることもできる。

■図表 10・5　援助金で武装勢力掃討大作戦を買う

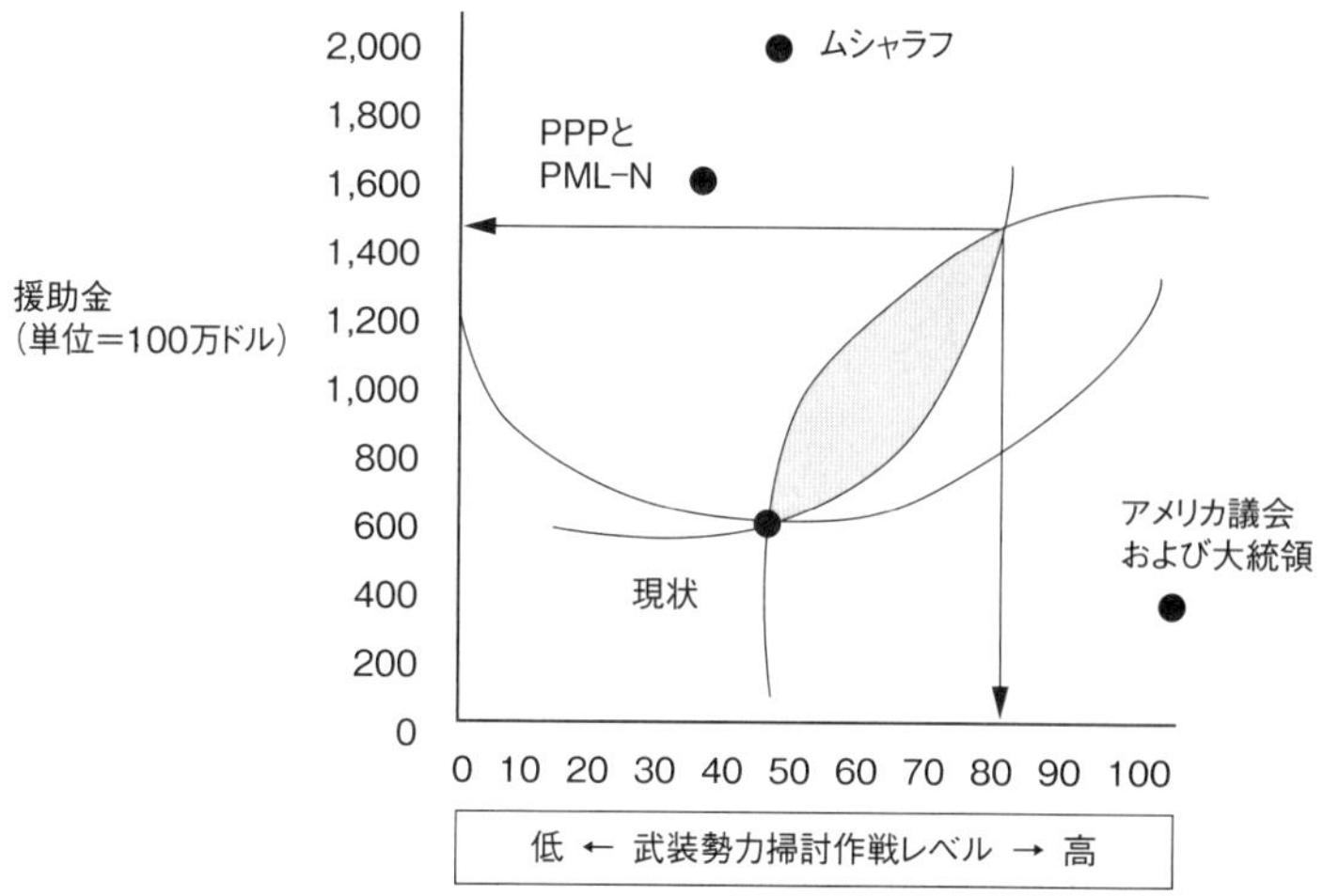

図表10・5に示されているのは、二〇〇八年七月当時の現状に対して、パキスタンの指導者たちが望むアメリカの援助規模と武装勢力掃討作戦レベル、それにアメリカの議会と大統領が支持する援助規模（および両者一致して望む掃討作戦レベル）である。なぜ二〇〇八年七月かというと、その時点が〝援助金で掃討作戦を買う〟取引をする初期の好機だったからだ。グレーの花弁状の部分は、アメリカにとってもパキスタンにとっても現状よりも望ましい「援助規模と掃討作戦レベルの組み合わせ」を示している。このグレー部分内であれば取引は成立可能だが、位置によって援助と掃討作戦の組み合わせ内容がちがってくる。最良の取引はこの花弁部分の右上角になる。アメリカがパキスタン指導層から最大努力（最高レベルの武装勢力掃討）を引き出せ、パキスタンのほうもアメリカから最高額の援助を引き出せるのは、この点であるからだ。アメリカにとっては援助金をさらに増やしても掃討作戦レベルを上げさせられ

ない、パキスタンにとっては掃討作戦レベルをもっと上げても援助金を増やされない、という限界点である。その花弁部分の外では、どちらか一方が、あるいは双方ともが、「現状よりも良い」とは思えない。花弁部分の外にあるポジションは、どちらかにとって、あるいは双方にとって、不満が残る現状よりもさらに望ましくないということだ。

では、最良の取引とはどういうものか？　図表10・5の水平の矢印が示しているのは、パキスタン指導層に武装勢力掃討作戦を最高レベルにさせられる援助額である。これは二〇〇九年で一五億ドル。一方、垂直の矢印が示しているのは、一五億ドルの援助金を確保するのに必要な掃討作戦レベルである。このレベルは、掃討作戦の目盛りの80あたりに相当する。つまるところ学生たちの予測では、「アメリカが援助額を一五億ドルにすれば、パキスタンの国民議会、大統領、その他有力プレーヤーは、同国発のテロの脅威を抑えこむ努力を本格化させる」ということである。一五億ドルという額は、二〇〇八年の援助額の二倍強、（モデルによる分析によれば）新大統領就任時の大統領や議会が支持した額の数倍である。だから、一五億ドルだすとなると、アメリカは政策を大幅に変更しなければならない。

で、それで何を買えるのか？　この問題の目盛りを用いて説明すると、「もしパキスタン指導層がアメリカから一五億ドルの援助金を得られれば、彼らの武装勢力掃討作戦は、二〇〇八年一月時点での現状である40をはるかに超えるレベルにまで強まるが、１００のポジションにまで達することは決してない」。１００というポジションは、ブッシュ政権と議会が望んでいたレベルであり、今後の大統領もみな望むにちがいないレベルである。わたしたちは１００のポジションに達することはできない。だが、一五億ドルという金を投入すれば、投入しない場合に得られると予測されるものよりもずっと多くのものを確実に得ることができる。

といっても、それだけの金のために、パキスタン政府がテロの脅威を完全に取り除く可能性は薄い。彼らだって馬鹿ではない。アルカイダやタリバンを完全に粉砕してしまったら、流入する資金が干上がるということくらい知っている。だから、一五億ドルのために脅威を減じる努力をするが（80まではするが）、それを完全に排除することはない（100まではしない）。

彼らは政治的サバイバルに必要なことなら何でもする。それが指導者としての自分にとってベストな道ならば武装勢力を壊滅させようとするだろうが、武装勢力と取引するのが政治的にベストと思えたら、むろんそうするにちがいない。ともかく、いまのところは一五億ドルで、彼らに「武装勢力、反乱者、テロリストと仲良くするよりは、そうした者たちへの掃討作戦を展開したほうが得だ」と思わせられる、というわけだ。

言うまでもないが、援助と掃討作戦を交換する取引がなされたら、それでおしまいというわけではない。どちらの側も、相手が約束を守ることを信じられないといけない。パキスタン指導層は「ドルによる援助金が流入しつづける」ということを信じられないといけないし、アメリカの議会と大統領のほうは「パキスタンの指導者たちは金を受け取った以上、変節して武装勢力と取引するような真似はしない」と信じられないといけない。アメリカ側の心配はとりわけ大きいはずだ。図表10・4Bに示されているように、たとえ一五億ドルの援助金をわたしても、アルカイダの影響力は、減少しはするものの、依然として大きいと予測されるからである。

モデルの予測によれば、パキスタン指導層は75から80の掃討作戦レベルを堅持し、ずっとブレることはない。そして、援助金でパキスタン国内の対テロ作戦レベルを大いに引き上げることに成功したアメリカの議会と大統領も、取引時にした援助金に関する約束をしっかりと履行しつづける。取引に係わった利害関係者はみな、それぞれ自分の政治的利益のために、真剣に約束を守って取引を生かしつづけようとする。

アメリカが莫大な援助金を投入しなければ、パキスタン指導層は武装勢力と取引し、武装勢力は合法的な力になってパキスタンの政策決定にも参加するようになる、と予測される。さもなければ、またしても軍事クーデターが起こるだろう。いずれにせよ、アメリカの利得はほぼ確実に落ちこみ、取り除かれることになる。残念ながら、そういうことが起こる確率は高い。一五億ドルでパキスタンの非宗教的な民政を安定させられ維持できるというのなら、安い買物ではないか。

イランとイラク——神の思し召しによる結婚はあるのか？

学生たちが二〇〇八年に予測したパキスタンの未来は、なかなか厳しいものだった。そして一年後の現実は、少なくとも同じくらい厳しい。学生たちの〝予言〟（すでに起こったことに関するものもあれば、これから起こることに関するものもある）を振り返ると、彼らのプリディクショニアリング（未来予測操作）ぶりは、これまでのところ気が滅入るほど正確だったと言わざるをえない。間違いであったほうがよかったというものがいくつもあった。

さて、二〇〇九年の春にも、わたしたちは最新モデルによる予測をテストする機会があった。では、その機会をとらえ、どういうことまで予測できるかを見てみよう。厄介なことをたくさん抱えこんだパキスタンの隣国とその隣国である、イランとイラクもまた不安定な未来に直面している。その不安定さが、ふたたび恥かく覚悟で現在進行形の問題に取り組む絶好の機会を提供してくれる。

これを書いているのは二〇〇九年四月の前半、わたしはふたたび〈国際危機解決ゼミ〉で学生たちに予測について教えている。二〇〇八年にはその同じゼミで学生たちがパキスタンの安定性（正確には不安定性）を予測した。二〇〇九年度は、二人の優秀な学生がわたしの最新モデルをうまく利用して、イランとイラクの未来の関係を予測した。そうするなかで彼らは、それら二国のそれぞれの国内で起こる可能性が高い政治的出来事について、たいへん重要な洞察をいくつか得ることができた。「イランとイラクは戦略的パートナーシップを構築できるのか？」という彼らの出発点は、結局のところ「アメリカは（オバマ大統領の方針どおり）イラクに兵力を残留させるべきか、それともイラクからきっぱり撤退すべきか？」という、二つのまったくちがう意見が激突する外交政策上の議論を通過せざるをえない。そしてこの問題への答えを得るにはやはり〈プリディクショニアのゲーム〉が役立つというわけだ。

分析に入る前に、重要な事実をいくつかおさらいしておこう。二〇〇八年一一月の大統領選挙の前には、バラク・オバマ候補は「就任後一六カ月間でイラクから撤退する」との公約を掲げていた。ところがホワイトハウス入りしたのちの二〇〇九年二月二七日、オバマは選挙前の撤退期間をすこしだけ延ばして「二〇一〇年八月までに」とした。これだけなら、〝主戦論〟の共和党員のあいだでも〝反戦論〟の民主党員のあいだでも物議をかもすということはなかったはずである。だがオバマは、撤退時期を公表したとき、それ以降も五万人の兵力をイラクに残留させる予定だと明言したのだ。

五万人というのは、名目だけの小部隊ではない。いやそれどころか、五万人はその公表当時のイラク駐留兵力の三六％にあたる。当然ながらオバマは、民主党員から「あまりにも緩やかな撤退ペースだ」との批判をたっぷり浴びた。ただ、共和党員からは予想どおり、少しばかり称賛された。政治というのは和気藹々《わきあいあい》とやれるものではないのだ。その五万人の〝戦闘即応部隊〟は、とりあえず二〇一一年までは駐留予定であるとのことで（「二〇一一年までに完全撤退する」とのイラク政府との合意がすでにある）、オバマはさらなる批判を浴びた。むろん、二〇一一年の期限を超えてアメリカ軍の駐留がいつまでも延びていく可能性だってある。

　オバマ大統領が二〇〇九年二月に下した決定と、二〇一〇年八月に下す決定は、同じようなものになるかもしれないし、ならないかもしれない。彼が属する民主党からの圧力と、現地の状況の変化によって、はるかに少ない兵力を残留させる決定が下される可能性はある。だがもちろん、オバマ大統領が予定どおりの兵力（五万人）を残留させる可能性もある。これからわたしがするのは、彼がそのいずれを選ぶかを予測することではなく、「彼はどちらを選ぶべきなのか？」という問題を〈プリディクショニアのゲーム〉を利用して解決することである。その答えは、わたしの、そして学生たちの、個人的好みに影響されはしない（そもそもわたしは彼らの好みなど知らない）。わたしについて言えば、分析にとりかかる前に、この問題について考えたことはほとんどない。

　言うまでもないが、アメリカ軍の「イラク残留か撤退か」に影響される政策上の問題は多々あるが、今回の調査・分析では、そのうちのわずかなものにしかふれない。つまり、「残留か撤退か」の決定に影響される可能性があるにもかかわらず、ここでは検証されないアメリカの国家安全保障に係わる問題もあるということだ。

　たとえば、その決定は、イランの核開発計画の行方に影響をおよぼさないのか？　だが、わたしはここでその問題に取り組むつもりはない。ただし、これだけは言っておこう――（わたしがすでに行ったイランに関する分析によると）イランの核開発問題を解決できる見通しはかなりあるので、イラクにおけるアメリカ軍のプレゼンスがどんどん縮小していっても、その解決の行方が左右されるということはない（イランの核開発計画に関するわたしの予測については「ＴＥＤトーク」http://ow.ly/2gFz をご覧いただきたい）。

二〇一〇年の夏までにイラクは内外の脅威に対して自衛できるようになると考えられれば、その時点でアメリカ軍のイラクからの撤退はあると予測できる。もちろんイラクの指導層は、力を盛り返しかねない国内の反乱グループだけでなく、厄介きわまりない隣国にも注意する必要がある。その巨大な隣国に対処する方法のひとつは、両国間で親密な関係を築きあげることである。それを頭において、イランのシーア派・神権政治体制が、イラクの非宗教的だがシーア派主導の政府と取引しうる〝範囲〟について考えてみたい。イランとイラクの協力関係の可能な形について考えるとき、決して忘れてはいけないのは、イスラム教のシーア派とスンニ派は敵対する関係になることが多く、両派ともが人口のかなりの部分を占めるイラクのような国ではとくにそうだ、ということである。

イラクの人口のおよそ六五％がシーア派で、三五％がスンニ派であり、両派の多くの者が互いに憎み合っている。この分裂が、反乱を発生させた主要因子であり、アメリカにＣＬＣ（憂慮する地元住民）計画――「ゲーム理論入門１」で紹介――を創設させた最大の要因にちがいない。反乱のさなか、スンニ派地区のシーア派住民の多くが、地元のスンニ派民兵によって家を追われ、その場で殺された者もいた。同様に、シーア派が優位の地区に住むスンニ派の人々も、家を追われるか殺された。いまは前よりも安全になって、家にもどった人々もいるが、多くの人がいまだにもどらず、表面下にわだかまる憎悪が、ほんのちょっとした挑発で爆発しかねない状態がつづいている。

イランの場合は、イラクとはちがい、国内にシーア派・スンニ派対立問題をあまり抱えていない。それもそのはずで、イランにはスンニ派の人々は少数しかいないのである。だいたいシーア派一〇人に対してスンニ派一人という割合だ。といっても、イラン人がスンニ派に対して温かいとか無関心であるとかいうわけではない。イランは間違いなく、中東に限らず世界のスンニ派主導政府に、必要以上に喧嘩腰になってきた。その最も顕著な例が、長期間つづいたサダム・フセイン体制下のイラク（スンニ派主導）との敵対関係だ。八年にわたるイラン・イラク戦争では、一〇〇万人を超える戦死者をだし、化学兵器の大規模な使用もあった。イラクにもイランにも、この戦争を忘れた者はほとんどいず、相手を許そうと思っている者はさらに少ない。したがって二国間に橋を架けるのはやさしいことではない。だが、このまま背を向け合うのはかなり危険なことだ。

ヌーリ・マリキを首相とするシーア派主導の現イラク政府は、イランを同じ考えをもつ仲良くやれるはずの国と見ている。それとは対照的に、マリキとその取り巻きは、国内のスンニ派同胞を、体制と自分たちが思い描く祖国の未来を脅かす者たちと見なしているのかもしれない。むろんマリキはイラクの安全保障を強化したい。学生たちが集めたデータによるとマリキは、アメリカ駐留軍が規模を縮小するか撤退すれば、イランと戦略的同盟を結んで、自国の安全保障を強化しようと考えている。この協力関係問題に関するマリキのスタート点は、次の表では80に設定されている。その数値が意味するのは「イランにイラクの安全を保障してもらう」である。そのような確約を得ておけば、イラク国内での反シーア派の反乱に対してはイランからの軍事的脅威をあてにできる、というわけである。それこそマリキ政権が必要とする〝保険〟ではないだろうか。

■イラン・イラク戦略的パートナーシップのゲーム

ポジション	パートナーシップ	イラン・イラク関係の具体的内容
100	完全	武器および軍事テクノロジーの自由なやりとり、相互防衛同盟、共同諜報活動
80	強力	武器および軍事テクノロジーの制限的やりとり、諜報情報の一部共有、相互防衛の確約
50	制限的	武器の制限的やりとりあり、軍事テクノロジーのやりとりはなし、諜報情報の共有なし、相互不可侵の約束
20	最小限	武器のやりとりは大幅に制限、協力を約束する条約は皆無
0	なし	武器および軍事テクノロジーのやりとりはなし、両国政府は〈アルジェ合意〉＊の遵守を再確認

＊　1975年に調印された〈アルジェ合意〉で、バスラ近くのシャトルアラブ川（バスラのあたりではこの川が国境）の支配権をめぐるものなど、イラン・イラク国境紛争は解決されたはずだった。ところが6年後、サダム・フセインはその合意を破棄してイランを攻撃し、8年におよぶ戦争がはじまった。〈アルジェ合意〉で決められたイラン・イラク国境線は法的拘束力をもつものだったが、いまなお紛争の火種のままだ（戦略的重要性が優先されてしまう）。

だれもが知っているように、約束というものはかならず実行されるわけではない。それこそイラン・イラク関係の歴史のなかで最も際立つ真実である。

しかしながら、こうしたパートナーシップを構築するのは容易なことではない。国家間の交渉につきまとう通常の複雑さに加えて、たぶんアメリカがそうしたイラクの外交的動きに強く反対すると思われるからだ。オバマ大統領も圧力をかけてくるだろう。さらにイラク・スンニ派の利益を代表する人々も、どんなものであれイランとの取引には激しく反対するにちがいない。また、イランの側から見ると、イラクとの取引は地域の強大国になる野望の実現に一歩近づく機会ではあるが、スンニ派の手に落ちる可能性もある国と親密な関係になるリスクもしっかり考えておかなければならない。

ともかくこのパートナーシップの問題は、「アメリカは兵力の一部をイラクに残留させたほうがよいのか、それとも完全に撤退させたほうがよいのか?」を判定するのにとりわけ役立つものではあるはずだ。オバマにとってみればやはり、イランがイラクの政策に強い影響力を行使できるような状況にはなってほしくない。もしイランとイラクが協力関係を築くことになれば、まさにそういう状況になってしまいかねない。

表を見ればわかるように、イランとイラクが将来結びうる関係にはかなりの幅がある。そしてもちろん、これから起こりそうなことを予測するには、ゲームをしてみないといけない。バラク・オバマから見れば、イラクは性急にイランと手を組むべきではない。彼にとっては、0あたりが正しいポジションである。つまりオバマ政権が望んでいるのは「両国は相変わらず別々の道を歩むものの、一九七五年の〈アルジェ合意〉を遵守して、国境紛争を起こさない」ということ。

しかし、それはマリキ首相が望んでいることではない。彼はできれば「強力な戦略的パートナーシップ」(80)を結びたい。マリキ政権は〝守護者〟を必要としているのだ。それがアメリカでなければ、イランから安全の保障を得るのでもよい。自国よりもずっと大きな隣国と親密な関係を築くのは、マリキにとってはたいへん意味のあることである。自由にやらせてもらえるというのなら、彼はオバマ大統領が望むのとは反対の道を選ぶだろう。もちろんマリキにせよ誰にせよ、未来のイラクの指導者は自由にやらせてはもらえない。あらゆる方向からちょっかいを出される。だから未来の展開を予測するには、ゲーム理論のようなツールの助けがどうしても必要になる。

オバマ大統領はマリキ首相にイランとは取引しないよう強く求めるが、この〈プリディクショニアのゲーム〉に使用した専門家のデータによると、イランのアリ・ホセイニ・ハメネイ（あらゆる政策に対して拒否権をもつ最高指導者）は、マリキが望んでいるパートナーシップよりもさらに親密な関係を築く機会を歓迎する。彼もまた、相互防衛協定を望む。だがそれだけではない。ハメネイ師はさらに、自国政府とイラク政府のあいだの諜報情報および武器のほぼ無制限のやりとりをも望む。ハメネイ最高指導者はイラクを、周辺のアラブ諸国の動静をさぐる情報収集基地として利用したいようなのだ。したがって、オバマ大統領のイランおよびイラクに関するビジョンと、両国の指導者たちの野心とのあいだには相当な開きがある。

イラクはイランにどんな提案をするのか？

こうした背景を頭に入れれば、たぶんそのどちらかになると思われる次の二つのシナリオにそって、未来予測をはじめることができる。シナリオ1――イランとイラクはそれぞれ、まず初めに、国内の対立を解決する通常の調整（譲歩・妥協）をしつつ、それぞれのポジションを決め、次いで、とるべきスタンスをしっかり決定してから、五万人という大兵力をひきつづきイラクに残留させるというアメリカの圧力に抗して交渉をする。シナリオ2——二国はそれぞれ、まず国内の対立を解決し、次いでアメリカ軍の完全撤退後に外からの干渉を受けずに両国の未来の関係について交渉をする。

図表10・6Aは、イラクの政治に大きな影響力をおよぼす四人の指導者のポジションの動きを示すものである。その四人とは、ヌーリ・マリキ首相、タリク・ハシミ副大統領（スンニ派）、ジャラル・タラバニ大統領（クルド人）、反米シーア派武装勢力指導者のムクタダ・サドル。そして図表10・6Aに示されている動きは、二〇一〇年八月までにアメリカ軍が完全撤退する（多くのアメリカ人だけでなく多くのイラク人も望んでいること）と仮定した場合のもの。一方、図表10・6Bは、アメリカは五万人の兵力をイラクに残留させると仮定した場合の、同じ四人の予想されるポジションの動きを示すものである。

この分析では、イラクの指導者たちが「イランとの取引についての〝落ち着きどころ〟」に達する時期をはっきり予測してはいないが、その点に達するのは二〇一〇年八月のずっと後になることはない——八月の前になる可能性も大いにある——と示唆してはいる。この問題は現在、後回しにされているようだが、撤退時期が近づくにつれ確実にヒートアップする。

モデルによれば、イラクの政治的利害関係者（実際には図表に示された四人よりもずっと多い）がイランとの取引内容についての合意に達するには、六、七回の交渉が必要になる。それだけ多くの交渉を重ねなければ、〝落ち着きどころ〟が見えてこないというわけだ。そしてそれだけの回数、国内で話し合わねばならないということは、その問題が最優先事項となってから解決するまでに、かなり長い期間を要するということである。イラク人にとって、イランとの未来の関係をどういうものにするのか決めるのは、やはり簡単なことではないようだ。

予想されるイラクのイランへのアプローチ

図表 10・6A　イラクの有力指導者のポジションの動き　――アメリカは完全撤退すると仮定

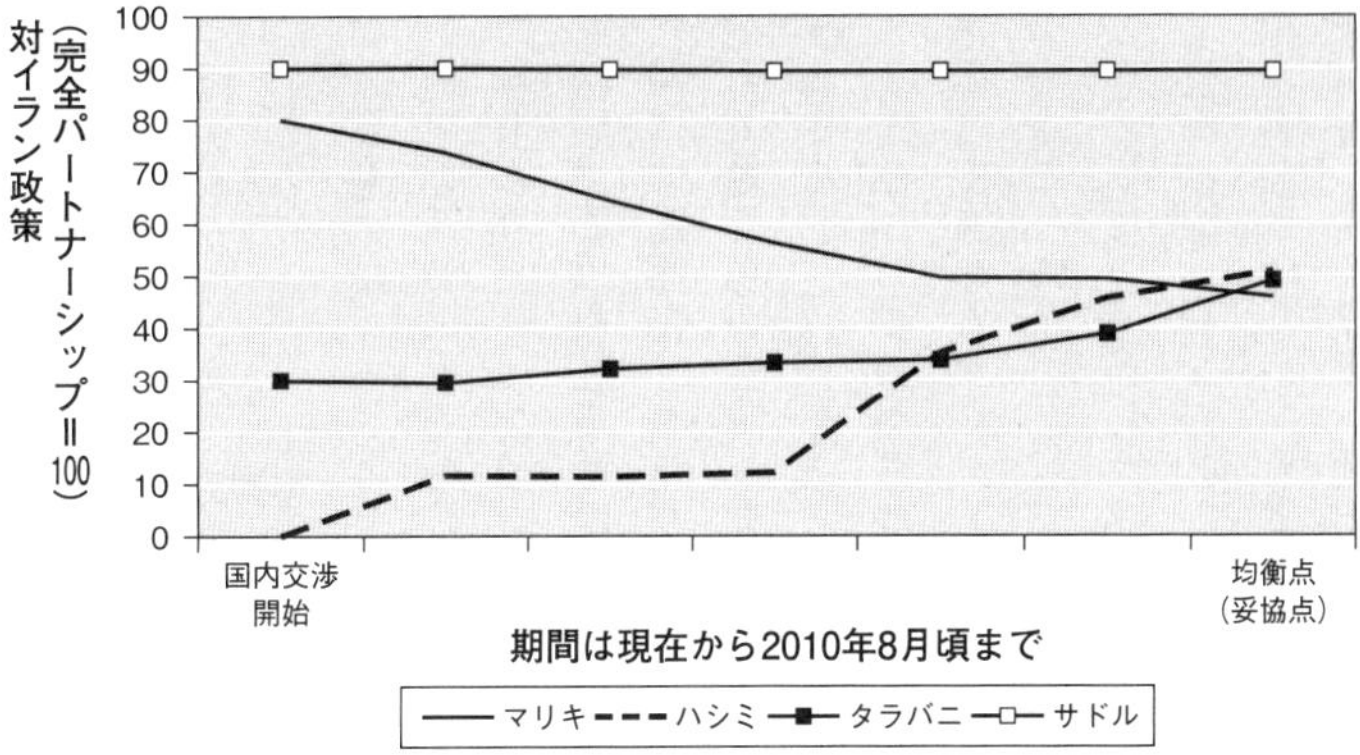

図表 10・6B　イラクの有力指導者のポジションの動き　――アメリカは5万人の兵力を残留させると仮定

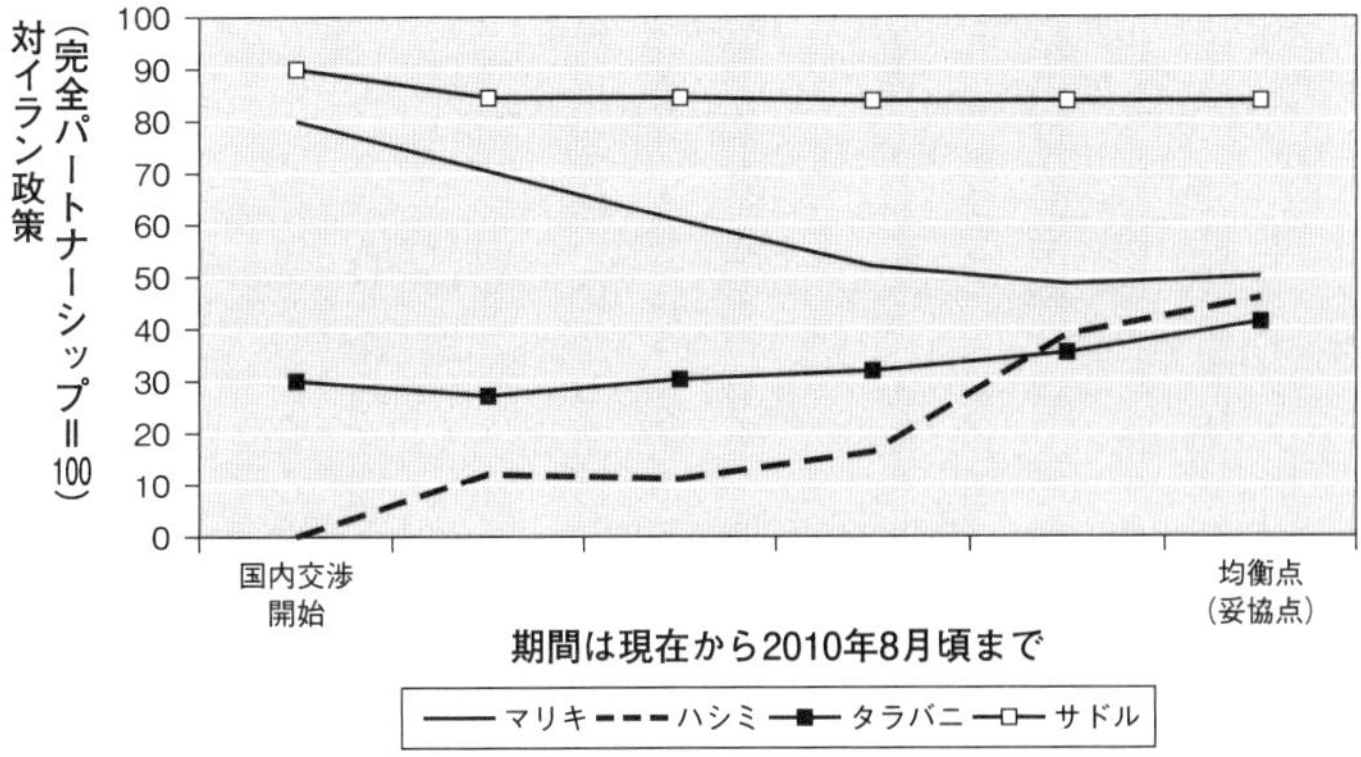

図表の10・6Aと10・6Bを見比べると、興味深いストーリーが浮かび上がってくる。どちらの場合も、マリキとタラバニとハシミは、最初のポジションは大きく異なるものの、ゆっくりと、だが確実に、合意点へと寄り集まっていく。最終的には三人とも、マリキが望んでいた親密さからはほど遠い〝微温の〟関係を支持する。〈プリディクショニアのゲーム〉によれば、イラクの外交官たちは「武器の制限的やりとりあり、軍事テクノロジーのやりとりと諜報情報の共有の予定はなし」などの条件でイランと合意に達することを模索する権限を与えられる。公式の条約に関しては、相手を武力で攻撃しない約束を互いにするものになりそうだ。ということは、専門用語を用いれば、イラクは相互不可侵条約を求めるということである。

アメリカも結局はこの相互不可侵の約束を支持するが、それは長い交渉のあとのことだ。アメリカ軍がイラクに残留する場合、タラバニはそれに励まされて、イランともっと弱い関係を結ぶことを強く求めるが、力不足で思いどおりにはならない。アメリカが完全撤退する場合、彼は妥協するマリキと足並みをそろえる。

図表の10・6Aと10・6Bからは、もうひとつ、極めて重要なことが読み取れる。武装勢力を率いるシーア派指導者であるムクタダ・サドルの動静だ。サドルは、イランとの内容のない弱いパートナーシップを求めることに断固として反対する。アメリカ軍が撤退した場合は、最初のポジションからまったく動こうとしない。それは「これ以上のものはないという完全なパートナーシップ」にきわめて近いものを望むポジションである。事実、あとで見るように、そこまで望むのはハメネイ師のようなイランの指導者しかいない。サドルが支持するのは「武器および軍事テクノロジーの自由なやりとり、相互防衛同盟、共同諜報活動」である。アメリカがイラクに兵力を残留させる場合、サドルはその極端な姿勢をほんの少しだけ和らげる。自分の活動の安全が脅かされるのを心配するからだろう。

イラク政治の勝者と敗者

イラン国内の同様の意思決定問題に移る前に、イラク政治の勝者と敗者がだれになるのか調べておいたほうがいいだろう。それはイランとの協力関係という大問題を予測するうえでも必要なことだ。図表10・7Aが示しているのは、アメリカ軍が完全撤退した場合に予測される、マリキ、ハシミ、サドル、タラバニの政治的影響力の変化である。そして図表10・7Bは、オバマが五万人の兵力をイラクに残留させた場合に予測される、同じ四人の政治的影響力の変化を示している。

モデルが予測したイラク有力指導者の政治的影響力の変化を一見しただけでわかるのは、アメリカが兵力を完全撤退させた場合、マリキ首相は、オバマが約束どおり兵力を残留させた場合よりもさらに、ハメネイ最高指導者（イラン）との取引を急がねばならなくなる、ということだ。図表10・7A（アメリカ軍完全撤退）では、マリキの政治的影響力は、数カ月強まりつづけたのち、二〇一一年の後半から弱まりはじめる。一方、ハシミの影響力は着実に強まりつづける。〈プリディクショニアのゲーム〉によれば、アメリカ軍の大規模なプレゼンスがなければ、ハシミは二〇一二年の前半か半ばには、影響力という点でマリキとほとんど互角になる。

反対に、アメリカが大規模な戦闘即応部隊を残留させた場合は、ハシミの影響力は同様に強まるものの、マリキのそれが弱まることはない。マリキはスンニ派の政敵（ハシミ）よりもかなり強い影響力を保持しつづける。マリキはアメリカ政府に積極的に協力するところを見せてきたが、ハシミはそういうことをほとんどしてこなかったので、ハシミの影響力が強まるのをふせぐには兵力残留が重要になるかもしれない。マリキはアメリカ軍完全撤退期限（二〇一一年内）の見直しを望むかもしれない。

五万人のアメリカ兵が残留した場合、サドルの政治的未来は完全撤退の場合よりもずっと悪くなる。〈プリディクショニアのゲーム〉では、たしかにサドルの影響力は、どちらの場合にも弱まる時期に入るが、オバマ大統領が撤退を要求する圧力に抗して兵力を残留させた場合のほうが弱まりかたは急かつ大きくなる。タラバニ大統領の影響力も、どちらの場合にも弱まっていくが、その弱まりかたはアメリカ軍が完全撤退した場合のほうが急になる。このサドルとタラバニの影響力の連動ぶりは、どちらかというと望ましくない。サドルは公然たる反米である一方、タラバニはアメリカを重要な同盟国と見なしているからである。

しかし、肝心なのはやはり、マリキとハシミの影響力の盛衰である――それもとくにアメリカ軍がイラクから完全撤退した場合の。すでに述べたように、マリキはアメリカにとってはかなり信頼できる友である。だが、彼はあくまでも自分の私利私欲を追及する男でもある。米軍が残留した場合はためらうことなくアメリカと仲良くするだろうが、米軍が完全撤退した場合は同じくらい躊躇せずにイランと取引をするだろう。たえず指を風にかざして風向きを見て、自分の守護天使になってくれる者を探しだす男なのである。

政治家としてマリキがいちばん恐れているのは、権力の座から追われるということだ。自分の権力維持をはばむ国内の最大の脅威は、明らかにハシミの影響力である。ハシミはできればイランとは協力関係を結びたくない。そのうえ、政府にバース党員追放政策を放棄させたい――つまり、かつてサ

イラク有力指導者の影響力の変化

図表 10・7A　影響力の変化――アメリカ軍は完全撤退すると仮定

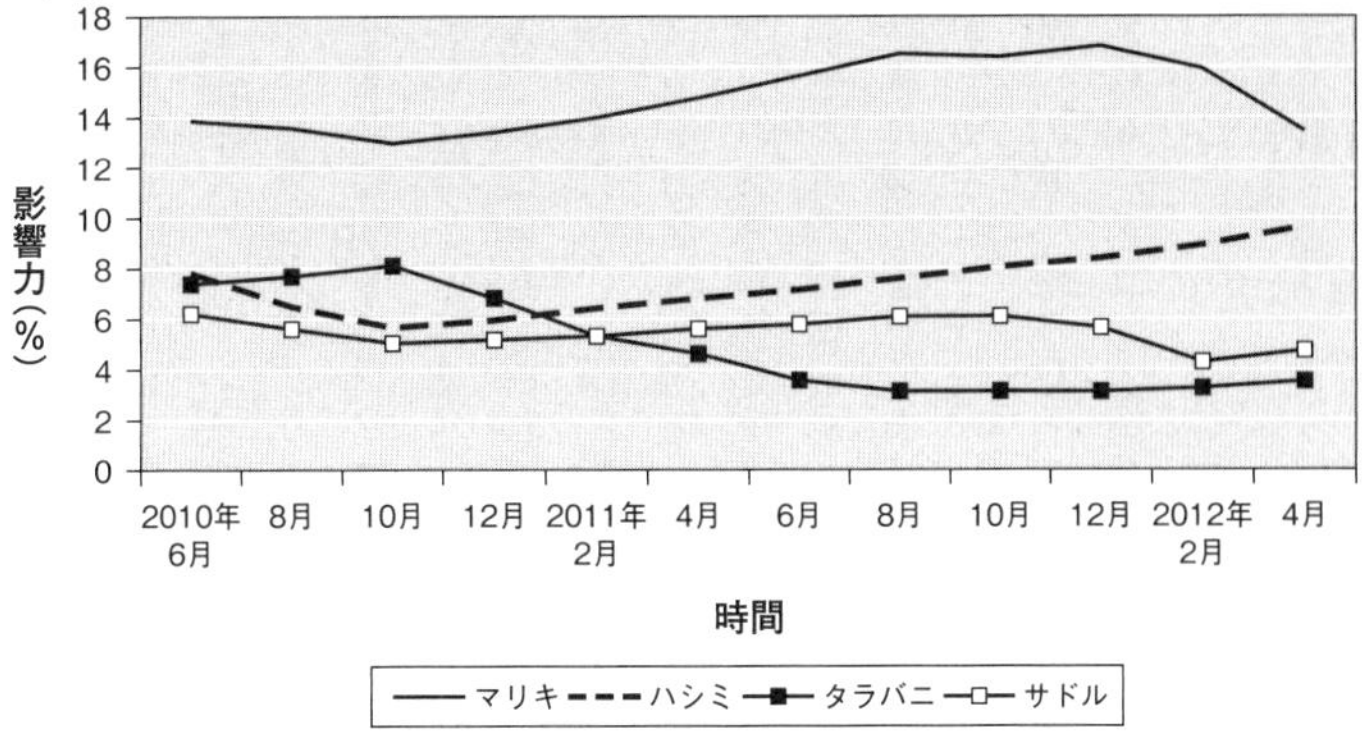

図表 10・7B　影響力の変化――アメリカ軍は残留すると仮定

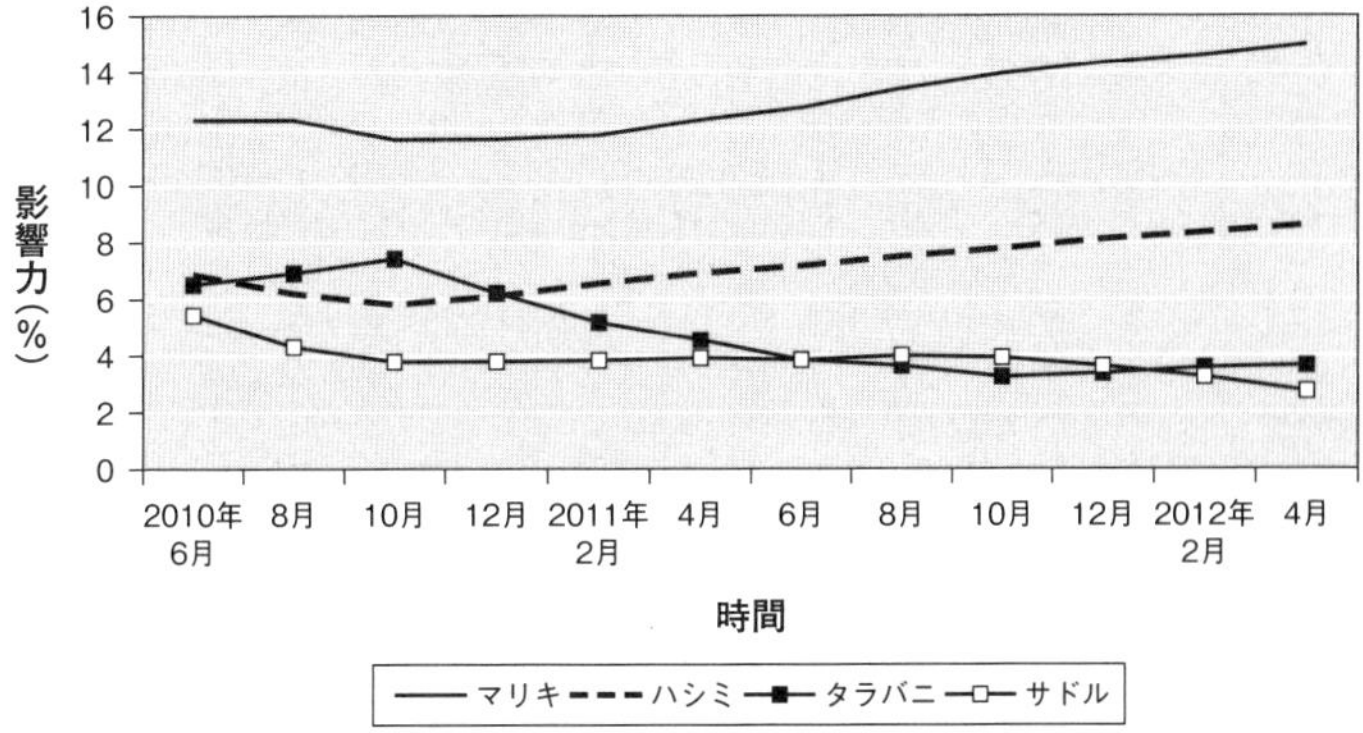

ダム・フセインの党に所属していた人々を政府から排除するのをやめさせたい。さらにハシミはイラクを連邦制にすることに断固反対している。連邦制は多くの者（その代表格はジョセフ・バイデン副大統領）が内戦をふせぐ最も有効な手段と考えているものだ。したがって、シーア派とスンニ派の対立による政争（マリキ対ハシミ）が、アメリカ軍完全撤退の場合にはイラクに巨大な暗雲を投げかける可能性が高くなる。アメリカ軍残留の場合は、暗雲はずっと小さなものになる。

アメリカ軍が撤退し、マリキの影響力が弱まってハシミのそれが強まると、ふたつの方向にしか事は進みえないように思える――そしてその両方向ともアメリカにとっては好ましくない。マリキはハシミとの連立政権をもくろむ可能性がある。これが実現すれば、中央政府の力がそうとう強まり、スンニ派の多くの人々の不満を緩和できる。この二点は望ましいことだ。だがそれは同時に、バース党の政権奪還というとんでもないことへの道を開いてしまうかもしれない。

結局、アメリカ軍が撤退する場合の予測では、マリキとハシミの影響力はほぼ互角となり、その後もマリキのそれは大幅に弱まっていき、ハシミのそれは強まりつづける。だからマリキは、まさにバース党の政権奪還を恐れるあまり、自分の権力への脅威をとりのぞく第二の解決法を選ぶかもしれない。つまりマリキは、ハシミと権力を分け合う道を選ばずに、イランに介入を求め、起こりうるスンニ派の反乱（内戦）から自分の体制を護《まも》る手助けをしてもらおうとするかもしれない、ということだ。それはもちろん、イランの指導層以外のほぼすべての人々にとって恐ろしい結末だろう。

イランとイラクのパートナーシップ

イラン軍がイラクに招き入れられ、スンニ派の脅威からマリキ体制を護る手助けをする、などということが起こりうるかどうかは、言うまでもなく、両国がとりむすぶ取引の内容による。イランは国内の政治事情によって素早く――国内の対立を解決する調整（譲歩・妥協）交渉をたった三回やっただけで――イラクとどのような取引をするべきかを決定できる。つまり、イラクとの協力関係を築くにあたって、ハメネイ最高指導者はどういう取引をするべきかを決めるのに、それほど時間はかからない。ハメネイが求めるのは「完全な戦略的パートナーシップ」だ。両国がそれぞれ、国内で具体的にどういう形の協力関係にするのかを決定できたら、今度は双方の代表が集まって交渉を開始し、取引のための合意点を見つけられるかどうか話し合うことになる。

図表10・8Aと10・8Bはそれぞれ、アメリカが兵力を完全撤退させた場合と、五万人の兵力を残留させた場合の、イラン・イラク二国間交渉の予想プロセスを示したものである。AとBではまったく違う展開となる。アメリカ軍が完全撤退した場合は、マリキとハメネイは急速に合意に達する。だが、アメリカ軍が残留した場合は、どうやら合意に達するずっと前に交渉は放棄される――よくても棚上げにされる――ようだ。〈プリディクショニアのゲーム〉では、オバマが五万人の戦闘即応部隊をイラクに残留させた場合、その場合のみ、イランとイラクは交渉を二年以上つづけても合意に達しない。

図表10・8Aと10・8Bには、二国間交渉期間中の二人の主要政策決定者（イランのハメネイ最高

指導者とイラクのマリキ首相）の政策ポジションの推移が示されているが、ほかにそれぞれの国で強い影響力をもつ極端な姿勢をとる人々の政策スタンスの動きも示されている。図表を見ればわかるように、それらの人々とはイランのアフマディネジャド大統領とボニヤード（イラン経済を広範囲かつ強力に支配する非課税の〝慈善財団〟で、ハメネイや護憲評議会〔監督者評議会〕にも強大な影響力をおよぼす）で、両者は正反対の極端なポジションをとっている。ハメネイは、アメリカ軍が残留しようが撤退しようが、マリキ政権との取引には前向きで、かなりの柔軟性を発揮してもよいと考えているようだ。しかしマフムード・アフマディネジャドは、アメリカ軍が撤退するか否かに関係なく結ばれる可能性のあるパートナーシップ協定には反対する。

〈プリディクショニアのゲーム〉によれば、アフマディネジャドは最初から最後まで、イラクには受け入れがたいほどの同国への影響力の強化を主張し、ハメネイ最高指導者との関係を悪化させる可能性が高い。結局は、あとで見るように、アフマディネジャドは思いどおりには事を運べず、そのせいで彼の政治的影響力は徐々に弱まっていく。一方、ボニヤード——つまりイランの財界——は、たいへん高くつきうるイラクとのパートナーシップには一貫して断固反対しつづける。彼らがあくまでも要求するのは、アメリカでも受け入れられるほど弱い協力関係だ。彼らは友好関係に毛が生えたていどのパートナーシップを支持し、それよりもずっと強く結び付くことを嫌う。アヤトラ（高位イスラム法学者）たちの影響力が弱まり（あとで見るように、それはすでにはじまっている）、アメリカはボニヤードとの交渉を通して、イランの重要なプレーヤーたちとの妥協点を見出せるようになるかもしれない。

イラクのほうはどうかというと、ムクタダ・サドルがアフマディネジャドとほぼ同じ役を演じる。

アメリカ軍撤退後のイラン・イラク交渉

図表10・8A イランおよびイラクの有力指導者——アメリカ軍は撤退すると仮定

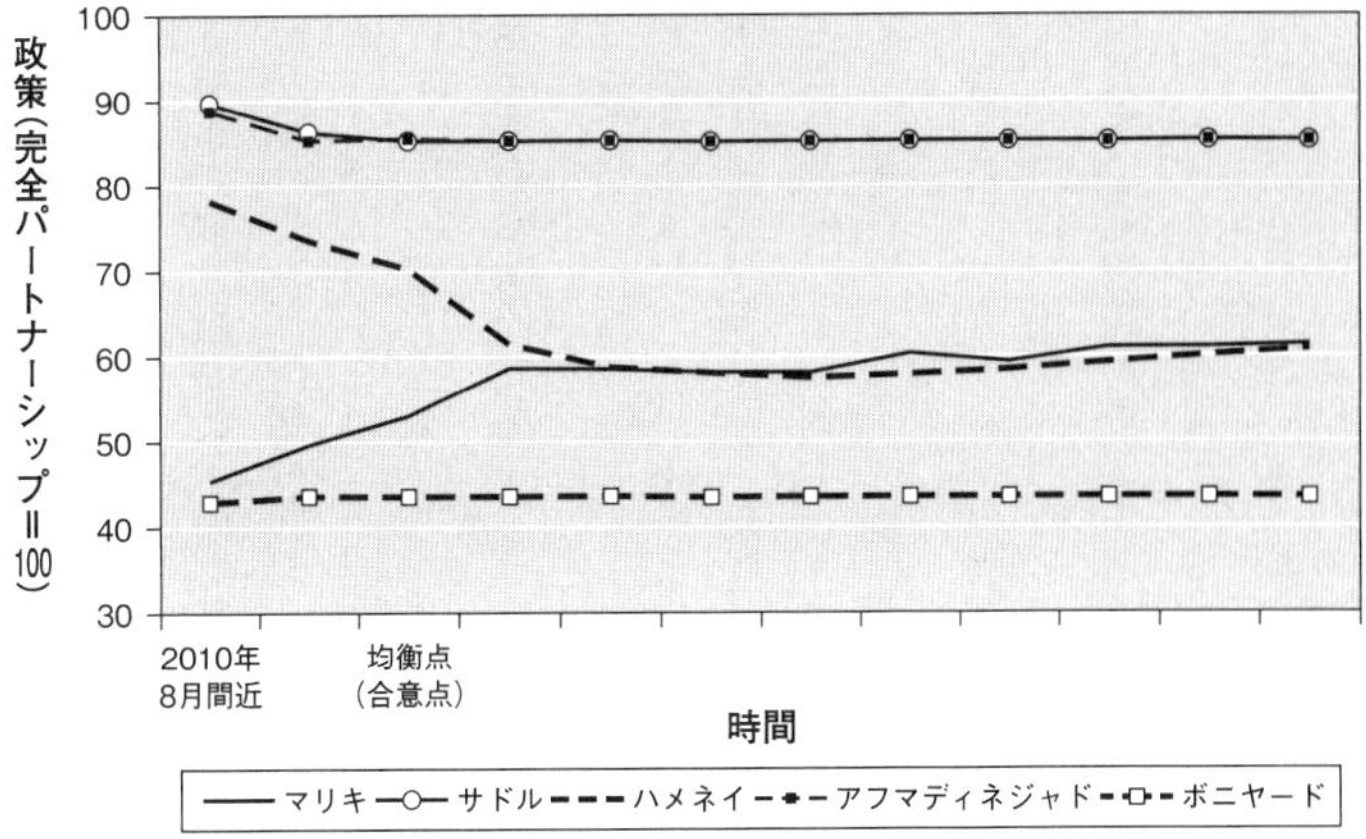

図表10・8B イランおよびイラクの有力指導者——アメリカは5万人の兵力を維持すると仮定

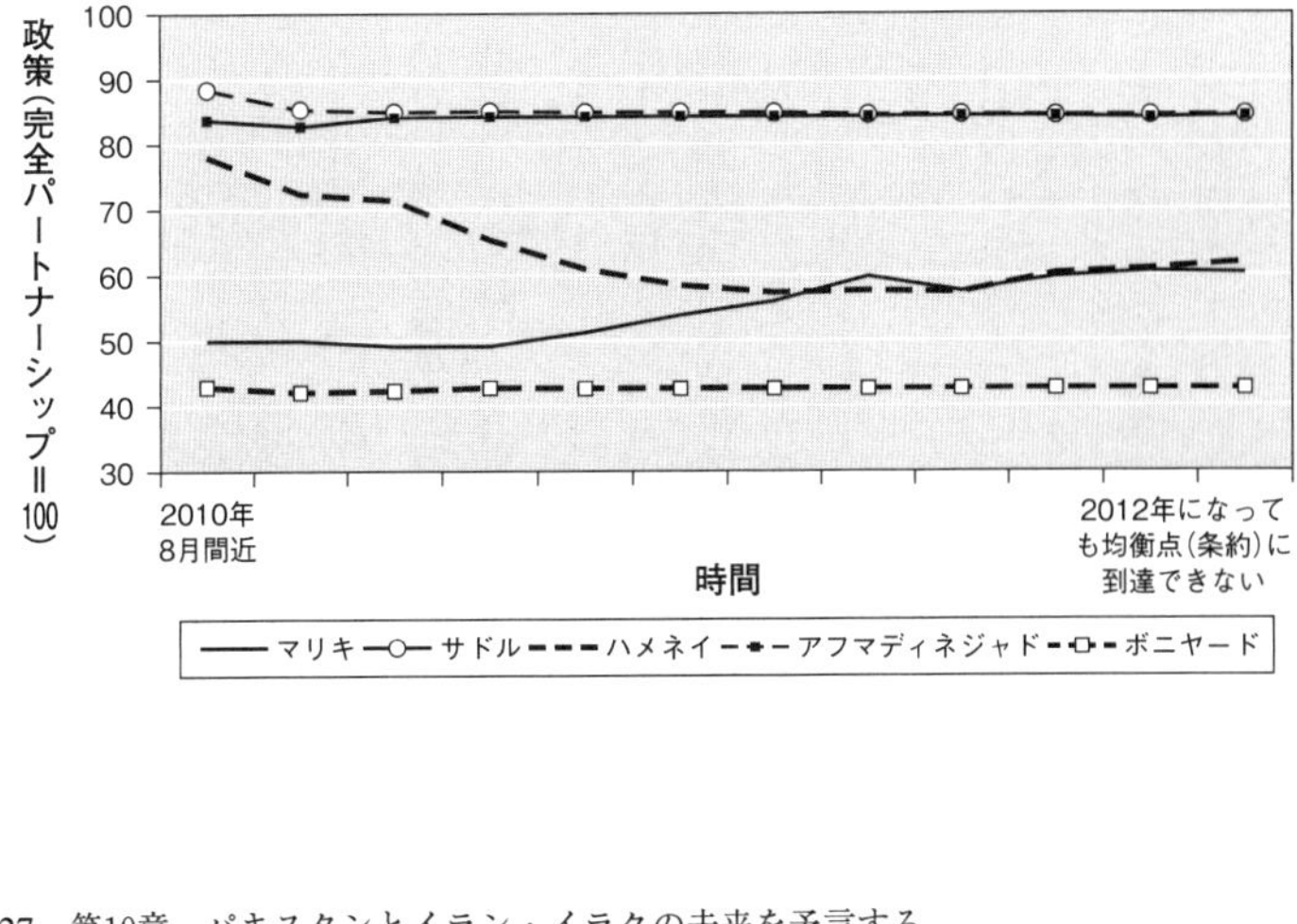

サドルもまた、ほとんど不動の姿勢をたもつ。しかし、この〈プリディクショニアのゲーム〉では、アメリカ軍が撤退した場合は、サドルとアフマディネジャドがいくら妨害しようとしても、マリキとハメネイはすみやかに合意に達する。そしてオバマ大統領が戦闘即応部隊を完全に撤退させた場合、マリキとハメネイが取り結ぶと予測される取引は、目盛りの60あたりのものだ。つまり両国は、武器のやりとりをかなりやり、情報機関同士のあるていどの連携を利用し、たぶん「相互不可侵」以上だが「相互防衛」まではいかない（二国協商のような）同盟協約を結ぶ。マリキにとってはそれくらいの協力関係でおそらく充分だろう。マリキがイランに求めたいのは、スンニ派の反乱が起こった場合に自分の政権を護る手助けであり、それが得られればハシミを抑えつけておける公算も高まる。

しかしながら、アメリカが五万人の兵力をイラクに残留させた場合、状況は一変する。図表10・8Bを見ればわかるように、ハメネイとマリキは交渉で合意に達することはできるものの、それを条約という形にすることができない。これは疑いなく、マリキが国内で強大な政治的圧力にさらされるせいである。イランとのパートナーシップ条約には署名するなという圧力。そのような激しい圧力を受けてマリキは、どのような取引も棚上げせざるをえない。モデルは二年以上にわたる交渉をシミュレートしても、条約という均衡点に達することができず、ゲームはさらにつづく。この〈プリディクショニアのゲーム〉では、イラク国内を政治的に納得させられる取引内容を双方が見つけるずっと前に、話し合いが決裂する可能性がかなり高い。

要するに、アメリカ軍の残留だけでも、マリキを浮き足立たせるのに充分であり、彼にハメネイとの交渉で大幅な妥協をさせないようにすることができる。マリキが直面するこの問題を解決する方法はあるが、イラクかイランの外交官がそれに気づく可能性はかなりあるので、その解決法を見つける

図表10・9　イランにおける政治的影響力の変動 ——未来への希望

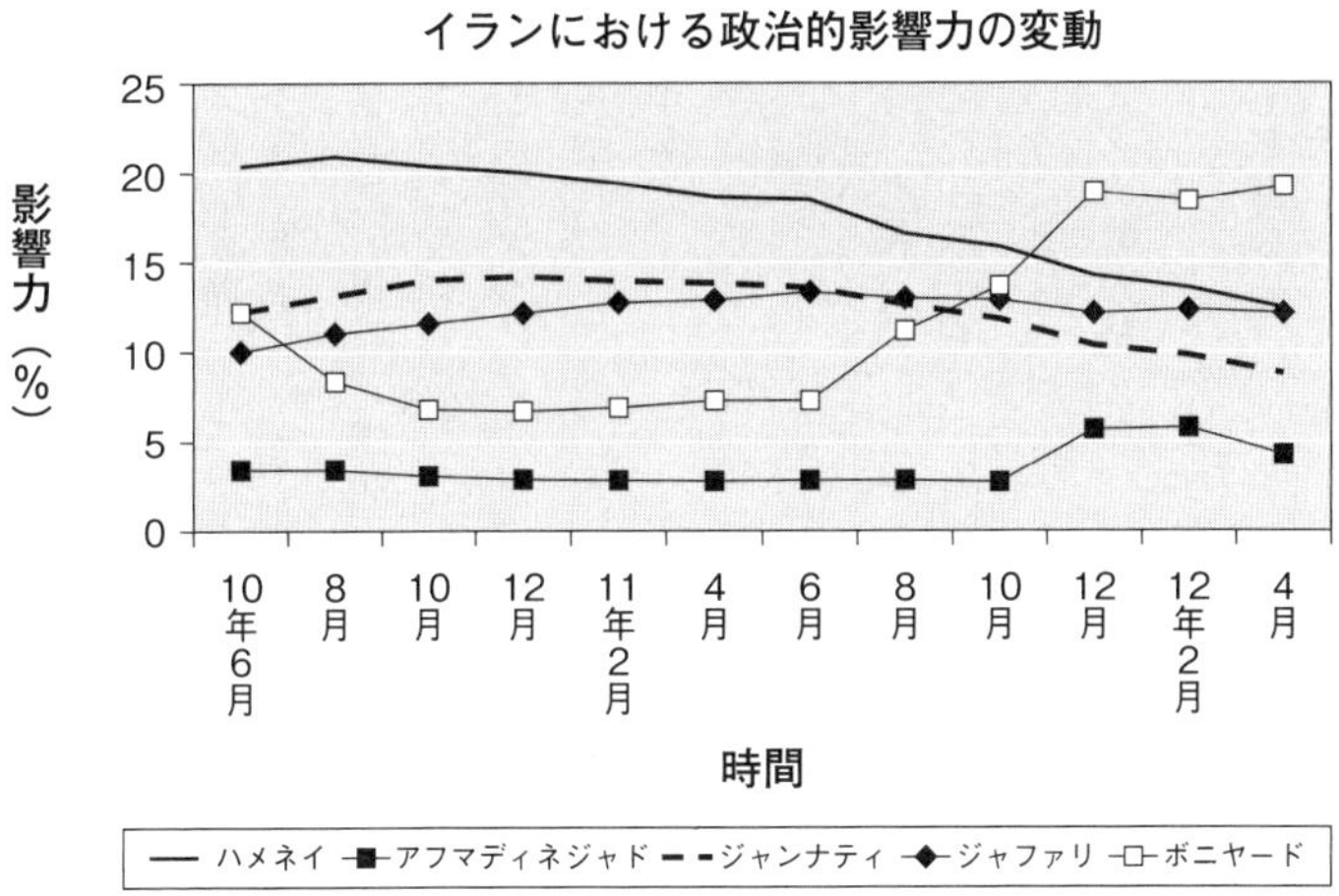

のは彼らに任せることにしたい。そもそも彼らがわたしの言うことに耳をかたむけるはずもないのだから、いちいち事前調査をして差し上げることもない。

この〝恥をかく機会〟を締めくくるにあたって、イランにおける政治的影響力の変動も予測しておこうと思う。その予測からは、未来に対して希望がもてるような興味深い動きも読み取ることができる。アメリカが充分に長いあいだイラクに兵力を残留させて時間稼ぎをし、その予測される変動がイラン内で確実に起こるようにした場合はとくに、希望がもてる展開となる。

図表10・9に示されているのは、イランの主要利害関係者四人の政治的影響力の予想変動である。〈プリディクショニアのゲーム〉による予測によると、イランの最高指導者アリ・ホセイニ・ハメネイは、政治的影響力低下期に入りつつあり、その影響力はおそらく

引退時に最低となる。そしてそのときイランの状況は大きく変化する。ハメネイ師は事実上あらゆる政策決定に対して拒否権を持っているからである。

アフマド・ジャンナティとムハンマド・アリ・ジャファリ司令官は、欧米ではハメネイ師ほどの知名度はない。反改革派のイスラム法学者であるジャンナティ師は、護憲評議会の議長で、国会議員候補者の審査をし、場合によっては立候補を取り消すことができ、国会で可決された法案が憲法とシャリア（イスラム法・規範）にかなった適正なものであるかどうかの審査権もあって、議会を通過した法案を拒否することもできる。だからジャンナティ師は、ハメネイ師に迫るほどの権力者である。そしてもうひとりのジャファリ司令官は、革命体制の維持を目的とする精鋭軍事組織であるイスラム革命防衛隊の司令官だ。この二人は、アメリカを目の敵にするマフムード・アフマディネジャドよりもはるかに力がある。

図表10・9にはまた、ボニヤードの影響力の推移も示されている。ボニヤードはシャー（パーレビ国王）時代に創設され、一九七九年のイスラム革命後に完全につくりなおされた。すでに述べたように、いちおう〝慈善財団〟ということになっているが、莫大なマネーを操ってイラン経済を広範囲かつ強力に支配する非課税の〝企業体〟で、事業内容については最高指導者のハメネイ師のみに説明すればよいということになっている。イランの財布のひもを握っているのは彼らであり、当然ながら、腐敗や経営ミスの噂が絶えない。しかし彼らは、繰り返しになるが、政治的実利主義者でもあり、オバマ政権はボニヤードとの交渉を通して、イランとの緊迫した問題の多くを解決する道を見出せるようになるかもしれない。

図表10・9が正しければ、これからイランで驚くべき変化が生じることになる。ハメネイ、ジャン

ナティら有力宗教指導者の政治的影響力は弱まっていく。他のイスラム法学者（とくに静謐《せいひつ》主義派とも呼ばれる、政治への介入を好まない法学者たち）は、失っていた影響力を多少は回復するかもしれないが、最大の影響力を手に入れるのは、イスラム革命防衛隊のジャファリ司令官と、イランの〝財務管理人〟であるボニヤードだ。ビジネス界の影響力も強まる。ということはつまり、宗教指導者の政治への介入が弱まり（ただし精神的指導力は弱まらない）、腐敗だらけで軍の力が増すとはいえ、より世俗的で実利的な体制があらわれてくる、ということである。神権政治は象徴としての力を持ちつづけるだろうが、真の支配権は宗教指導者の手からこぼれ落ちていき、昔風の権力者にわたって、金権独裁制のようなものができあがっていく。

分析によればもちろん、アメリカ軍が二〇一〇年八月以降もイラクに留まるかどうかで、状況はまったく違ってしまう。アメリカ軍が完全撤退した場合には、イランはイラクとかなり強い協力関係を結べるようになり、そうなれば確実に、地域の強大国になろうと奮起し、ふたたび攻撃的になってイラン型のイスラム原理主義を輸出しようとするだろう。そうした勝利をイランが手にすることができれば、政治的権力を失っていくはずの有力宗教指導者たちの影響力がもとにもどりはじめる可能性さえ生じる。

幸運なことに、そうした展開にはまずならないだろう。オバマ大統領は約束を守る男のようであるからだ。アメリカ軍をイラクに残留させるだけで、イランとイラクの強い結びつきを阻止することができると思われ、したがってスンニ派の反乱が起こったらイラン軍がマリキ政権を護るために介入するというシナリオもなくなるはずである。さらに、マリキの力が強まるから、ハシミ（スンニ派）は政権転覆を試みようという気をそう簡単には起こせなくなる。

要するに、兵力を残留させることによってアメリカは、時間を稼ぐことができ、反米色のより薄い体制をイランに生まれさせる機会を提供できる、というわけである。それがアメリカ軍の残留という状況下のゲームで予測される展開ということになる。兵力を残留させればアメリカは、通常のケチな独裁制に対処するだけですむかもしれない。いやもしかしたら、イランに初期の民主制さえ芽生えるかもしれない。だが、アメリカ軍が完全撤退すれば、有力宗教指導者たちを権力の座にとどまらせる環境をつくることになり、イラクの親米政権の行く末を危険にさらすことにもなる。

以上のことを頭に入れれば、「アメリカ軍を二〇一〇年八月までに撤退させるべきか、それともそれ以降も残留させるべきか？」という議論をより鮮明な光のもとで見ることができるようになる。「撤退」は、それによってあいた空洞を埋めるようイランを誘うに等しい。それはアメリカにとっては極めて危険なことになる。しかし、反対に「残留」ということになれば、「ますます大きくなるイランの核の脅威を取り除こうと交渉するオバマ大統領とヒラリー・クリントン国務長官の努力は、それによってどのていど邪魔されることになるのか？」と問うべきだろう。

ただ、わたしがおこなった別の分析によれば、イランが核兵器を製造する可能性は低い。そのうえ、〈プリディクショニアのゲーム〉による精度の高い予測どおりに、もし政治への介入を嫌うイスラム法学者たちの影響力が増し、ボニヤードと軍の影響力も増せば、イランはすみやかにより実利主義的な時代に入り、いまや大きく膨れ上がった核開発問題のような重要課題の解決もそれほど難しくはなくなる。はたしてそうなるかどうか、時間がたてばわかる。わたしとしては、他の人々にも別の角度からこうした問題に取り組んでほしい。そして、わたし同様、恥をかく覚悟で、今後二年間に起こると思ったことを公表してほしい。

第11章

地球温暖化問題はどうなるか

ゲーム理論が予見する地球の未来

さて、本書の締めくくりに、遠い昔にもどってその先を予言し、さらに現在から遠い未来を予測する、というのもいいかもしれない。まずは、当時の政策決定者たち（教皇と国王）が知りえた情報のみを使って、ほぼ九〇〇年前の問題を検討し、その後数百年にわたって——一一二二年から一六四八年までの期間に——社会を変えることになる構造的転換をゲーム理論がどこまで捉え、予見できるか、明らかにしてみたい。そのあと、現代にもどって、一〇〇年から二〇〇年先を覗いてみることにする。

では、一一二二年まで時をもどし、その時点で五二六年先のカトリック教会の〝没落〟をどこまで予測できるかを見てみよう。

後の世界を決定づけたひとつの協約

カトリック教会は今も昔も同じではない。〝古き良き時代〟、とくに一六四八年以前、カトリック教会はヨーロッパにおいて現代のアメリカに匹敵する政治的権力をもっていた。文字どおり覇権をにぎる組織、大物中の大物、総大将だったのだ。だが、最初からずっとそうであったわけではない。一〇、一一世紀以前は、大物ではあったが、大物中の大物ではなかった。カトリック教会の政治的影響力は、およそ一〇八七年から一六四八年のあいだに強まり、そして弱まる。わたしの考えでは、そうなった原因はほとんど、カトリック教会が一一二二年に神聖ローマ皇帝と取り結んだ取引と、ほぼ同じころにフランス王、イングランド王とおこなった取引のせいだ。

現代の教皇も意義深い重要な仕事をしている。ローマのど真ん中にある壮麗な館に住み、途方もない美術コレクションを所有し、最高のイタリア料理を食すこともできる。衣服だってすごいと言わざるをえない。帽子はこの世のものとは思われないほどだ。また、世界中どこへでも供の者をたくさん引き連れて旅行できるし、何億もの人々に敬愛されている。それでも昔とくらべたら、その地位は低くなった。教皇になる最良の時代は、インノケンティウス三世（在位一一九八年—一二一六年）からボニファティウス八世（在位一二九四年—一三〇三年）までの約一〇〇年間である。その時代には教皇はまさにすべて（名声、栄光、富、尊厳、権力）をもっていた。だがその後は、長期にわたってどんどん力を失っていき、〈三〇年戦争〉を終結させたウェストファリア条約で最大の打撃を受ける。

一六四八年のウェストファリア条約で、王（キング）は領土内での主権を公式に認められた。これで領土内の宗教を選べる——あるいは、臣民に選ばせることができる——ようになったのである（宗教を人民に選ばせるというのは当時まったく新しい考えかただった）。国がローマに近ければ近いほど、カトリックにとどまることが多かったが、教皇の手がとどかない遠方では、プロテスタントへの乗り換えが盛んにおこなわれた。ウェストファリア条約で「諸国の国内政治に外国勢力が干渉すべきではない」という考えが正式に示されたため、何世紀にもわたってつづいたカトリック教会の内政干渉力はさらに一段と大きく制限されてしまった。

もっとも、この「内政不干渉」はウェストファリア条約で明文化されたものの、実際にはすでにかなり前から進行していたことではあった。実は「内政不干渉」を実現させることが、五世紀以上も前からはじまっていたのである。それは正確にいつかというと、一一二二年のヴォルムス協約によって司教（ビショップ）職の売買問題が解決したときだ。

近代主権国家の発展に関するわたしの見解は、歴史家のそれとはかなり違う。わたしの見解は、ヴォルムス協約によって開始されたゲームから導き出されたものだ。ヴォルムス協約以後のカトリック教会に関する歴史家の標準的な考えは、「教会は（罪深いことだからという理由だけで高利貸しを禁止して）経済的発展を促進させ、敬虔な王を管理して彼らから司教叙任権をとりあげ、ヨーロッパのかなりの範囲を支配するようになった」というものである。

しかし、わたしの見方はというと、「教会は世俗領域の経済的発展を積極的にさまたげようとし、王は経済的理由からやむなく司教叙任権を教皇にゆだねた」というものだ。教会を宗教組織というより政治組織と見る、というのがわたしの視点である。だが、どうか誤解しないでほしい、わたしは今日のカトリックの信仰の誠実さを疑っているわけではない。過去のいかなる時代の信仰をも責めるつもりはない。

わたしはただ、カトリック教会は宗教的使命を果たすということに加えて（というより、たぶんその目的を遂行するために）、権力政治をも展開した、ということを認めようと思っているだけだ。

そしてやがて経済的発展が教皇を政治的にほとんど無力な存在にしたのだと、わたしは主張したい。

最終的にウェストファリア条約というものを可能にしたのも、経済的発展——およびその奪い合い——だったのだと、言いたいのである。そうした展開のひとつひとつがいかにしてヴォルムス協約がもつ戦略的特性に導かれたのかを、したがってそれらはみな予測可能だったのだということを、これからわたしは示したいと思う。

ヴォルムス協約は、教皇に長期にわたって多大な権力を維持する手段を与えはしたが、教会の国家への屈従という結末を必然的にもたらすものでもあった。その意味で、一一二二年のヴォルムス協約締結時の教皇（カリストゥス二世）は、自分とすぐあとの後継者たちには有利なことをしたが、何世紀かあとの教皇たちには政治的権力の喪失という代価を支払わせることになった。

ドイツのヴォルムスで結ばれたこの協約は、司教の叙任権をめぐる争いを解決した。ヴォルムス協約以前は、神聖ローマ皇帝とカトリックの王が、領地内の司教職を売っていた。当然ながら教皇はこの行為に異議をとなえた。司教への支配権を強化することを望んだのである。そもそも司教とは、教皇の使者であるべき者なのだ。ヴォルムス協約によって、教皇は司教叙任権を、王はその承認権を得た。新しい司教が就任すると、王は司教職を象徴するもの（指輪と杖）や司教区の税収などを放棄した。その代わり司教のほうは、王を司教区の主権者と認めて、その世俗の主に忠誠を誓い、軍事的支援を約束した。

こうして王は、司教区からあがる税収への権利をカトリック教会とその代理人である司教へ返した。ただし、現職の司教が死亡した場合、後任が決まるまでのあいだ、司教区の税収は王のふところに入った。この収入は莫大な額にのぼることもあった。司教が空位の期間が長ければ長いほど、司教区から（教会ではなく）王へ流れる税収の額は増えたわけだ。

しかし、教皇が決めた司教を王が承認しなければ、教皇を怒らせることになる。それは王にとっては政治的にも社会的にも高くつくことになるかもしれない。その気なら教皇は王を破門することも、司教区の職務を停止させることもできる。そうなれば、その司教区の人々はだれひとり洗礼、婚姻などの秘跡を受けることができなくなる。宗教が生活のすみずみに深く染み入っていた時代、それは王に対する反乱を煽《あお》るも同然なことだ。

司教空位期間の税収を得るその権利は、司教区の土地の主権者に与えられる財産権であり、王個人の権利ではなかった。つまり王はその主権を他人に売ることはできず、王位につかない子供に相続させることもできなかった。その権利は王位を継ぐ者が所有するのであり、王位継承者は自分の子供になることも、まったくちがう家系の者になることもあった。だからこの徴税権は、王の私有財産ではなく、国の代表者に所属する権利だった。

これは封建制の慣習から大きく逸脱している。要するに王は主権者として、自分の領地内にある司教区の国民／臣民を代表する国家元首となった、ということである。これは近代国家のはじまりとさえ言える。

ヴォルムス協約からはじまった現実のゲームは、わたしがこれから展開するものよりは多少複雑だったにちがいないが、図表11・1の〈ゲームの木〉は必要不可欠の重要点をほぼ押さえているはずである。司教の選任権は教皇にある。だから、まず教皇が司教を指名する。その被指名者は、教皇のお気に入り、または王のほうが気に入っている人物、そのいずれかである。王は承認権があるので、被指名者を承認することも拒否することもできる。そして拒否すれば、収入を増やせるが、教皇を怒らせることになる（教皇は別の人間を指名しなければならない）。

■図表 11・1　1122年のヴォルムス協約ではじまったゲーム

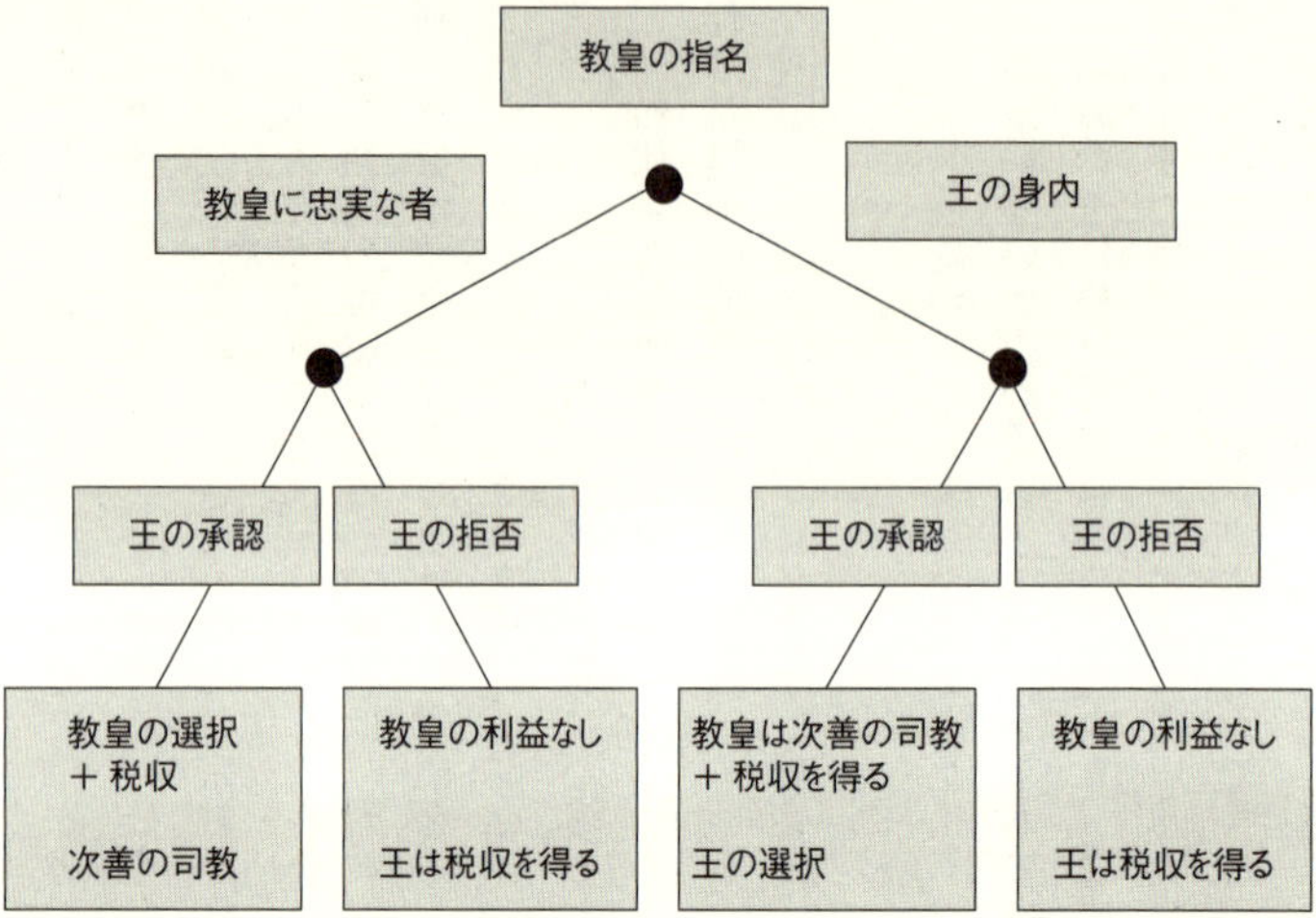

承認すれば、司教空位期間が短くなるので収入は少なくなるが、教皇との関係を良好にできる。したがって、教皇が選んだ人物を王がすんなり承認すれば、双方とも利益にあずかれる。ただし、それぞれが得られる利益はちがう種類のものになる。

被指名者が承認されれば、教皇は司教区からあがる税収という利益を得られ、その人物が自分側の人間であれば、忠実な大使を送りこめることになる。逆に新司教が向こう側の人間、つまり教皇よりも王に忠実な人間であれば、裏切り者になりかねない者を組織内部に入れざるをえなくなる。一方、王のほうは、被指名者が協力し合える人物であれば承認し、前任の司教の死と新司教の任命とのあいだに期間がある場合は、臨時収入を得ることもできる。図表11・2はこのゲームのシンプル版である。

教皇の選択はとても簡単のように思える。自分に忠実のはずの者（身内か取り巻き）を指名

図表 11・2A　ヴォルムス協約ではじまったゲームの数値化

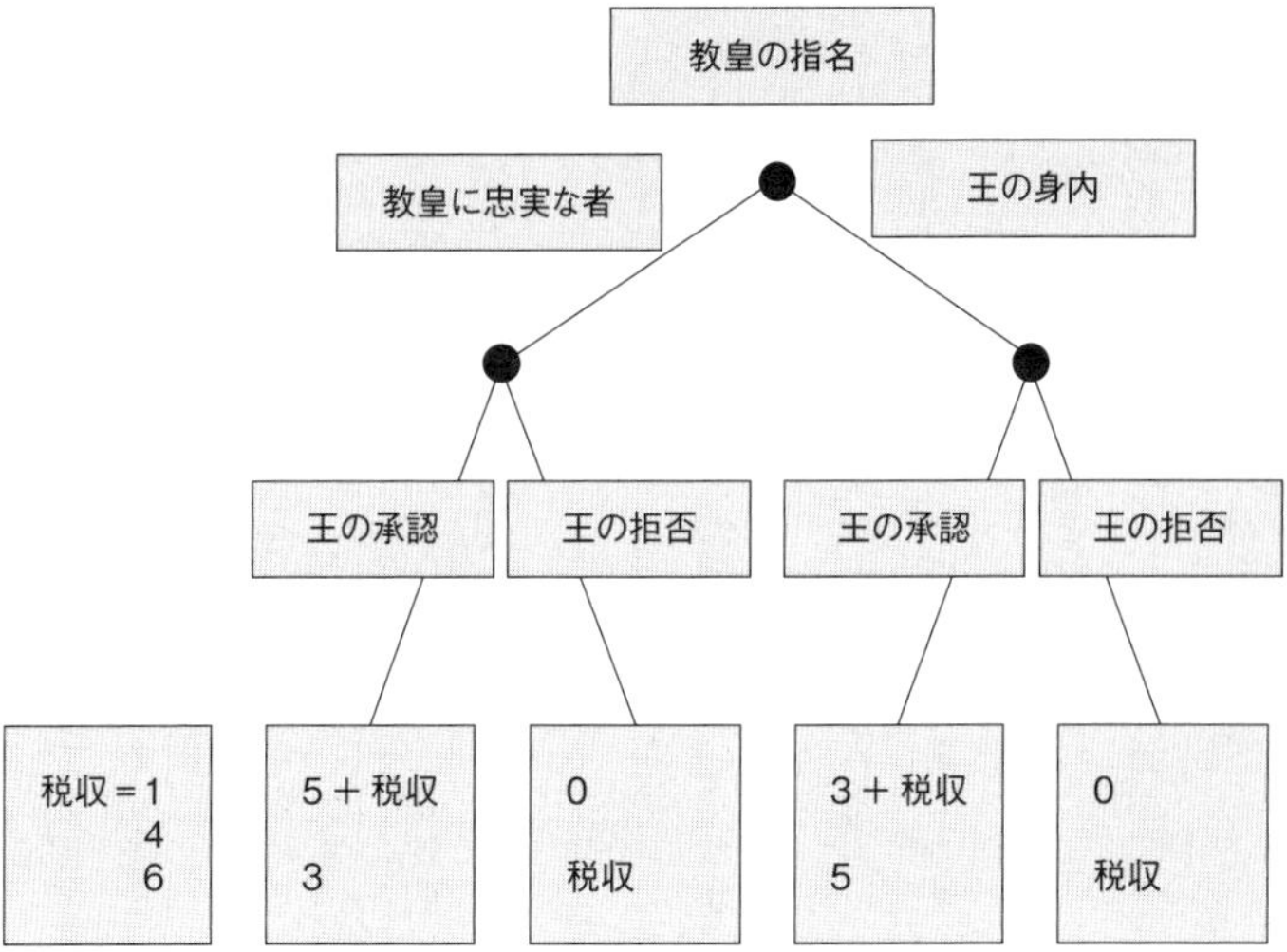

し、王の承認を得られれば、最良の選択をしたことになり、最速で空位を埋められて司教区からの税収を得られる。問題は王がノーと言った場合だ。よし、だったら教皇は王に忠実な者を指名すればいい、とあなたは思うかもしれない。それで少なくとも司教区からの税収を得ることができる、と。だが、王はその気なら、再度ノーと言うこともできるのだ。そこにこそ、五二六年後のカトリック教会の〝没落〟の原因となったものがある。では、王の選択を数値化して、その戦略がどれほどうまくいくか見てみよう。数値の大きさはここでは重要ではない。教皇と王がちがう条件に与える評価点とくらべて低いのか、それとも高いのかが、正しければよい。

最初に税収を抜きにして説明する。教皇は自分に忠実な司教を5点、王に忠実な司教を3点と評価するものとする。そして王の承認を得られなかった場合は0点。この評価点のつけかたが意味するのは「教皇にとっては、王側よりも自分側の者を司教にするほうがよいが、司教が空位のままになるよりは王が選んだ者で妥協するほうがよい」ということだ。一方、王のほうは、身内の司教を5点、教皇に忠実と思われる司教を3点と評価する。そして「司教が決まらない」は、教皇にとってと同じように、王にとっても0点。

さて、ここからが面白くなる。司教区から得られる税収はどれほどのものなのか？　ここでは貧しい司教区から得られる税収を1点と評価したいと思う。これは教皇にとっても王にとっても変わらない。そして富裕度が中位の司教区からあがる税収には4点、最高に豊かな司教区からの税収には6点を与える。〈ゲームの木〉の最下段にならぶボックスの上が教皇の利得を、下が王のそれを示している。

わたしは第三章で銀行家のゲーム（パリかハイデルベルクか？）を紹介したとき、最終章でもっと面白いゲームを解いてみると約束したが、それがこれである。教皇が最高の利得を得るには、先を見越して、王がどういう行動にでるかを予測しなければならない。王の選択は司教区から得られる税収の多少に左右される。その税収がわずかな場合（1点）、王は教皇が選んだ司教（教皇に忠実）を承認することで3点得ることができるが、拒否すれば1点（税収）しか得られない。もちろん王は、教皇が王の身内の者を指名したら、その被指名者を承認することで5点獲得できる。教皇は自分に忠実な者を指名して、それが承認されれば、6点——自分側の人間を司教にできることで5点、および税収の1点（司教区が貧しい場合）——を獲得できる。王の身内を司教に指名するよりはこのほうが利得は大きい。教皇もこれくらいは読める。

だから、司教区が貧しい場合は、教皇は自分に忠実な者を選び、王にその被指名者を認めさせる。

王は（そのほうが得なので）教皇が選んだ者を承認し、すべてはうまくおさまる。これが歴史家の考える歴史の趨勢《すうせい》である。王が教皇の指名を拒否したことはほとんどない、という点から彼らはそう考えているわけだ。

だが、わたしの考えでは、歴史家は間違っている。たとえばフィリップ二世治下（一一七九年——一二二三年）のフランスの司教区から得られる税収のちがいに注目すると、教皇は貧しい司教区では自分の身内を司教に選ぶことが圧倒的に多かったが、富裕度が中位の司教区では王の身内を選んだことがわかる。それは、一一二二年のヴォルムス協約で設定されたゲームからわたしたちが導き出した解そのものである。さらにそれが大きな要因となって、教皇は王が活用できる経済発展を制限する措置を講じたくなる。

税収が1点ではなく4点になるときには王は、教皇に忠実な被指名者を承認せずに拒否したほうが利得は増える（承認すれば3点および税収0点、拒否すれば0点および税収4点）。しかし教皇が王の身内を選んだ場合、王はたとえ大きな税収を得られなくなってもノーと言うよりイエスと言ったほうが得をする。身内の者が司教になれば王は5点獲得でき、富裕度が中位の司教区から得られる税収の価値は4点でしかないからだ。したがって、富裕度がそのレベルの司教区の場合、抜け目のない教皇なら戦略を変えて、王が望む者を司教に据える。司教の選択で3点、さらに税収の4点、合計7点を獲得できるからだ。自分が司教にしたいと思っている者を拒否するインセンティブが王にあることがわかっているときは、これが教皇の最良の選択となる。

では、税収が6点にもなる、最富裕司教区の場合はどうなるのか？　王にとって、司教区からあがる税収のほうが、教皇と仲良くすることよりもさらに価値がある。こうなると教会はもう、政治的支配を王と争うことができなくなる。王は司教などもうどうでもよくなるからだ。なんとしても6点の税収が欲しい。だから教皇が立てる被指名者をことごとく拒否する。ヴォルムス協約は崩壊し、新たな世界が出現する。王が領土内からあがる税収をすべて押さえ、教皇は好きな者を司教に据えられる、という世界だ。言うまでもないが、それは現代のカトリック教会がおかれている状況でもあるわけだ。カトリック教会はいまなお大宗教組織ではあるが、もはや政治や軍事にまで絶大な力のあるプレーヤーとは言えない。

ヴォルムス協約がつくったシステムが、興味深いインセンティブを生じさせたということが、これでわかる。司教区からの税収が多ければ多いほど、教皇は自分に忠実な者を司教にすることが難しくなる。多額の税収を生む司教区では教皇は犠牲を強いられるのだ。いざというとき自分よりも王に味方するにちがいない司教で我慢しなければならないのである——さもないと税収を失ってしまう。

このため、教皇は教会領ではない司教区の経済発展をさまたげたくなる。現に、ヴォルムス協約の翌年にはもうカトリック教会は、教会領の外の経済発展を遅らせることにつながる施策を次々に打ち出しはじめる。これは単なる偶然か？　教会にはそのような明瞭な意図はなかったのか？　いまではもう知る由もない。ただ、一一二二年（ヴォルムス協約）後にカトリック教会——および王たち——によってもたらされた変化は、ヴォルムス協約がつくりだした新たなインセンティブに合致するものだった、ということだけはわかっている。

たとえば、第一ラテラン公会議（一一二三年）——重要な新ルールを定めるための教会指導者たちの集まり——で、聖職者の独身の役割がさらに重視されることになった。聖職者の妻帯、内縁関係がはっきりと禁止されたのである。教会が厳しい独身ルールを定めた裏にあったものがくっきり浮かび上がってくる。どうやらこの独身厳禁ルールの目的は、純潔さの徹底化というより、教会の財産要求の明確化だったようだ。結局この新ルールによって、聖職者の財産が相続人ではなく教会に入る確率が高まったのである。

第二ラテラン公会議（一一三九年）では、さらに深刻な変化をもたらす決定がなされた。この公会議では相続と金貸しの問題も討議され、死亡した司教の個人財産について教会は大博打にでた。それを受け継ぐのは教会であって、その地域のいかなる世俗部門でもない、ということを明確化したのである。

死亡した司教の所有物は、何人《なにびと》にも押収されてはならない。それは教会および司教後継者の必要に供せられるべく、教会の財務担当者と聖職者の自由な裁量にゆだねられなければならない……。さらに、これより以降、押収を試みる者は破門とする。死亡した聖職者の所有物を奪う者にも同じ罰を下す。（第二ラテラン公会議・資料）

違反者は破門にする、と脅すことによってカトリック教会は、死んだ聖職者の私有財産を確保しようとしたのだ。家族や王がもらっておこうという気を起こさないようにしたである。これでお金はカトリック教会が望む場所、つまり教会の金庫のなかに入る。

公会議はつづけて金貸しを「神および人間の法に照らして卑劣で非難に値する」と断罪し、教会から追放して、悔い改めなければキリスト教徒としての埋葬さえ許さない、とした。英語のｕｓｕｒｙ《ユージャリ》という言葉は、今日ではふつう「高利貸し」という意味で使われるが、当時は「利益を期待して金を貸すこと」という意味しかなかった。一一三九年以前は、このｕｓｕｒｙは聖職者には禁止されていたが、一般の人々がやるぶんには大罪とはならなかった。利益を得るための金貸しを禁止した結果、何が起こったかというと、金利の上昇と金貸し不足である。

現代では、中央銀行は金利を上げて成長のスピードを抑える。それとちょうど同じように一二世紀の教会も、金貸しは天国に入れないぞと脅して金利を上げることで、成長を抑えられたはずである。これを正当化するために教会は聖書を利用したが、初期キリスト教の教えや聖書のなかに金貸しを禁止する教義はないというのが、教会法学者たちに広く支持されている見解である。彼らの指摘どおり、たしかにイエスは、手数料をとる両替人を神殿から追い出したが、それは神殿の境内でそういう仕事をしていたからで、両替や金貸しそのものを悪いと言ったわけではない。イエスはただ、そうした仕事は神殿の外でやってほしかっただけなのだ。そしてもちろん、教会が聖書を利用して金貸しを禁止するなどということは、一〇〇〇年前には起こっていない。

しかし、利益目的の金貸しを実際にやめさせるのは、そう簡単なことではなかった。「金貸しの罪」が成立するには「それを意図した」ということがはっきりしなければならなかった。問題は、金貸しが利益を得ようとしたかどうかであり、実際に利益を得たかどうかではなかった。この「利益を得ようと意図した」かどうかの判定がいかに難しいかを教会は認識していた。

そこで教会は、賢明にもこの問題を法律から神学の領域に移して対処した。人間の法律では利息付きの金貸しか否かを判断できないかもしれないが、神様ならすべてお見通しだと、彼らは考えたのだ。金貸しがどんな手を使って隠そうとしても、利益をあげようとする人間の意図など、神様がぜんぶご存じだ、というわけである。つまり、金貸しで利益をあげたにもかかわらず、それを返還せず、充分に悔い改めもせずに死んだ者は、地獄に落ちて永遠に苦しむ、としたのである。

利益の返還を容易にし、地獄落ちの恐怖を強めるために、教会は新たな制度をつくりあげた。たとえば第四ラテラン公会議（一二一五年）で、信徒に年一回、口頭での告解を義務づけるルールをつくった。そして金貸しをする可能性が高い商人らを対象に、必要なことを教える〝告解の栞《しおり》〟を配った。告解聴聞室を通して教会は、金貸しの罪で地獄に落ちなければならない魂を救う手段を提供したのである。ただし、免罪にはふつう、金銭の返還を、儲けさせてくれた人にではなく教会にする必要もあった。一二世紀には、地獄に落ちて永遠に苦しむという恐怖はきわめてリアルなものだったが、それでも金貸しがなくなるということはなかった。

商人らが巧妙な隠蔽《いんぺい》策を考案しつづけたことは言うまでもない。真実の金銭的取引を隠すために、彼らは交換率を操作しただけでなく、まぎらわしい契約書を書いたり、偽の会社組織をつくったりもした（どこかで聞いた話ではないか）。当然ながら、リスク（地獄での永遠の責め苦など）が高まったぶん、期待収益率も高くならざるをえない。その結果、金を借りる者は高い金利を払わされ、したがって投資が減って、経済成長も抑制されてしまった。

一二一五年以降の遺言状を調べれば、金貸しの罪の許しを請う臨終の告解が激増したことに気づくはずだ。そうした告解には、生前の金貸しの罪を償うために教会に寄進するむね認めた贖罪の遺言が添えられていることが多かった。これは教会に多大な利益をもたらした。そしてそれは世俗の経済から莫大な金を吸い上げることでもあった。死者の家族や親類は大いに不満だったにちがいない。だが、魂の永遠の救済なのだと言われて、返す言葉などあるはずもない。

カトリック教会と世俗権力の勝負はついた

一二世紀に教会はまた、新たに巧妙な理屈をこねて経済発展を抑えこもうとした。だが、教会領内では経済発展を促進して富を増やそうとする。シトー会のような新しい修道会が風車、水車といった省力装置を導入して効率化をはかったにもかかわらず、教会は「怠惰は悪魔の所業」という見解を世に広めはじめたのである。世俗領域に機械や省力テクノロジーが普及するのをふせごうとしたのだ(自分たちの領域に普及するぶんには問題なかった)。当然ながら、これで世俗領域の労働生産性が、ひいては経済発展が抑えられてしまう。そして、すでに見たように、経済発展が抑えられれば、教皇が自分に忠実な者を司教にできる確率が高まる。

教皇がこのように己の支配力を強め、王のそれを弱めようとしているあいだ、もちろん王は何もしないでボーッとしていたわけではない。ヴォルムス協約直後の何十年間かに、イングランドでもフランスでも、またヨーロッパの他の国々でも、新たな政治制度が劇的に開花したのである。最初から意図したのかどうかは別にして、そうした新たな制度や計画は教皇の影響力に挑戦するものであり、世俗領域の経済成長率を高め、したがって王の税収を増やす――教皇の政策への対抗策を何もとらなかった場合よりも増やせる――ものだった。たとえば、ヘンリー二世（あの『冬のライオン』のイングランド王）は、一二世紀半ばに一連の司法制度改革をおこなった。それらはイギリスのコモン・ローの基盤となる改革だった。

ヘンリー二世は財産権や相続権の保護に乗り出した。そのため農民たちは、家長が死んだのちも、これまでどおり同じ土地で耕作をつづけられるのか、それとも荘園領主に土地をとりあげられてしまうのか、判断するのが容易になった。ヘンリー二世の王令によって、土地使用権を決定する裁判プロセスが大幅に短縮され、農業システムがより円滑に機能するようになった。ヘンリー二世の新ルールは人気を博し、経済発展に欠かせない財産権を保障するという効果もあって、彼は財産問題に秩序と正義をもたらす王として信頼を高めた。この改革の前は、借地人でしかない農民は土地への投資を嫌ったが、ひとたび王令によって所有権が保障されると、農民たちは収穫量を増やすことに力を注ぐようになった。それが領主の利益だけでなく自分たちの利益にもなったからだ。

ヘンリー二世は民衆の財産権を強化しただけではない。彼は教会の権利を制限するという、実に大胆なことまでした。争いごとを自分が創設した世俗の裁判所で解決するか、それとも教会裁判所にゆだねるかの最終決定権は、教会ではなく国王にある、と彼は主張したのである。それまでは教会裁判所優先ということになっていたのだ。教会裁判所優先というルールは一世紀前のウィリアム一世（征服王）時代以来のもので、イングランドの訴訟当事者が縛られてきたそのルールをヘンリー二世がくつがえしたわけである。彼はさらに、領主に自分の私設教会の聖職者の叙任権を与えるシステムを護《まも》ろうともした。これは、第二、第三ラテラン公会議（一一三九年、一一七九年）で採択された教令からも明らかかな、俗人による叙任を完全に排除しようとする教会の努力に、真っ向から対抗する行動であった。

ヘンリー二世の教会権力への対抗策は、神判に代えて陪審制度を導入することでさらに一段と強化された。神判というのは、神の介入を前提とする有罪・無罪判別法だ。たとえば「ある一定の時間、被告を水中に沈める、または被告に真っ赤に焼けた鉄をにぎらせる」というのも教会の監督のもとに実施されたごく一般的な神判だった。「所定の時間、水中にとどまれない、焼けた鉄をつかんでいられない」というのが、有罪の証拠だった。当時、ヘンリー二世の法律顧問が気づいたように、有罪・無罪は何よりもまず、掌《てのひら》のたこの厚さや、どれだけ長く息をとめていられるかによって決まってしまった。

陪審制度への切り換えは、教会の力を弱め、収入を減らすのに役立った。神判を監督する聖職者は、監督料とも言うべき多額の報酬を得ていたのである。たとえば、一一六六年にベリー・セント・エドマンズ近郊の神判用の穴を祝別（祝福）しただけで、二人の聖職者が一〇シリングを得たことがわかっている。労働者の一日の賃金が一ペニー、二二シリングで農奴ひとりを家族ごと買えた時代の話である。したがって、祝別をひとつしただけで一〇シリングというのは、べらぼうな報酬なのだ。一シリングは一二ペンスだから、これはふつうの労働者の一二〇日分の賃金に相当する。現在のアメリカの最低賃金で計算すると、神判用の穴をひとつ祝別しただけで、なんと五六〇〇ドル以上を得たことになる（最低賃金ではなく平均的な労働者の賃金で計算すれば、これのほぼ二倍になる）。ヘンリー二世は王令を一筆したため、陪審制度を導入しただけで、教会の収入をかなり減らし、自分の収入を増やすことができたのだ。

近代国家の行政機構も一二、三世紀にその萌芽を見た。必要に迫られた徴税以外の王の徴税権が、王の臣民への政治的譲歩と引き換えに次第に認められていった。王の政治的譲歩といえば、エドワード一世が一二九七年におこなった〈大憲章の確認〉が最も有名だろう。エドワード一世はその〝確認〟で、八〇年前にマグナ・カルタ（大憲章）が規定した変革をしぶしぶ受け入れたのである（一二一五年にマグナ・カルタを承認したのはジョン王だったが、彼はその後すぐ、これを破棄している）。

ともかく、こうした譲歩によって、新たな税収の道がひらけ、エドワード一世は封建制の複雑な権利・制約システムに頼らずとも軍隊をつくり召集する力を得ることになった。その結果、ヴォルムス協約で保証された司教の王への軍事的支援は、重要性を失っていく。教皇のほうは、王とは対照的に、その後も軍の召集にあたっては封建制の約束事に頼りつづけた。

イングランドとフランスでは、一定の場所にとどまる国王裁判所での審判に代わって、巡回裁判が行われるようになり、司法権が王の手に集中することになり、それがまた教会の紛争裁定人としての役割を弱め、王の領土内の主権をさらに強めた。加えて王は、王権は神に由来する神聖な権利であるとする〈王権神授説〉を唱えはじめた。これは、神に選ばれたとされる教皇の絶対的な地位に挑戦するものだった。こうして王と教会は、互いに主導権をにぎろうと、次々に新たな制度や施策を打ち出して、あるときは経済発展を促進し、あるときはさまたげ、富ばかりでなく政治権力をも奪い取ろうと画策することになる。

この競争の結末は、実はヴォルムス協約で設定されたゲームから予測できるものだった。カトリック教会は教会領内からの収入を高くたもち、他の世俗領内からの収入を低くたもとうとした。王はその反対になることをめざして、裁判を支配し、どんな機会も逃さずに税収を増やそうとした。そして結局は、ヴォルムス協約成立時点のゲームから予測できたように、世俗の富が大きく膨れあがって、王はもう司教がだれであろうが構わなくなった。王はもはや教皇を満足させる必要に縛られなくなったのだ。こうして世俗世界でのカトリック教会の支配は終わり、代わりに主権国家が世を支配しはじめる。

温室効果ガス規制の行方はこうなる

以上、一一二二年（ヴォルムス協約）の時点に立って、それ以降の五〇〇年を超える期間に起こった変化の大きな流れを予測してみた。では、それと同じことを、いま、この時点でやってみよう。問題として採り上げるのは、アル・ゴアにノーベル平和賞をもたらした「不都合な真実」である。

現在、地球では深刻な温暖化が進行中のようだ。気温の上昇により、北極などの氷が解けて海面水位が上がり、低海抜の島国や他の国々の沿岸地域が水没するおそれがある。激烈な風雨による絶大な破壊力をもつ狂暴な嵐が、発生しつづけるようになる。気温の上昇はまた、温帯の一部を亜熱帯に、亜熱帯の一部を灼熱の熱帯に変えてしまう。

まずは、地球温暖化問題の背景を簡単に説明しておこう。地球寒冷化説が唱えられた一九六〇、七〇年代からの長期におよぶ論争のすえ、地球の気温が上昇中であることは、いまや科学界に広く受け入れられた定説だと言える。ただし、その上昇がどれだけ人間の活動によるもので、どれだけ通常の気候変動によるものなのか、という点については、そう簡単には見解は一致しないようだ。気候変動サイクルは詳細な気象データが残っている期間よりもずっと長いというのが、そのおもな理由だ。たとえば、中世中期は暖かな期間で、経済が急速に発展したことがわかっている。だが、だいたいルネサンスから、おそらく一九世紀のある時期まで、少なくともヨーロッパでは寒冷化した。そしてそのあとふたたび温暖化しはじめ、今日に至っている。

その一九世紀からの気温の上昇幅は、過去のいかなる時期の一〇〇〇年間のそれよりも大きいと推測できることもわかっている。もちろん、地球の歴史では一〇〇〇年はほんの短い時間だが、人間の時間尺度からすればかなり長いと言わざるをえない。工業化や化学肥料による現代の農作も、気温の上昇を加速させ、なかでも化石燃料の使用が主犯格である、という点では科学者たちの意見は一致しているようだ。いまさら言うまでもないが、地球温暖化への懸念は強く、現在それを抑制し、できれば逆転させようとする努力が国際的になされつつある。

では、地球温暖化がもたらす現実の脅威を解決しようとする京都、バリ、コペンハーゲンでの取り組み（温室効果ガス規制のための国際会議）について、ゲーム理論はどのようなことを言えるのか？一、二世紀後の人類と環境のために、よりよい未来を切り開くのに役立つどんなことを、ゲーム理論はわたしたちに教えてくれるのか？　はっきり言ってしまえば、京都議定書のような合意や、二酸化炭素をはじめとする温室効果ガスを削減するためのバリやコペンハーゲンでの会議は、たいして役に立ちそうもない。そういう試みは真の解決のさまたげにさえなるかもしれない。といっても、未来に希望がないというわけではない。希望はたっぷりある。地球温暖化そのものが解決法をもたらしてくれるからだ。

もう一二年も前になる一九九七年一二月、京都議定書が議決された（締約国数は一七五カ国、アメリカは離脱）。締約国は温室効果ガス削減目標の基準年を一九九〇年とすることで合意した。そして議定書が求めた削減目標は、九〇年比五・二％だった。ただし、九〇年以降も温室効果ガス排出量は劇的に増えつづけているわけで、議定書締約時に予測された二〇一〇年の排出量を基準とすれば、その三〇％近くを削減しないといけない、ということになる。他国よりも大きな犠牲を強いられた締約国もあった。たとえば、ＥＵ（欧州連合）は八％の削減に同意した。アメリカは七％の、日本は六％

の削減を求められ、ほかにも多めの削減を要求された国があった。
逆に排出量を増やすことを認められた国も、オーストラリアなど少数だがあった。そして、インド、中国など発展途上国にはいかなる制限も課されなかった（ロシアは〇％削減とされた）。現在そうした新興経済国が最大の温室効果ガス排出国の仲間入りをしているにもかかわらず、である。アメリカが京都議定書から離脱したのは、中国、インドといった新興経済国を免責することに反対したからである。

京都議定書は、国や企業とのあいだで〝排出権〟を取引する巨大な市場をも生みだした。この市場によって、企業レベルではその気なら排出量決定を合理的に行えるようになったが、いまのところそれだけでは議定書の削減目標を達成できそうもない。ともかく、このあとすぐ見るように、一九九七年の数値目標の達成は事実上不可能なのである。

一九九七年以来、温室効果ガス削減の努力は、さまざまな困難に突き当たらざるをえなかった。二〇〇七年一二月にインドネシアのバリ島で開催された第一三回気候変動枠組条約締約国会議（COP13）も、その結果だと言ってよい。バリ会議では、京都議定書のものよりも穏やかな目標が設定されることになった。その会議はいわば、二〇〇九年のデッドライン――新たな国際的合意がなされることが期待されているコペンハーゲンでのCOP15――までの〝つなぎ〟でしかなかった。バリではアメリカ代表も、かなり抵抗しはしたものの、土壇場で大幅な譲歩をすることになった。そのため、未来の気候変動を抑えるための〈バリ・ロードマップ〉なるものの設定が可能になった。では、こう問おう――こうした努力は果たして有効なのだろうか？

さて、いよいよ、二酸化炭素をはじめとする温室効果ガスの削減問題の行く末を予測することにする。まずは、ビッグ・プレーヤーたちの地球温暖化についての見解を反映するデータの検討からはじめる。ビッグ・プレーヤーはこの問題に最大の利害をもつ国と利益団体だ。いかなる合意も、ほぼ間違いなく、これらの数少ない利害関係者を抜きにしては達成できない。ビッグ・プレーヤーを具体的に紹介しよう。EU、アメリカ（二酸化炭素など温室効果ガスの規制に賛成する世論と、反対する者たちに分かれる）、中国、インド。そして、ロシア、日本、カナダ、オーストラリアといった比較的大きな経済国、それに新興経済国のブラジル。さらに、環境関係の非政府組織（NGO）。NGOを入れたのは、彼らがバリでもかなりの存在感を示し、環境保護・反多国籍企業の立場をとっているからだ。

それぞれのプレーヤーについてわたしは次のようなものを数値化した——京都議定書に代わる合意をめぐる交渉への影響力、ポジション（このあと説明する強制的排出量規制への姿勢・主張）、強制的排出量規制への重視度、そして合意達成への意欲、すなわち合意達成に努力する度合い（好ましくない合意であってもよいのか?）、あるいは政治的圧力に抗して自分の主張を押し通そうとする度合い。最後の変数は、お気づきのように、ここ数年わたしが開発しテストしつづけてきた最新モデルにとっても新しいファクターだ。この問題に用いると先の章で約束したこの最新モデルは、前章でパキスタンの重大問題などに用いたのと同じものである。

プレーヤーのポジション（姿勢・主張）は、0から100までの数値で表した。50のポジションは「一九九七年の京都議定書で決まった温室効果ガス削減目標をめざしつづける」。すでに説明したように、その目標は一九九〇年の排出量を基準にしたものだ。50より上は、「さらに厳しい削減目標をめざす」。たとえば、60は「九〇年比で一〇%増の削減目標をめざす」、100は「九〇年比で五〇%増

利害関係者	影響力	強制的排出量規制	重視度	合意達成への意欲
オーストラリア	6	65	50	50
カナダ	9	60	50	50
EU	87	95	90	35
日本	15	45	60	60
ロシア	6	40	50	60
アメリカ・賛成	65	70	70	40
アメリカ・反対	35	30	50	30
企業・賛成	3	95	50	50
企業・反対	3	1	75	10
NGO	1	99	99	20
中国	15	5	90	30
インド	9	5	90	30
ブラジル	4	3	90	40

の強制的（法的拘束力のある）温室効果ガス削減目標をめざす」。同様に、50以下は「京都議定書の削減目標よりも穏やかな削減」を表す。

京都での交渉から、二〇〇七年にバリで新交渉ラウンドがはじまるまでのあいだには、一〇年の歳月が流れている。二〇〇〇年と二〇〇一年にも話し合いは行われたが、めぼしい成果は何ら得られなかった。というわけで、わたしは交渉期間をかなり長めに設定し、地球温暖化に対処するためのビッグ・プレーヤー間の意見交換の一ラウンドを五年とすることにした。具体的には、交渉によって決められる規制基準を一二五年ほどにわたってシミュレートしてみた。

一二五年はたしかに長い。予測は遠い未来についてのものより近い将来についてのもののほうが真剣に受けとめられる。たとえば、いまから二一三〇年までのあいだにはあまりにも多くのことが起こりうる（だいたい一二五年先まで生きて、予測の正確さをチェックし、その的中を称賛できる者など、ひとりもいない)。しかし、あまりにも多くのことが起こりうるからこそ、わたしは、各プレーヤーの重視度と柔軟度(合意を求めるか、それとも自分の立場を固守するか?)にランダムな〝衝撃〟を加えて、データをシミュレートした。各交渉ラウンドで重視度と柔軟度をそれぞれランダムに三〇%変化させつつ、予測対象期間の温室効果ガス規制の動きをシミュレートすれば、強いトレンド(趨勢《すうせい》)が現れるかどうかがわかる。それで、将来の温室効果ガス規制が厳しくなるか緩くなるかを、どれだけ自信をもって予測できるか、判断できるようになる。

最初に、大きな流れがどうなるかを見る。次に、シミュレーションをより詳細に調べて、どれほど楽観的に、あるいは悲観的になるべきかを判断してみようと思う。

図表11・2の太い実線は、この〈プリディクショニアのゲーム〉によって予測された「設定される可能性が最も高い規制基準」を示している。二本の太い点線は、シミュレーションによれば九五%確実な未来の規制環境の幅を表している。つまり、未来の規制基準は九五%の確率でその二本の点線のあいだに入るというわけだ。この幅はかなり狭く、二〇五〇年くらいまでは上下それぞれ5ポイントほどしかない。五〇年以降は、当然ながら、不確実性が増すが、二一三〇年までこの幅は上下それぞれ10ポイントほどまでしか広がらない。したがって、この予測はおそらくかなり信頼できるものだろう。

実現可能性が最も高い規制基準(太い実線)は、わが最新モデルが最も可能性が高いと分析した予測であり、地球温暖化論議がこのまま重大な新発見(温暖化説をさらに強化する発見または強力な反論となる証拠)もなくつづいた場合に、ビッグ・プレーヤーたちがおおむね同意するであろうと考えられるものである。これから読み取れるストーリーは二つある。第一のストーリーは「今後二〇年か

■図表11・2　しぼみゆく温室効果ガス規制への意欲

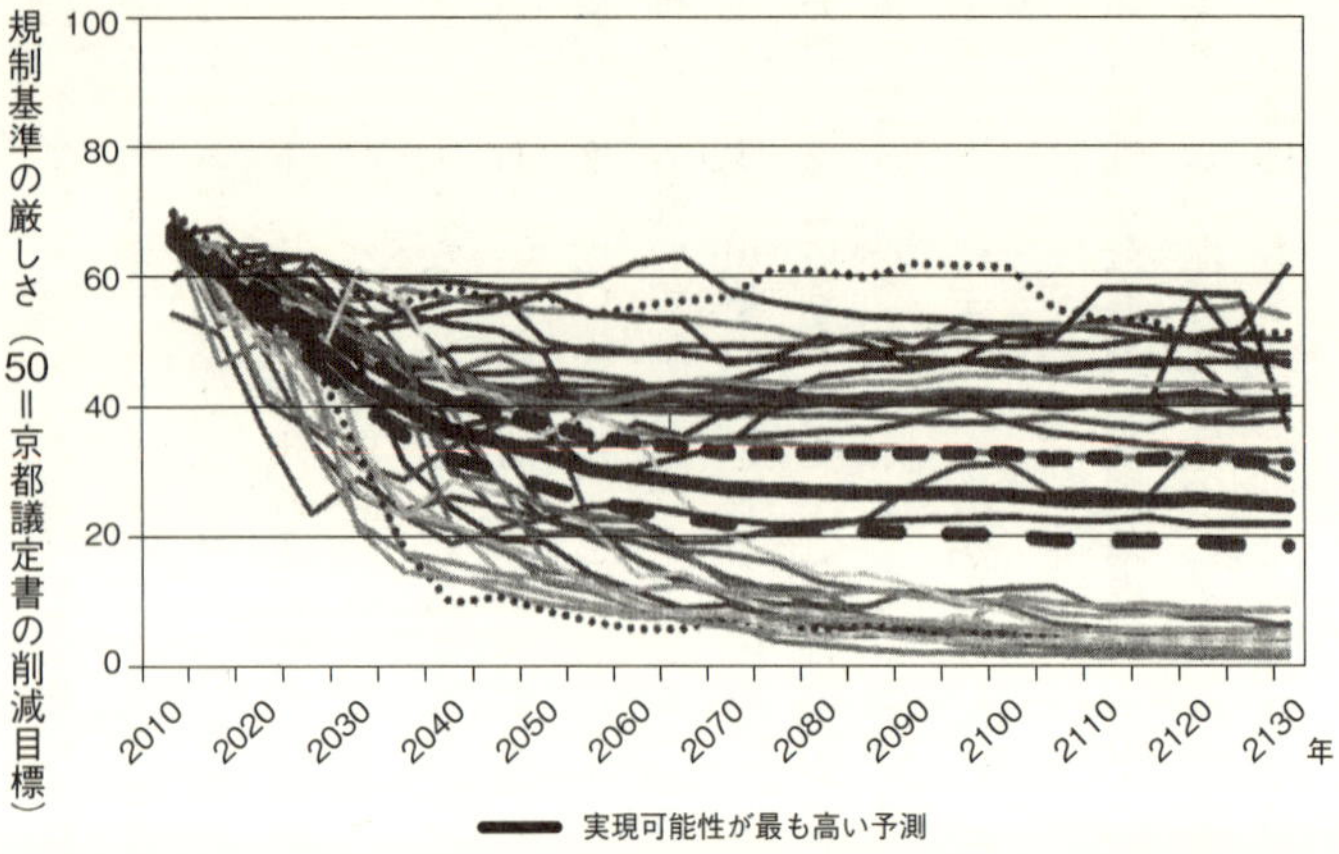

三〇年は、一九九七年に京都で提案された――そして、ほとんど無視された――ものよりも厳しい規制基準を支持する言辞が弄《ろう》される」というもの。なぜそうなることがわかるかというと、二〇二五年までの予想基準が目盛りの50を超えているからだ。これはいわば第一部、〝グリーンな（地球にやさしい）〟部分である。

そのあと第二のストーリー、第二部がはじまる。それは「二〇五〇年（地球温暖化論議では命運がかかる年）に近づくにつれ、厳しい規制への支持がほとんど容赦なく弱まっていく」というものだ。そして二〇五〇年になると、法的拘束力のある規制基準は京都議定書の削減目標（50）をずっと下回るものになる。それは二〇七〇年にはさらに30まで下がり、その後も下がりつづけて二一〇〇年には25から20のあいだまで落ち込んでしまう。結局このゲームは、規制を厳しくするグリーン・ライトが点らぬまま終わる。

では次に、もうすこし詳しく見ていこう。図表を見ればわかるように、モデルが九五%の確率とした幅（二本の太い点線のあいだ）の外に、かなり楽観的なシナリオとかなり悲観的なそれがいくつかある。最も楽観的なシナリオと最も悲観的なそれは、最上部と最下部の点線で表されている。いちばん楽観的なシナリオは「排出量規制の後退はまったくない」というものだ。そのシナリオでは規制が50以下になることは決してない。いや、それどころか、温室効果ガス規制レベルは60（京都議定書のものよりも約一〇%増の削減目標）あたりに浮かんだままだ。

　この楽観的なシナリオを推し進める原動力になるのは、アメリカの規制賛成派である。彼らの重視度は最初の70というレベルから上がって、きわめて高い１００あたりにとどまる。そのため、このグループの力は――高い重視度を掛けられて――強大なものとなり、地球温暖化論議を支配するようになる。彼らの規制への姿勢は、筋金入りの環境保護派まで満足させることはできないかもしれないが、このグループ（リベラルな民主党員主導）をしっかり係わらせるのが、規制強化の実現には最大の希望となる。

　しかし、京都議定書の削減目標の維持以上のことが期待できる楽観的なシナリオは、全体の一〇%ほどにすぎない。それとは対照的に、規制基準が０（温室効果ガス規制の放棄）近くまで落ちてしまうシナリオは、何十とある。ブラジル、インド、中国の重視度の合計が大きくなって、アメリカとEUの規制賛成派の重視度は落ちる、というのがこうしたシナリオでの典型的な動きになる。欧米の規制賛成派は文字どおり温室効果ガス規制への関心を失ってしまうようだ。

　グローバルな不況期にはとくに、そういう動きになってしまうので、世界の経済状況はきわめて重要であり、たえずそれを監視していなければならない。わたしたちの選択の鍵になりうる経済状況は、細心の注意を払って観察する必要があるということである。EUとアメリカが規制にこだわらなければ、新興経済国がアメリカの規制反対派（保守的な共和党員主導）の支持、いや激励さえ受けて、ずっとたやすく優位に立ってしまう。

二〇代、三〇代の読者の多くは、いや四〇代の読者だって、二〇五〇年まで生きていられるはずだから、そのときがきたら忘れずに、埃をかぶった本書を本棚からとりだして、あなたがまさに生きている現実と、ここに書かれている予測とを比較していただけたらと思う。ことによるとあなたは、わたしの子供か孫に手紙を書いて、わたしが正しかったか間違っていたか教えてやろう、という気にさえなってくれるかもしれない。

インセンティブがなければ温暖化は食い止められない

いまのところ、温室効果ガス問題が排出量規制によって解決すると信じる根拠はほとんどない。それでもなおあなたが、京都スタイルの規制システム（ただし法的拘束力を獲得）が有効だと信じておられるなら、最大のプレーヤーたちにズームインした図表11・3を見ていただきたい。現在の最大のプレーヤーは、EU、アメリカの規制賛成派と反対派、中国、それにインドだ。地球温暖化を憂慮するアメリカ人は、EUの同じ考えの人々と同様、二〇三〇年か四〇年あたりまでは、京都議定書の削減目標よりも厳しい規制を求めつづける。しかしその後は、二酸化炭素など排出ガスの規制よりも経済成長を優先する人々と協力し合うようになる。これは悪いことではないかもしれない。それについてはこのあとすぐ説明する。

■図表11・3　温室効果ガス・最大排出国の動き

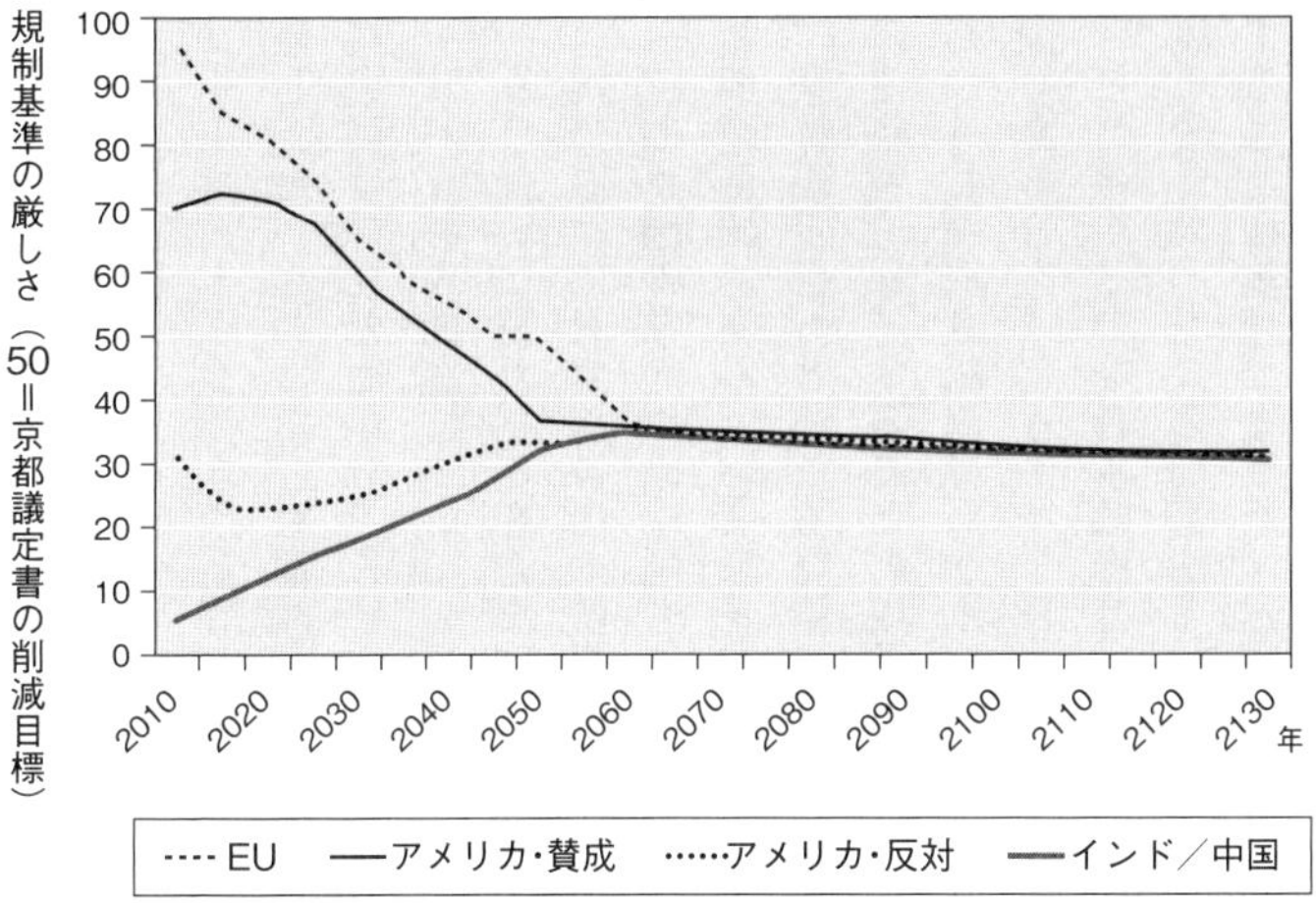

ともかく、二〇四〇年を過ぎたあたりから支配的になる考えは、今日、地球温暖化が現実に起こっているとは信じていないアメリカ人の考えと同じになる。中国とインドがこれを支持し、利用して、強制的なものではなかった京都議定書の削減目標よりもさらに緩い規制基準を採用するように、他のビッグ・プレーヤーたちを説得しにかかる。

　むろん、そうした規制基準が法的拘束力のあるものになるとは思えない。そうなる根拠はほとんどない。わたしはこの法的拘束力の問題も検討してみたが、残念ながら、行き着いた結論は明るいものではなかった。影響力のある政策決定者のだれも、規制基準に真の法的拘束力をもたせることには賛成しない、というのがその結論だ。

　こうなると気分が滅入るかたもおられるかもしれないが、実はそうがっかりする状況ではないとも考えられる。地球温暖化の解決は、温暖化そのものが後押ししてくれるテクノロジー競争ゲームによって実現する可能性が高いのである。地球温暖化は、現在どこの国でも人気が高い規制計画では解決できないのだ。規制計画というものは、意図がどんなに素晴らしかろうと、机上の空論にしかならないと予測される。要するにゲーム理論家の言う〈チープ・トーク〉(安いおしゃべり)なのである。約束をするは易《やす》く、その履行を義務づけるのは難《かた》し、というわけだ。京都議定書締約国の動きを見てもそれがわかる。

京都議定書は一九九七年一二月に合意されたが、二〇〇五年二月まで発効しなかった。長期のグローバル・サバイバル問題についての協定から、それが実際に適用されるまでの期間として、その七年余りはかなり長いと言わざるをえない。三五カ国の発展途上国を含む一七五カ国の批准国中、一三七カ国は自国の温室効果ガス排出の監視および報告だけすればよく、それ以上の義務を負わない。そしてその一三七カ国のなかには中国もインドもブラジルも入っている。この三カ国は、膨大な人口をかかえる新興経済国であり、いまや世界最大の温室効果ガス排出国の仲間入りをしている。したがって彼らは、京都議定書へといたる交渉で勝利をおさめたことになる。いかなる罰も受けずにガスを排出しつづける権利を保持することに成功したのだ。

だからこうした取り組みは〈チープ・トーク〉だと言うのである。京都議定書を批准した世界有数の経済国である日本はどうか? 日本の削減目標は一九九〇年比六%であることを思い出していただきたい。ところがその後日本政府は、その数値目標を達成するのは不可能だと表明した。イギリスも、ある程度うまくいっている面もあるにはあるが、一九九〇年比で約束した削減目標を二〇一〇年までに達成することは無理なようだ。ともかく見通しは暗い。

たしかにEUには約束を守れる国がいくつかあるし、ロシアも目標を達成できそうだ。しかし、ロシアの場合は、石油産業部門以外では経済は好調ではなかったわけだし、求められているのは九〇年比〇%、つまり「排出量を増加させない」ことだけなのである。二酸化炭素排出量を減らす確実な方法のひとつは、経済を減速させることだが、そうすればもちろん、厄介な政治的問題が発生する。経済を不活発なままにしておくような党は票を集められないからだ。EUでもそういう問題が起こりうる。だが、石油価格上昇のせいもあって民主主義が育たないロシアでは、それが問題になりそうもない。(ただし、世界経済恐慌が起これば、石油価格が下落して、ロシアの独裁制への逆行も危うくなる)

　結局のところ、こうしたことはみな、空約束の繰り返しでしかないのである。何の強制力もなく、違反者を捕まえて罰する明確な方法もない取り決めなら、どの国も簡単にサインできる。京都議定書は、自己申告、自己管理、善意に頼りすぎている。そういうやりかたでは、温室効果ガス削減に必要となる犠牲を締約国に強いるグローバルな協定を結ぶことなど、絶対にできやしない。

　こういう話をして、あなたの気を滅入らせてしまったら、申し訳ない。だが、実はこのわたし、未来についてはとても楽観的なのだ。京都やバリやコペンハーゲンで議決されたような合意にもかかわらず——そう、かかわらず——わたしはきわめて楽観的だ。そうした合意はあっというまに忘れ去られるだろう。そんなものでは地球温暖化にわずかな歯止めをかけることもできない。重大な変革を遅らせるという害をおよぼす可能性だってある。バリで設定されたようなロードマップは、〝何かをした〟という自己満足はもたらしてくれる。未来の世代に気を配った、良いことをすると約束した、というわけだ。

　しかし、ほんとうにそうなのか？　教皇と神聖ローマ皇帝とのあいだで結ばれたヴォルムス協約とはちがい、全世界を巻き込む計画は大きな変革を実現することはできない。あらゆる国が参加するとなると、結局、めざせる共通目標は最高ではなく、最低のレベルに合わせられる。

バリや京都のような会議には、世界のほぼ全国家が参加する。そういう会議でなされる合意は、間違ったインセンティブと弱すぎるコミットメントの産物であり、変革実現力はほとんどない。その間違ったインセンティブと弱すぎるコミットメントというのは、会計事務所（監査法人）アーサー・アンダーセンの経営幹部がエンロンの会計監査のさいにおかした過ちでもある。犠牲を強いられかねない何かを全員にやってもらうには、その何かはひどく負担のかかるものであっても大きな犠牲を強いるものであってもいけない。もしそうであったら、多くの者が参加することを拒否する。利益よりも損害のほうが大きくなるからだ。

ただし、少数の者が進んで犠牲・損害を引き受けて、自分のほうはただ乗りできるうちは、参加することになるだろう。これは〈共有地《コモンズ》の悲劇〉に似ている。わたしたちはみな、共有しているもの――たとえば地球――を護《まも》ると約束する。だが、少しくらいごまかしても害はなかろうと思って、私腹を肥やすために秘かにごまかす者があらわれる。（思い出していただきたい、〈囚人のジレンマ〉では裏切りが支配戦略〔絶対優位な戦略〕であることを。）

多数の人々全員を合意させ、ごまかそうという気を起こさせないようにするには――目的が近所をきれいにすることであろうと汚くすることであろうと――人々がいましている行動をあまり変えなくてすむような合意内容にしないといけない。となると、それはだれもがしてもよいと思うような最低線での合意にならざるをえない。それ以上の負担を強いる合意は、予想される参加者を離脱させてしまったり、ごまかしを助長したりする。京都議定書の場合は、アメリカを離脱させ、失敗が確実になってしまった。たぶん締約国は――少なくともその一部は――そうなることを望んでいたのではないか。彼らは初めのうちはよさそうなことを言えるが、結局は約束を果たせない。だってそうではないか。最大の二酸化炭素排出国であるアメリカが降りてしまったのに、自分たちだけ削減するなんてフェアではない。

合意が厳しいものであるときは、締約国の多くがごまかす。反対に合意が緩いものであれば、約束が守られることは多くなるが、有益な効果はあるとしてわずかになる。より大きな善のために自己を犠牲にすることはよくあることではない。どんな国だって手榴弾におおいかぶさるような真似はしない。

『セサミストリート』に登場するカーミット（緑色のカエル）は、もう何年も前から「グリーンになるのは簡単じゃない」と歌いつづけているが、まさにそのとおり、グリーンになる（地球にやさしくなる）のは簡単ではない。だいたい、ごまかす者をだれが監視するのか？　答え――国ではなく利益団体。利益団体が国に対抗できる力をもつことはめったにない。ごまかした者をだれが罰するのか？　答え――事実上だれにも罰することができない。全世界的な協定の場合、ルールをつくった者たちのなかから将来ごまかす者がでてくる。ごまかしが多くの二酸化炭素排出者にとってナッシュ均衡戦略（最良の戦略）となる。そしてそれは自国政府の誠実さと信用に支援される。では、なぜ政府はごまかしを支援するのか？　答え――インセンティブのせい。一にも二にも三にも、インセンティブのせい！

だれがどんなインセンティブをもつのか？　当然、地球を暖めることにそれほど頼らなくても繁栄できる富める国と、（いまのところまだ）化石燃料を燃やして二酸化炭素を排出する以外の手ごろな選択肢をもたない貧しい国では、インセンティブがちがう。貧しい国がもつインセンティブは「国民の生活を向上させるのに必要なことは何でもする」というものだ。

富める国は、急成長中の貧しい国にもっと地球にやさしくなるようにうながすインセンティブをもつが、急成長中の貧しい国は、貧しいうちはそれに耳をかたむけるインセンティブをほとんどもたない。インド政府が好んで指摘するように、たしかに新興経済国は急速に収入を伸ばし、二酸化炭素排出量を激増させているが、そんなものは、アメリカのような先進国が一世紀以上にもわたって金持ちになる過程で排出してきた二酸化炭素の量にくらべれば、まだ微々たるものなのだ。

貧しい国が富める国の言うことを聞けば、深刻な政治的トラブルにおちいる可能性がある。貧しい新興経済国が富める先進国を追い越した時点で、形勢が逆転する。中国、インド、ブラジル、メキシコが、環境の変化をくいとめようと大声をあげる。そうしないと自分たちの未来の優位を守れないからだ。そして——一〇〇年先か二〇〇年先か三〇〇年先かわからないが——そのときの貧しい国は、自分たちのトップにのぼる努力をさまたげる政策に抵抗する。富める国は、貧しい新興国が現秩序への脅威になるほど富まないように、戦争さえするだろう（ちなみに、この戦争に勝つのは新興の貧しい国だ）。

また、当然ながら、短期の生活の質より地球環境を優先させる有権者（たいへんまれ）が多い選挙区をもつ政治家と、地球のことは心配だが選挙では経済成長を優先して投票してしまう有権者が多い選挙区をもつ政治家では、インセンティブがちがう。環境保護に一票を投じる者がきわめて少ないということを疑う者は、民主国の〝緑の党〟の選挙記録を見てみるとよい。さらに、貧しい国が〝飢えている子供たち〟の話——「家族が牛の糞を燃やしつづけられさえすれば、子供たちは飢えずにすむ！」という話――を持ち出したとき、いったいだれがその政治的・経済的損害を無視することができるだろう？　わたしたちにとっては「地球にやさしくなる」より「人間にやさしくなる」ほうがたやすい。そしてほんとうに、それがそんなに悪いことなのか？

では、どうすれば、地球温暖化問題を解決し、五〇〇〇年後の地球環境をわれらが子孫にも魅力的なものにすることができるのか？　わたしたち二一世紀の人間は、一〇〇以上の元素と、さまざまな自然の力をよく知っている。だが、クリストファー・コロンブスの時代の人間は、雨、風、火、土くらいしか知らなかった。当時の人々は、雨や風や火の有効な利用法もほとんど知らなかったと言ってよい。だが、わたしたちは知っている。将来はもっと知ることができると確実に言える。

実はこの雨と風と火が、未来の世代に地球温暖化問題の解決法をもたらしうるもの、いや、きっともたらしてくれるものなのだ。本章の図表からは「二〇五〇年における強制的な規制基準がそれほど厳しくならないのは、その種の解決法にこだわる人がほとんどいなくなっているからである」ということも読み取れると思う。そう、強制的な規制による解決法はもうどうでもよくなってしまうのだ。そのころには風、雨、太陽光を利用する新技術が、地球温暖化を解決しはじめているのである。

温暖化による気候変化によって、雨、風、太陽光の供給量が増加する。それで海面が上昇し、激烈な嵐がわき起こり、わたしたちは莫大な熱を浴びることになるだろう。しかし、心配が膨れ上がると同時に、そうした昔からある力を巧みに有効利用しようという欲求も高まる。気候変化は自然エネルギー源をより多く発生させはするが、それらは地球規模の破滅を回避する素晴らしい力にもなるはずなのである。いったいどのようにしてそうなるのか？

わたしたちは将来あるところで均衡点に達する。それはいつかというと、地球温暖化が充分に進み

（モデルの分析によれば、現在よりもほんの少しだけ温暖化が進んだ、たぶん五〇年から一〇〇年先）、寒冷地に充分な太陽光がさし、乾燥地に充分な雨が降り、無風地帯に充分な風が吹くようになり、そしてこれが最も重要なのだが、人々が充分なインセンティブを獲得するときだ。そのとき、風力、太陽光、水力による発電、さらにはいまだ発見されていないテクノロジーによる、平等に分配される安くて良質なクリーン・エネルギーが、化石燃料に取って代わるのである。つまり、それが可能になるほど温暖化が進んだときに、均衡点に達する。地球温暖化は〝自己解決〟支配戦略を生じさせる、という言いかたもできる。

要するに、だれもがそれぞれ、風、雨、太陽光からエネルギーをとりだす技術を適当にミックスさせて利用するようになる（おそらく化石燃料も少しは併用しながら）。というのもまさに、そうした力が豊富になって、ますます注目されるようになり、それらを利用するのがさらなる温暖化をくいとめる手ごろな方法になるからである。というわけで、わたしたちがみな、焼かれ、溺れ、月や星々の彼方へ――いや、オズの魔法の国にまで――吹き飛ばされるずっと前に、地球温暖化に歯止めがかかる。

長期的な未来については、わたしは楽観的だ。すでに温暖化があるていど進んだせいで、風、雨、太陽光の有効利用をめざす、あらゆる種類の興味深い研究が進行中である。宇宙空間でのソーラーパネルや宇宙線キャッチャーの利用もすでに真剣に議論されはじめているし、風力発電地帯もこれから地球上にどんどん増えていくはずだ。そうした新たな技術を実際に使う試みは、いまはまだ強いられる犠牲が大きく、ほとんどの人がそこまでやろうとする気にはなれないようだが、明日はそうではなくなるのではないか。そのときでも、わたしは遅すぎるとは思わない。

それに、五〇〇年先まで目をやれば、ことによると人類は遠い惑星まで自らを送りこむ方法を考え出しているかもしれず、もしそうであれば、わたしたちはその惑星で一からやりなおすことができ、われらが太陽系を、銀河系を、いやその彼方まで、思い切り暖めることになるかもしれない。

そう、わたしたちはつねに自分の利益を追い求めるのである。

訳者あとがき――混沌の時代を生き延びるための最強のツール

ブルース・ブエノ・デ・メスキータ教授は、その〝予言〟の驚異的な正確さ（機密解除されたCIA文書によると的中率九〇％）ゆえ、「現代のノストラダムス」とも「生けるハリ・セルダン」とも呼ばれている。

ノストラダムスは誰でも知っているルネサンス期の予言者だが、ハリ・セルダンのほうはそれほどの知名度はない。セルダンもむろん予言者なのだが、こちらは実在した人物ではなく、SF作家のアイザック・アシモフが『ファウンデーション・シリーズ（銀河帝国興亡史）』に登場させた架空の数学者。そしてセルダンの予言法は、ノストラダムスの占星術や超能力とはちがい、「統計数学と集団心理学を応用した数学の一分野」であり、得られる予測結果は正確無比。しかも、このセルダン博士、「五〇〇年後に銀河帝国が崩壊し、以後三万年にわたって暗黒時代がつづく」と予言し、「その文明の暗黒期を一〇〇〇年に縮めよう」とする。つまり正確な未来予測をするだけでなく未来操作までしようとするわけだ。となると、ブエノ・デ・メスキータ教授の異名としては、ノストラダムスよりこのハリ・セルダンのほうがはるかにふさわしいということになる。

では、ブエノ・デ・メスキータ教授の予測ツールは何かというと、ゲーム理論の数学モデル。そして本書はその科学的予測法を解説する一般向けの指南書だから（数式などは一切でてこないので、ご安心を！）、教授はゲーム理論の基本から説いていく。その説きかたがまた実にわかりやすい。

まず教授は、ゲーム理論を機能させるには「人間はみな自分の利益をひたすら追求する存在」と設定する必要があることを繰り返し強調する。つまり、自爆テロを単なる狂気と、マザー・テレサの貧者救済活動を単なる崇高な自己犠牲と片づけず、「双方とも実は自分の利得を追求する同じくらい合理的な行為」とする視点が必要になる、ということだ。ヒトラーの行為にしても、悪魔の所業で終わりにせず、自分の利得を追求するという点ではきわめて合理的な行為と考えなければならない。要するに、ゲーム理論を有効に活用するには、いったん道徳や個人的見解や通念を完全に棄て去って、あらゆる人間を「利己的存在」と捉えなおすことが前提として必要になるということ。そのような設定ができて初めて、相手がほんとうに望んでいることに気づけるし、ゲームのプレーヤーの影響力や主張やこだわりなどを数値化でき、シミュレーションが可能になって、各プレーヤー間の相互作用を徹底的に検討することができ、正確な未来予測が得られ、ものごとをより好ましい結果へと導く未来操作も可能になる、というわけだ。

本書はゲーム理論の概説書ではないから、理論や概念の説明に終始して「ゲーム理論の迷宮」に迷い込むということはしない。だから以前ゲーム理論の本を読んで頭がこんがらがってしまったという人も、安心して読める。ゲーム理論の基本中の基本、たとえば〈囚人のジレンマ〉や〈ナッシュ均衡〉を解説するだけで、あとはもう現実の大問題に取り組み、必要な理論や概念をそのつど説明しながら問題を解いていくというスタイルであり、読む者の興味を捉えてはなさない。

それにしても、ブエノ・デ・メスキータ教授が本書で解く――予言・予測する――問題の凄いこと。北朝鮮の核武装問題、パレスチナ問題、パキスタンの武装勢力（タリバンやアルカイダ）掃討作戦、イラン・イラク関係、地球温暖化の行く末……と列挙するだけでも軽いめまいを覚える。最後の二つについては、教授が本書で初公開した未来予測であり、今後読者がその〝的中ぶり〟を確認できるものだ。さらに教授は、国益というものの欺瞞性、大リーガーのステロイド問題の嘘、軍拡競争の誤解、確実な銀行買収法、企業の不正会計や訴訟への対処法、勝つための選挙法についても明快に説明してくれ、戦略的思考による〝儲かる〟車の買いかたまで詳しく伝授してくれる。さらに、過去の歴史にも深く分け入って、スパルタの没落やコロンブスの新大陸発見の裏に隠された真実をあばきだし、第一次世界大戦と第二次世界大戦の回避方法をも披露する。

要するに、教授の方法は国家から企業、個人にいたるまで、あらゆるレベルで有効ということだ。そしてその方法を一言で表現すれば「最良の結果を得るための、最強の未来予測による無敵の意思決定法」。つまり「未来を見通した意思決定をすることによって未来を有利な（好ましい）方向へと操作する」わけだ。いよいよ厳しくなるこの時代、この方法を知っているか否かで文字通り生死が決まってしまうこともあるのではないか。それほど教授の方法は強力だ。

著者紹介と少しダブルかもしれないが、現在の教授の活動についても簡単に紹介しておこう。教授には三つの顔がある。① ニューヨーク大学政治学部教授――ここでの講座の目的は、論理と確実なデータによる問題解決方法を学生に教えること。つまり、勘、個人的見解、単純な直線的推論、党派心などに基づくワンパターンの非科学的結論を出すのを学生たちにやめさせること。教授には後進育成の才もあり、これまでにも錚々たる研究者を育てている。日本の学生もぜひ教授のもとで学んでほしい。②スタンフォード大学フーバー研究所シニア・フェロー——ここでの具体的な仕事は、コラム、記事、本を書くこと。専門的な文章や本もあれば、本書のように一般読者を対象にしたものもある。③コンサルティング会社《メスキータ&ラウンデル》のパートナー——ここでの仕事は、自身が設計したゲーム理論モデルを使って国家および民間部門の人々に助言すること。当然ながら、どういう機関、企業に、どのような助言を行ってきたかは秘密にされているが、そのあたりを推測する情報はときどき洩れてくる。たとえば、CIAの秘密文書が教授の予言・予測の正確さを絶賛していることが判明したし、教授は北朝鮮の核開発問題をめぐる交渉への貢献で韓国から平和賞を授与されたこともある。日本政府もぜひ、拉致問題などを教授に相談してほしい。

キーワード「プリディクショニア」についても一言。本書の原題はPredictioneer's Gameというが、そのPredictioneerは教授の造語であり、Prediction（予言、予測）に「（専門的に）……を扱う人」という意味のeerをつけたもの。だから字面だけだと「予言者」「予測者」という意味になるが、教授はそこにengineer（巧みに処理・工作・加工する者）の意味をも加味している。したがって、このプリディクショニアという新語は「未来を予測し操作する者」という意味になる。

ともあれ本書は、凄いという評判ばかりが先行して実像が一向に伝わってこなかった「アメリカ政治学界を代表する学者」「世界で最も傑出した応用ゲーム理論家」「現代のノストラダムス」「生けるハリ・セルダン」こと、ブルース・ブエノ・デ・メスキータ教授の本格的な本邦初紹介と言ってよい。それが一般向けの本になったことを、わたしとしては喜びたい。日本の行く末を憂いる政治家のみなさん、大企業の経営陣のみなさん、そしてビジネスマン、学生、その他のもろもろの方々も、どうか本書を手にとっていただきたい。そしてこの熱い〝講義〟を聴講して、教授の「最強の未来予測による無敵の意思決定法（未来操作法）」を学んでいただきたい。世界が大きく荒れはじめ、行く手にさらに混沌とした〝暗黒時代〟が出現しようとしている現在、教授の方法を使いこなせるか否かで生き延びられるかどうかが決まってしまいそうな気がする。

二〇一〇年四月

田村源二

〔訳者略歴〕
田村源二（たむら・げんじ）
1947年生まれ。慶応義塾大学文学部社会学科卒。
英米仏の翻訳で活躍。
主な訳書：ロレッタ・ナポレオーニ『ならず者の経済学』、デビッド・スミック『世界はカーブ化している』（徳間書店）、トム・クランシー『合衆国崩壊』『国際テロ』（新潮社）、スティーヴン・ボチコ『デス・バイ・ハリウッド』（文藝春秋）、ジョン・ロビンズ『エコロジカル・ダイエット』（角川書店）、ジャン=マリー・ペルト『おいしい野菜』（晶文社）、ボブ・ドローギン『カーブボール』（産経新聞出版）ほか多数。

ゲーム理論で不幸な未来が変わる！

第1刷——2010年5月31日

著　者——ブルース・ブエノ・デ・メスキータ
訳　者——田村源二
発行者——岩渕　徹
発行所——株式会社徳間書店
東京都港区芝大門2－2－1　郵便番号105-8055
電話　編集(03)5403-4344　販売(048)451-5960
振替00140-0-44392
印　刷——(株)廣済堂
カバー印刷——真生印刷(株)
製　本——ナショナル製本協同組合

ISBN978-4-19-862957-1